探寻
教育创新之路

基于教育比较研究的视角

赵中建 著

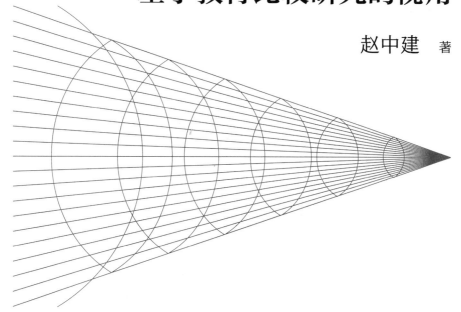

华东师范大学出版社
·上海·

图书在版编目（CIP）数据

探寻教育创新之路：基于教育比较研究的视角 / 赵中建著.
—上海：华东师范大学出版社，2023
ISBN 978-7-5760-3748-7

I. ①探… II. ①赵… III. ①教育研究 IV. ① G40-03

中国国家版本馆 CIP 数据核字（2023）第 043112 号

大夏书系 | 教育观察

探寻教育创新之路
——基于教育比较研究的视角

著　　者	赵中建
策划编辑	李永梅
责任编辑	韩贝多
责任校对	杨　坤
装帧设计	奇文云海 · 设计顾问
出版发行	华东师范大学出版社
社　　址	上海市中山北路 3663 号　邮编 200062
网　　址	www.ecnupress.com.cn
电　　话	021-60821666　行政传真 021-62572105
客服电话	021-62865537
邮购电话	021-62869887
地　　址	上海市中山北路 3663 号华东师范大学校内先锋路口
网　　店	http://hdsdcbs.tmall.com/
印　刷　者	北京密兴印刷有限公司
开　　本	700×1000　16 开
印　　张	23.5
字　　数	358 千字
版　　次	2023 年 6 月第一版
印　　次	2023 年 6 月第一次
印　　数	3 100
书　　号	ISBN 978-7-5760-3748-7
定　　价	72.00 元
出 版 人	王　焰

（如发现本版图书有印订质量问题，请寄回本社市场部调换或电话021-62865537联系）

目 录

推荐语 ... 1
自序 立基点于本土，求视野于世界 ... 3

专题一 印度教育研究

引 言 ... 3
试论80年代我国的印度教育研究 ... 7
殖民地印度东西方教育之争及教育西方化的形成 ... 14
印度学校系统的职业技术教育及师资培训 ... 25
印度高等教育发展迅速原因探析 ... 29
中印教育发展的若干比较 ... 39
自我就业教育 ... 45
附录 印度教育研究著述之目录 ... 50

专题二 高校学生资助研究

引 言 ... 55
高等学校收费问题的比较研究 ... 57
学生贷款中若干问题的比较研究 ... 72
关于高校学生资助制度改革的理论思考
　——赵中建博士谈学生贷款及其实施 ... 87
附录 高校学生资助研究著述之目录 ... 96

专题三 联合国教科文组织文献研究

引 言……………………………………………………………101

全民教育的国际努力……………………………………………105

实现全民教育 迎接全球挑战
　　——访联合国教科文组织副总干事鲍尔博士…………108

"学会共存"
　　——国际社会关注的教育新理念………………………114

一部教育政策发展史
　　——《国际教育大会60年建议书》序文………………124

附录　联合国教科文组织文献研究著述之目录………………139

专题四 教育质量管理及学校领导与管理研究

引 言……………………………………………………………143

教育全面质量管理
　　——一种全新的教育管理思想…………………………146

ISO9000质量体系认证适用于学校教育吗？
　　——关于教育领域引进质量体系认证的思考…………151

近年来美国学校管理改革述评…………………………………163

从教育管理译著的出版看校长专业发展………………………175

略论校长专业成长的理论素养…………………………………184

附录　教育质量管理及学校领导与管理研究著述之目录……189

专题五 | 美国教育政策与基础教育研究

引 言 ... 195

政—企—教联手，共创教育的未来
　　——美国第三届教育首脑会议评述 ... 199

从教育蓝图到教育立法
　　——美国《不让一个儿童落后法》评述 ... 208

清晰的目标，艰难的历程
　　——美国《每一个学生都成功法》简析 ... 216

美国的"核心知识"课程改革 ... 221

美国基础教育课程改革的动向与启示 ... 225

美国80年代以来教师教育发展政策述评 ... 240

附录　美国教育政策与基础教育研究著述之目录 ... 257

专题六 | 国家创新政策研究

引 言 ... 263

科技、教育、创新：世界竞争潮流的关键词 ... 266

美国"创新潮"透视 ... 276

将学术科学转变为经济引擎
　　——美国创新创业型大学的兴起 ... 291

高校科研成果转化的美国路径 ... 302

创新创业，美国高校这么做 ... 306

附录　国家创新政策研究著述之目录 ... 310

专题七 | 中小学 STEM 教育研究

引　言 315
为了创新而教育
　　——STEM 教育：一个值得认识和重视的教育战略 318
正确理解 STEM 教育 323
STEM 视野中的课程改革 328
美国中小学 STEM 教育政策分析 335
附录　中小学 STEM 教育研究著述之目录 343

后　记 345

推荐语

本书是赵中建教授30多年来在教育比较研究领域的成果汇总，既有比较教育的理论研究，也有国别研究，更有一些热门领域的比较研究。他视野所及的不仅是教育发达的国家，也涉及了发展中国家，还编译联合国教科文组织及其他国际机构的教育宣言和行动纲领，并及时将国际社会的重大活动或理念介绍给我国教育界。正是在孜孜不倦的教育比较研究中，他真正体会到了如何达到教育科研的"创新"，如何实现其"可持续性"。

教育改革与创新，既要立足本土，又要放眼世界。时代的变迁，技术的进步，必然会引发各国政府和教育界对传统教育的反思，由此也促进了教育观念和教育政策的更新。显而易见，在快速变化的今天，关注教育创新的国际动态，把握教育发展的基本规律，了解世界各国教育改革与发展的新动向，是推动本土教育改革与发展的基础性工作。有没有国际视野和战略高度，是不一样的，战略眼光和战略高度对教育未来发展会起实质性的影响。这也是我看好比较教育学研究的原因之一。

中建教授弟子满堂，著作等身，他在学术上的勤奋是众所周知的。尽管他曾担任过华东师范大学国际教育中心的主任，参与了上海纽约大学的筹备和建设，最后是在上海纽约大学行政管理岗位上退休的，但他从未放弃教育比较研究——他所钟爱的学术研究领域。我亲眼目睹他在去纽约的航班上还埋头修改他的大作。教育国际比较研究，需要有敏锐的眼光，能看到教育创新与发展的新动向；也要有博采众长的能力，在比较分析中提取值得借鉴或不适合国情而需要摒弃的地方；更要有对教育事业的热心，及时把他山之石引入到本土教育改革与创新的实践之中。特向有勇气探索教育创新之路的读者推荐此书。

俞立中 教授

上海纽约大学创校校长、名誉校长，华东师范大学原校长，上海师范大学原校长

2022 年 5 月 29 日

赵中建教授是一位既具全球视野又怀深厚本土情结的比较教育学者。他精进于学术前沿最富教育价值的思想、理念与行动，经深入研究，与本土教育变革实践连接，或引导，或推动，或支持，其成效反映在本书的各专题之中。

20 世纪 90 年代后期到本世纪初，国际上发生了东亚金融风暴，国家提出以培养创新精神为重点的素质教育，上海提出了"一流城市，一流教育"。本书的专题三"联合国教科文组织文献研究"、专题六"国家创新政策研究"，为我们打开了视野，在教育改革的顶层设计上提供了借鉴。专题五"美国教育政策与基础教育研究"和专题七"中小学 STEM 教育研究"为中小学的课程教材改革提供了新的思路。21 世纪初上海市教委举办的首届专家领衔名校长培养工程中，赵教授以专题四的教育质量管理及学校领导为主要内容进行培训，经过实践，获得好评。

研究以学术成果（著作、论文等）为其价值体现，以理论联系实践，在改革中发挥作用，既成事又成人，更是其价值体现。为本书点赞。

张民生 教授

国家教育咨询委员会委员，中国教育学会原副会长，上海市教育委员会原副主任

2022 年 5 月 29 日

自序 立基点于本土，求视野于世界

"无论创新发生在学生的课堂中还是工程师的实验室，创新是一个过程，是始于想象且创造某些具有社会价值之结果的系列步骤。"美国国家科学基金会等机构在纪念发明家托马斯·爱迪生诞辰175周年时对创新作出如此的界说。创新已经成为21世纪出现频率最高的词语之一，不论是在国家战略决策还是企业或学校的发展规划中，创新已经不可或缺。在教育科研中，用比较通俗的话语来理解，就是在某个领域开展新的研究或用某种新的方法对已有研究进行不同于以往的分析和探索，我们一般也会称其具有某种程度的"创新性"或具有一定的"创新价值"。笔者30年的教育比较研究历程，从主观上一直在探寻着具有某种创新性的专题研究，并努力使其成为具有可持续的"系列步骤"，且其结果具有一定的"社会价值"。

我自1984年考入华东师范大学攻读比较教育专业的研究生学位课程，到1990年春季博士毕业留校工作直至2020年退休。我在博士毕业后的30年比较教育专业的教学科研中，先后聚焦过印度教育研究、高校学生资助研究、联合国教科文组织文献研究、教育质量管理及学校领导与管理研究、美国教育政策与基础教育研究、国家创新政策研究以及中小学STEM教育研究等七个专题领域。当然，实际的研究包括但并不限于上述专题研究。正是在这些持续进行的专题研究以及一些未被后续跟进的研究中，我体会到教育科研如何才能达到"创新"并实现其"可持续性"。我在国际与比较教育研究所连续多年有一个题为"教育科研的创新和可持续性"的课程讲座，其副标题为"一位比较教育学者的学术研究史"，其主要内容正是自己博士毕业至今教育科研的心得体会。

一 | 最初的教育科研自我设计

1990年博士毕业之初，我曾为自己做过教育科研的自我设计：一是进行比较教育的理论研究；二是选择一个国家的教育进行国别研究；三是选择某个领域进行比较研究。

至于理论研究，我在1992年与他人合作选编完成《比较教育的理论与方法——国外比较教育文选》一书[1]，力图在纵向上反映国外比较教育理论及方法的发展脉络，在横向上汇集国外学者对若干比较教育理论及方法问题探索中的不同见解及学术争鸣。选文大多出自名家名篇：前四篇主要涉及比较教育的界说及历史发展；第五篇至第二十篇基本按时间顺序反映比较教育理论及方法的各种观点，这也可看作是比较教育的发展史；最后四篇是一组发表于20世纪80年代关于比较教育理论的学术争鸣性文章。同时，我还在书中辑录了近70余篇无法予以收录的相关重要文献及其来源。国家教委"七五"教材规划名录列入了《比较教育的理论与方法》一书，将其推荐为高校文科教材参考书。

对于选编这一著作，我至今铭记着读研时我国教育经济学家邱渊教授对我的一席教诲，而且清晰地记得这发生在一个阳光明媚的下午俩人的闲聊中：做学问出书要经历"三部曲"，首先是"选编"，其次是"编著"，最后才是真正自己的"著"。选编一本书是选编者尽可能详尽地了解一门学科或一个研究领域之发展路径及其全貌的最好途径。尽管我在以后做各项研究时未必都能走完这"三部曲"，但第一步的"选编"却是努力去完成的。颇为遗憾的是，我最终未能在比较教育的理论研究方面继续走下去，尽管有了"创新"的开头，但却终未达至"可持续性"。同时，前辈张人杰教授当时主编出版的《国外教育社会学基本文选》对我选编《比较教育的理论与方法》一书颇有启发和激励。我在该书"编者的话"中曾这样写道:"在选编过程中,我们得到了中国比较教育研究会理事长、北京师范大学教授顾明远和华东师范大学教授张人杰的诚挚策励、热情指导;世界比较教育协会理事会前会长、法国巴黎第八大学教授米歇尔·德博韦(Michel Deberuvais)和英国伦敦大学教育学院罗伯特·柯文(Robert Cowen)博士(我在英国访问研究时的导师)曾审阅过选文目录,并提出了宝贵的建议。"这里对此予以引述,既想表明此书在当时对于我国比较教育理论研究的学术价值及其"创新"之意,也借此表达我对诸位国内外前辈学者的由衷谢意和致敬!

1992年,我受政府资助前往英国伦敦大学教育学院访学一年,期间系统修读了教育学院国际与比较教育系开设的比较教育专业硕士研究生课程,从而对英国研究生的分类有了清晰的认识,对比较教育专业课程型研究生的培养方案和课程设置进行了仔细的分析,并撰写和发表了《英国比较教育专业研究生培养的个案分析——以伦敦大学教育学院国际与比较教育系为例》一文[2],以期为我国比较教育学科建设和研究生培养提供有益的参考。

在20世纪80年代的改革开放初期,我国比较教育学界更多地关注发达国家的教育发展与改革,比较研究的对象国主要是苏联、美国、英国、法国、联邦德国(西德)和日本等六个发达国家,而对发展中国家的教育发展与改革作较为全面的介绍和完整的研究尚不多见。选择印度教育作为自己国别教育的研究对象,在当时也算是拓展了我国比较教育的研究对象国,开国内系统关注发展中国家教育研究之先河,具有一定的开拓性和"创新"意义,而自己主要在90年代聚焦于印度教育的40余篇文章显示出这一专题研究的"可持续性"(在2009年还发表了《近期印度高等教育发展趋势——兼析私立高等教育发展迅速之缘由》[3]),而受国内多位教育学界大师之邀为其主编之著作撰写印度教育的专章则又显示出当时印度教育研究的不可或缺性,如与他人合作选编的《印度、埃及、巴西教育改革》一书列入瞿葆奎教授主编之《教育学文集》,主编的"印度卷"列入顾明远教授主编之《世界教育大事典》,撰写的"国家教育政策""大学拨款委员会"等34条有关印度教育的条目入选顾明远教授主编之《教育大辞典》,撰写的"印度的教育"(1871—1919年、1919—1947年和1947—1980年)

三章分别载入滕大春教授主编之《外国教育通史》第四、第五和第六卷，长文"甘地"则入选赵祥麟教授主编之《外国教育家评传》，"印度教育"则成为吴文侃和杨汉清教授主编的高校文科教材《比较教育学》（修订版）第四章等。自己在从事印度教育研究时还以"中国印度教育发展比较研究"为题主持承担了全国哲学社会科学"八五"规划青年基金课题。

而对于某个领域的比较研究，我当时选择了高等教育。虽然我连续多年为研究生开设并主讲"比较高等教育"课程，虽然在印度教育研究中较多地关注印度高等教育问题，虽然尔后的高校学生资助制度研究和高等教育全面质量管理研究也都属于高等教育研究领域，但与自己设想中的高等教育比较研究还是相差甚远。最初的设想虽有"创新"之意，但实际研究却难以展开，更无法做到"可持续性"。"高等教育比较研究"何止仅仅是一个研究专题？讲授"比较高等教育"课程可以，但对高等教育进行比较研究则须细化和具体化。如此，可见自己最初的这一设想真有点把高等教育比较研究想简单了！

如果说印度教育研究的进行和持续是在自己的"规划"之中，那尔后的其他各项专题研究的展开，则或源于自己对国家社会经济发展和改革的认识，或源于对某篇小文的联想，或基于某种机缘巧合，也或许是对某项研究的拓展和延伸。

英国比较教育名家萨德勒（sadler）爵士在其1900年"吉尔福德教育大会"的演讲中指出，"以一种正确的精神和严谨的治学态度去研究外国教育制度的作用，其实际价值就在于，它能使我们更适于研究和认识本国的教育制度"，从而实现"有选择的教育借鉴或改革的动机"[4]。这是比较教育的永恒主题。我由此而充分意识到，自己从事的教育比较研究只有落实到服务本国教育改革的实际需要，才是最有价值最有意义的。也正因如此，自己在这30年的研究过程中，逐步形成了"立基点于本土，求视野于世界"的研究观，并坚持将其落实到自己实际的教育研究中。而这一观点与联合国教科文组织后来提出的"全球思考，本土行动"（Think globally，and act locally）颇有异曲同工之处。

我曾在2005年就高校学生资助制度研究、联合国教科文组织文献研究和教育全面质量管理研究三个专题写过一文，叙述自己对"立基点于本土，求视野于世界"的认识。现对这一未曾发表的短文略作修改,并将教育全面质量管理研究部分作一拓展和延伸,在此作为序文的一部分,以求展示自己的教育研究观并从中透视出教育科研的"创新"和"可持续性"。

二 | 研究学生资助问题,服务于"招生并轨"的高教改革

还在 1992 年初,我在英国伦敦大学教育学院进行学习和研究时,欣悉邓小平同志的"南方谈话"并得知我国的计划经济将向社会主义市场经济转轨。这种经济体制的转轨必将引起教育领域的改革,尤其是高等教育的收费改革。伴随着高等教育变免费教育为缴费上学,原先的学生资助制度也须进行相应的改革。但由于高校学生资助方面的研究在我国当时尚属"空白",因而从比较的角度研究高等教育的学生资助,借鉴和学习国际上尤其是发达国家已有的经验和改革举措,显得十分的重要。从免费教育到缴费上学,是一种适应社会主义市场经济的高等教育改革的具体变革,它完全打破了自 1949 年以来由国家包办高等教育的局面。缴费上学制度的实施转变了人们的观念和认识,以至于今天人们越来越理解和接受"高等教育是非义务教育,学生上大学原则上均应缴费"的观念。但与此同时,它也使贫困学生(尤其是特困生)问题日渐突出,而解决这一日益突显的高校贫困生问题,需要尽快建立和完善一种符合我国国情的高校学生资助制度。但是,新中国高校学生资助制度的一大特点,是在相当长的时期内(20 世纪 50 年代至 80 年代初)实行了单一的人民助学金制度。此后从 1986 年起,我们的高校学生资助制度虽逐渐引进了奖学金、贷学金、勤工俭学、特困生补助、减免学费等,但总体而言还不很完备。

由于我们长期实行单一的人民助学金,因此也就不存在研究多元学生资助模式的必要性,但 20 世纪 90 年代"招生并轨"的改革政策及其实践以及由此而可能引发的一系列问题,给学术界提出了对此进行理论研究的现实需求。我从 1993 年年底在《教育与经济》杂志发表《也谈美国高校学生贷款》一文起,在 1994 年公开发表了九篇介绍和分析研究学生资助尤其是学生贷款的论文或文

章，1995年发表了七篇这一方面的论文或文章，并在1995年接受了《教育研究》题为"关于高校学生资助制度改革的理论思考"的记者专访，此后还于1997年在我国台湾师范大学的《教育研究资讯》上发表了长文《学生贷款的拖欠偿还及偿还方式之比较研究》。专著《高等学校的学生贷款——国际比较研究》也在1996年10月正式出版。这一系列研究和著作在一定程度上填补了我国高等教育及教育经济学和教育财政学在高校学生资助方面的研究空白，更重要的是，这一密切联系我国高等教育改革实际的研究结果，为我国有关的教育决策部门所重视。因为自己的这一系列研究，我在1995年受邀参加教育部财务司主持的高校学生奖贷学金制度的研究，参加全国高等学校奖贷学金制度研究小组并成为《全国普通高等学校奖贷学金制度改革方案》的起草组成员，受教育部财务司邀请为世界银行"师范教育发展项目"财务处长培训班主讲"我国高校奖贷学金制度实施的现状、改革趋势及国际上可供借鉴的经验"，受教育部财务司推荐被兰州大学聘为该校"世界银行'高等学校学生贷款'项目"的专家顾问，受邀担任上海市教委财务处和上海市教育科学研究院高等教育研究所主持的"完善上海高校收费管理体制及运行机制"课题研究的理论指导，参与上海市科委"'招生并轨'条件下上海高校学生资助问题研究"的课题研究并完成其主报告。这是教育研究服务教育决策的一个明显例证。

在研究高校学生资助的过程中，我在1997年主持承担了全国教育科学"九五"规划教育部重点课题"成本分担、收费政策及学生资助比较研究"，并在自己以往提出的"建立以学生贷款为主的资助制度"的基础上，在此次课题研究的"结论与建议"中根据我国高校收费改革及学生资助制度的现实提出若干条建设性建议。

随着我国高等教育改革的不断深入，我国已经建立起较为完整的混合型高等教育学生资助体系，包含有学生贷款、奖学金、助学金、勤工俭学、减免学费等，而其中的学生贷款制度发展尤为迅速。其标志是，国家在2000年推出无担保学生贷款制度，放宽了借贷条件，简化了借贷手续，对还款期限也进行了延长。因此，我对学生资助制度的研究也就基本告一段落，不再具有"可持续性"了。

三 | 译介教科文组织文献，服务于教育"面向世界"

邓小平同志早在 1983 年就提出"教育要面向现代化，面向世界，面向未来"的指示，但如何更好地贯彻执行邓小平同志的指示，如何使教育更好地"面向世界"，这是我们一直在努力的。尤其是进入 20 世纪 90 年代，随着"地球村"概念的形成和全球经济一体化的逐步加强，一些问题也就越来越具有国际性或全球性，如人口的迅速增长、环境的普遍恶化、贫穷的持续加剧、战争暴力的不断发生等。国际社会在 90 年代连续召开主题互为联系的若干重大国际会议，如联合国环境与发展大会（1992）、国际人口与发展大会（1994）、社会发展问题世界首脑会议（1995）、第四届世界妇女大会（1995）、联合国人类居住大会（1996）等，明确说明了上述问题的全球性。

在教育方面，联合国教科文组织有关"全民教育"国际会议的几度召开（最重要的有 1990 年在泰国宗迪恩召开的世界全民教育大会、1993 年在印度新德里召开的九个人口大国全民教育首脑会议、1996 年在约旦安曼召开的国际全民教育咨询论坛 10 年中期会议），以及如第五届国际成人教育大会（1997）、世界高等教育大会（1998）和第二届国际职业和技术教育大会（1999）等重要会议的召开，表明国际社会在教育领域同样面临着如何应对 21 世纪的严峻挑战。在这样的国际背景下，仅仅介绍和研究世界主要发达国家和发展中国家各自的教育改革和发展趋势已经远远不够了，我们还必须了解整个国际社会在教育方面所面临的主要问题，提出了什么建议，采取了哪些举措，会有怎样的发展态势。唯有这样，我们才能把 21 世纪我国的教育改革和发展置于世界教育发展的大背景中，才能使我们的教育真正"面向世界"，而介绍、翻译和研究国际机构，尤其如联合国教科文组织及其国际教育局的活动和文献，或许是实现这一目标的一种有效途径。

正是基于这样的认识，我曾多次及时地将国际社会的重大活动或理念介绍给我国的教育界。如在 1994 年 10 月，在日内瓦召开的第 44 届国际教育大会着重讨论了教育如何更好地服务于促进国际理解、民主、和平和宽容，提出了

"和平文化""和平教育"的概念,并通过了大会宣言和"为和平、人权和民主而教育之综合行动纲领"。这次会议提出的,实际上是我们如何通过教育将一个和平、民主和宽容的世界带入 21 世纪这样一个全球性问题。为使我国的教育工作者对这些新的问题和概念能有初步的了解,我及时将教科文组织总干事马约尔(Federico Mayor)、联合国儿童基金会执行主任格兰特(James Grant)和国际二十一世纪教育委员会主席德洛尔(Jacques Delors)三人的大会主题发言介绍进来(《理解·宽容·二十一世纪的教育》),撰写并发表备受教科文组织重视和推荐的"学会共存"理念的论文《全民教育与学会共存》《"学会共存"——国际社会关注的教育新理念》《"学会共存"——促进理解、尊重和宽容的教育新理念》,并指导基层学校开展"学会共存"的科研活动,如指导上海某高中开展"高级中学'参与社会,学会共存'教育的探索和实践"的课题研究且落实于学校课程教学中,并申报了上海市教育规划课题。又如第 45 届国际教育大会为纪念国际劳工组织和教科文组织 1966 年联合颁发的《关于教师地位的建议》公布 30 周年,着重探讨了在今日变化迅速的世界中教师所能发挥的重要作用以及教师的地位和待遇的提高等问题。会议的召开及其相关文件,是我们了解国际教师教育现状及其发展的最新最权威的资料,对于我们如何改革我们自己的教师教育具有重要的参考价值。为此,我对该大会的召开作了简介并全文翻译了大会最后通过的致各国教育部的建议书(《国际师范教育发展的里程碑——第 45 届国际教育大会简介》《国际教育大会第 45 届会议的建议》)。1998 年 10 月,教科文组织在法国巴黎总部召开了有 4000 多人出席的"世界高等教育大会",其规模堪称空前。大会的主题是"21 世纪的高等教育:展望与行动"。大会旨在实现三个具体目标:(1)以特长和能力为基础使更多的人接受高等教育;(2)从针对性和质量方面改进高等教育体系的管理;(3)更紧密地使高等教育与职业界相联系。大会宣言提出的"培养创业技能和主动精神"以使"毕业生将愈来愈不再仅仅是求职者,而首先应成为工作岗位的创造者"的要求等,对于我国高等教育进行开展创业教育在内的各项改革而言,意义十分重大。我撰写并发表的《召开在即的"世界高等教育大会"》和《21 世纪高等教育的展望及其行动框架——'98 世界高等教育大会概述》两文,及时报道和介绍了大会简况及大会宣言和行动框架的基本内容,并将大会通过的《21世纪的高等教育:展望和行动世界宣言》和《高等教育改革与发展的优先行动框架》全文翻译成中文,纳入由我选编的《全球教育发展的研究热点——90年代来自联合国教科文组织的报告》[5]一书。

还是基于"求视野于世界"的认识以及为了使我们广大教育工作者及时了解国际社会中正在发生的重大事件,我协助策划了"联合国教科文组织教育丛书"(最初包括《学会生存——教育世界的今天和明天》《教育——财富蕴藏其中》《从现在到2000年教育内容发展的全球展望》和《教育的使命——面向二十一世纪的教育宣言和行动纲领》四本著作),并选编了其中的《教育的使命》一书,将国际社会在20世纪90年代前半叶召开的重大教育会议及与教育主题相关的会议所通过的宣言和行动纲领汇集起来,集中介绍了诸如全民教育、全纳教育、国际理解教育与和平文化、教育与可持续发展(包括环境、人口、贫穷等问题)这样一些极为重要的主题内容,同时约请时任联合国教科文组织副总干事科林·N·鲍尔(Colin N. Power)博士专门为本书撰写序文,而鲍尔博士在此书的编辑过程中"多次来信对此书的编辑和出版表示了热情的关心和良好的祝愿"。1999年年底,我又继续主持了《全球教育发展的历史轨迹——国际教育大会60年建议书》和《全球教育发展的研究热点——90年代来自联合国教科文组织的报告》两书的选编、翻译和出版。《全球教育发展的历史轨迹》汇集了国际教育大会自1934年提出第1号建议书以来的历届会议通过的建议书,共计80号,至1996年的第45届会议止。这些建议书所体现的是国际社会在每一时期所共同关心的教育问题。而《全球教育发展的研究热点》则主要包含了教科文组织在90年代期间出版或发行的主要教育文献,有研究报告、会议总结、文章汇编等,涉及环境教育、教育与人口发展的关系、全民教育、高等教育、成人教育、国际理解教育、教育研究与教育决策的关系等国际教育界普遍关注的内容。

在研究教科文组织文献的过程中,我曾先后承担联合国教科文组织的委托课题"中国社区学习中心研究"和中国联合国教科文组织全国委员会的资助课题"中国中等教育政策与课程多样化研究"。此外我还专门对当时教科文组织中最受关注的"全民教育"主题进行了深入研究，在1996年成功申报了教育部人文社科"九五"规划项目"全民教育思想及其在主要发展中国家的实践"，并在1999年出版该研究项目的最终成果《全民教育——世纪之交的重任》[6]，而这可以看作是对教科文组织文献研究的一次延伸和拓展。

这里指出如下一点，还是颇有意义的：我对教科文组织的文献及相关主题的研究，源自于1995年2月发表在《中国教育报》上一篇约2000字的短文《全民教育的国际努力》，此时距1990年3月召开的世界全民教育大会已达五年之久，而当时国内教育学界尚未对这一方面的"国际努力"予以特别的关注。约在是年3月重读该文时，一种"奇想"突然萌生，何不将文中提及的若干宣言和行动纲领汇集成书？联系出版，联系版权受让，协助策划丛书，这就有了上述提及的《教育的使命》，这就有了《全球教育发展的历史轨迹》和《全球教育发展的研究热点》，这也就有了我在这一领域之研究的"可持续性"。

四 | 研究教育全面质量管理，服务于"提高质量和效益"

提高教育质量是20世纪80年代以来世界教育改革的中心主题之一。从哪些方面寻求最合适的方式或途径来推进改革和提高质量，是各国教育界近几十年来一直致力于研究和实践的。作为学校管理方面的改革，推行全面质量管理是西方主要发达国家自20世纪90年代初开始的，并延续至21世纪。我国的教育改革自20世纪80年代以来，已经经历了办学和管理体制、课程和教材等多方面多层次的变化。尤其是进入20世纪90年代后，开始日益注重教育质量和效益的提高。如何更有效地提高教育质量和效益？这一问题是需要仔细思考和认真研究的，而教育全面质量管理，或许是实现这种"提高"目标的一种有效手段或途径。

在80年代以来的教育改革中，出现了一个十分重要的现象，即现代管理思想在相当程度上被应用于教育领域，以求达到教育质量提高的目的。联合国教科文组织早在1972年的《学会生存》中就曾指出："最近的各种实验表明：许多工业体系中的新管理程序,都可以实际应用于教育,不仅在全国范围可以这样做……而且在一个教育机构内部也可以这样做。"国际著名质量管理大师朱兰博士在 2001 年谈到未来质量运动发展趋势时指出:"质量运动的重点将从制造业转移到教育、医疗保健和政府管理……因为这些领域是一个庞大的服务业,而在以往质量原理应用得较少。"全面质量管理或许是迄今为止这一方面最为典型的移植和应用。而且,国务院在 1996 年 12 月颁布的《质量振兴纲要》中指出,要"增强全民质量意识,提高劳动者素质",并认为"在有条件的大专院校设立质量管理课程……各类职业学校和在职职工培训,要把质量教育作为培训和提高劳动技能的重要内容;中小学也应有一定的质量教育内容"。全面质量管理在教育中的应用,将有助于"增强全民质量意识"。我们或许可以说:在 21 世纪的今天,在教育领域理性地、整合地应用一些现代管理思想,尤其是全面质量管理思想,有助于促进教育质量的提高。

  正是基于对教育改革实际需要的考虑,我密切关注了这一主要始于 90 年代并广受学界重视的教育研究新领域,从 1995 年起开始学习和研究全面质量管理及其他现代管理思想,并一直在考虑如何才能更好地用这种思想和理论来服务于我国的教育改革。而我对全面质量管理及其应用于学校管理的关注,与此时的如下两次经历有关。

  一是在 1995 年 6 月,我受朋友之邀作为翻译参加了由《亚洲资源》和《世界经理人文摘》主办的"如何获取'ISO9000 认证'研讨会"。这是一次有关全面质量管理和 ISO9000 质量管理体系的培训班,与会者多为企业界的高管。我第一次接触到企业界的全面质量管理理论,并为其"消费者中心"和"质量的持续提高"的核心理念所深深吸引和震撼,认识到这对于树立教育服务观念和正确看待教育质量提高具有积极的现实意义;再之后又全程参与了为上海一家著名啤酒企业申请 ISO9001 质量体系认证所作的咨询工作,从最初的现有管理体系诊断到最后的管理体系认证,我从中意识到这对于建设和完善学校管理体系的积极意义。为此,我深刻感受到这些理论可能会对我们的学校教育改革尤其是学校管理改革产生巨大的冲击,感受到应用现代管理思想以促进学校管理变革的必要性和具体实施的可能性。

二是我受香港大学教育学院田家炳基金资助,在 1996 年 11 月以访问学者身份在香港大学进行了为期一个月的访问研究。其间利用香港大学图书馆资源,我查阅到相当数量的有关英美国家全面质量管理应用于教育领域的理论著作和实践案例,如在美国的科教资源信息中心(ERIC)"教育全面质量管理"主题下,到 1996 年年底共有 634 条文献信息,且所有文献都出版或发表于 20 世纪 90 年代,这更坚定了自己去学习和研究全面质量管理如何应用于教育领域的决心和信心,这开启了我又一个新的研究领域。

1996 年,我以"高等教育全面质量管理比较研究"为题,申报国家自然科学基金课题并成功获批;同年亦以高等教育全面质量管理为研究内容而入选上海市首届"曙光计划",成为"曙光学者"。

从 1995 年发表《高等教育质量管理的一般要素初探》《荷兰高等教育质量评估体系分析》和《一流教育与教育的全面质量管理》开始,我先后发表了 20 余篇有关这一方面的论文,如《高等教育质量管理中的 SWOT 分析》《教育全面质量管理——一种全新的教育管理思想》《学校教育全面质量管理初探》《戴明的质量管理思想及其在教育中的应用》《美国波多里奇国家质量奖的设立及其发展》《从企业界走进教育界——美国国家质量奖〈绩效优异教育标准〉述评》《ISO9000 质量体系认证适用于学校教育吗?——关于教育领域引进质量体系认证的思考》,以及一些案例研究如《美国高等教育全面质量管理——狐狸谷技术学院个案研究》《美国俄勒冈州立大学实施全面质量管理之研究》《英国沃弗汉普顿大学实施全面质量管理之研究》《美国学校实施全面质量管理——康涅狄格州新镇学区成功导向学校模式》和《美国学校实施全面质量管理——阿拉斯加州埃齐库姆山区中学的实践之述评》,等等。

从 1995 年最初的"应用全面质量管理,树立教育服务的观念"到 1998 年的"应用 ISO9000 思想,建立学校质量管理体系",再到 2000 年的"应用质量奖标准,促进学校进行自我评估",自己关于如何联系教育改革实际来应用现代管理思想的研究,大致也经历了如上的发展阶段。如果仅仅从传播全面质量管理理念和完成课题研究而言,这一工作似乎可以圆满结束。但是一次新的机遇促使我把这一专题的研究延续了下去。

1999 年，我以富布莱特学者身份，在美国宾夕法尼亚大学教育研究生院及联邦教育政策研究中心从事为期一年的研究，研究题目为"全面质量管理在美国中小学中的应用"。在美期间，我将研究教育全面质量管理的视野延伸至整个学校管理领域，并在回国后的某个时段有机会将理论研究同带教一线校长的实践结合起来及通过校长去促进学校管理的改进和提高，同时又扩展了我对美国教育尤其是美国基础教育的研究兴趣，而这一"扩展"竟然成就了我关于"美国教育政策与基础教育"的下一个专题研究领域，这既显现了前一项研究的"可持续性"，又为"创新"下一个专题研究打下基础。

在宾夕法尼亚大学一年的学习和研究，使我有机会直接了解到美国一线中小学的实际状况，近距离地观察美国教育的诸多现象，与所在单位美国联邦教育政策中心的研究人员探讨美国教育政策的变化和走向，并通过学校图书馆和发达的互联网查阅到了丰富的资料。与此同时，我还研究了有关美国教育政策和学校管理的改革举措和发展动向，撰写了包括但不限于如教育政策方面的《政—企—教联手，共创教育的未来——美国第三届教育首脑会议评述》《从宏观角度看美国学校教育改革》《美国需要 21 世纪的教育革命——克林顿总统 2000 年国情咨文教育内容述要》等论文，还有管理改革方面的《教育可以营利吗？——今日美国公立学校私营管理》《从管理角度看美国学校教育改革——校本管理的兴起及其特征》《今日美国特许学校》(《教育发展研究》2000 年第 7、8 和 9 期，连载三期)《谁来做教育领导——美国近来关于教育领导问题的讨论》《学校重组和上级接管》，以及与全面质量管理有关的《美国波多里奇国家质量奖的设立及其发展》《向管理要质量——美国中小学实施全面质量管理评述》和《美国俄勒冈州立大学实施全面质量管理之研究》等论文。尽管自己当时也收集了不少有关"在家学校教育"(home schooling)的资料，但却有意地忽略了这一主题的论文撰写，这或许与自己的价值判断有关。

理论研究应该有益于并服务于改革实践。我不仅在质量管理的理论研究上努力成为开拓者，而且努力将研究的结果应用于学校实践。"到中小学做实验"成为我努力践行理论联系实际的目标，这是教育科研的另一种"可持续性"，是我"立基点于本土"研究观的具体落实。

1998年，我受邀到广东东莞市一所刚创办三年的集中小幼教育一体化的寄宿制民办学校。学校将其"核心功能定位于服务，以制度来确保'以人为本'的学校文化的建立……运用优质高效的管理体系来保障理念与目标的实现"。为此，学校根据ISO9000标准的要求编制自己的学校质量管理体系并试图通过ISO9000认证，但在使用企业用语的咨询公司的咨询人员和使用学校用语的教职员工之间存在着沟通上的困难。学校因我发表在《中国教育报》的《教育全面质量管理———一种全新的教育管理思想》(1998年11月14日)一文而找到我，这是我第一次直接参与学校系统的质量管理体系构建的实践，在咨询人员和教职员工之间起到了"桥梁"的作用，而学校则在1999年6月顺利通过国际著名认证机构SGS的质量认证，成为全国首家通过ISO9000质量认证的中小学校。此后我又多次指导若干所中小学根据ISO9000标准建立符合学校管理实际的质量管理体系。

尽管我积极倡导"借鉴ISO9000思想，建立学校质量管理体系"，但对学校是否要通过其认证则持谨慎的态度，《中国教育报》2001年4月刊发该报记者《学校应慎对ISO9000认证》一文，阐述了我的基本看法："建立一所学校的质量管理体系，实际上就是一个删除、修正、新增学校规章制度的过程，是一个不断完善学校管理制度的过程，是按照某一标准的要求来规范现有的质量体系，从而使之满足质量管理和为顾客提供信任的需要的过程。"[7]

还是在1998年，我在华东师大国际与比较教育研究所举办的面向中小学校长和管理人员的研究生课程班上系统讲授"教育全面质量管理"，并利用以后的各种办班和讲座的机会宣讲和传播教育全面质量管理思想，以至于《上海教育》杂志的记者直接以《赵中建和他的全面质量管理》为题写了专稿，专门讲述我在上海一所公办学校努力实践教育全面质量管理和建立学校质量管理体系。[8] 时任上海市教委副主任的张民生教授关注到我的这一理论研究和学校实践，亲自到我指导实践的中小学进行调研和指导，并给予我积极的鼓励和支持。同时上海市教委在2004年邀请我和其他几位专家教授作为"领衔专家"带教一批中小学校长，而此后在2005至2007年期间我又先后受上海两个区教育局的委托指导和带教校长。这些邀请和委托使我前后直接指导和带教了约50位中小学校长，而这些经历又促使自己将教育质量管理的研究拓展至校长专业发展领域，并提出自己独特的校长专业发展课程学习模块，形成了"以研究为基础"的校长带教模式。

我在这期间还主持承担与这一领域研究密切相关的全国教育规划"十五"教育部重点课题"基础教育质量保证与评价的比较与实验研究"，先后发表除前述教育质量管理外的有关学校领导与管理方面的文章近20篇，如《从教育管理译著的出版看校长专业发展》《略论校长专业成长的理论素养》《管理创新，校长该做些什么？》《学校管理创新与校长专业发展》《从文化角度看学校图书馆建设》《我们是这样研究学校文化的》《追求时尚，学校文化建设的另一维度》《战略管理与学校发展规划》《学校发展规划框架解析》《学校制度建设与组织结构设计》《学校危机管理——由"非典"事件引发的思考》《学校危机管理的体系构建》等，并先后出版《学校管理体系与ISO9000标准》《学校文化》《学校经营》和《教育管理中的人力资源功能》等相关著作。

五 │ 持续拓展的专题研究领域

美国教育政策与基础教育研究

在国际与比较教育领域，关心和关注美国教育的改革与发展似乎理所当然，这于我同样如此，而美国的一年访问研究又尤其激发了我对美国教育政策和基础教育的研究兴趣。这里有两点可以作一回溯：一是在20世纪80年代读研期间发表的九篇文章中，有三篇是关于美国教育的，如《美国教育对策忽视了什么？》《贝内特部长谈美国教育问题》《哈佛大学的课程选修制》，此次关注美国教育研究算是重拾这一研究兴趣；二是我的研究生导师马骥雄教授的主要研究领域为美国教育，在读研期间还曾协助导师选编《美国教育改革》一书，我对美国教育给予关注和重视也是对先生的一种致敬。

在美国教育研究领域，我主要关注三个方面的内容：一是教育政策的颁布与落实；二是课程教学改革；三是学校管理改革（我将第三方面的内容归于上述教育质量管理领域）。在教育政策方面，从最初的《美国教育对策忽视了什么？》开始，我一直努力在第一时间对美国联邦政府的各项政策尤其是教育立法方面的动向给予及时的介绍和分析，如克林顿政府的《政—企—教联手，共创教育的未来》和《美国需要 21 世纪的教育革命》，到布什总统的《布什政府公布美国教育改革蓝图》《不让一个儿童落后——美国布什政府教育改革蓝图述评》和《用立法确保人才培养和教育创新——〈美国竞争法〉教育条款评析》，再到奥巴马政府的《美国通过〈每一个学生成功法〉——将基础教育管理权归还各州》和《清晰的目标，艰难的历程——美国〈每一个学生成功法〉简析》。

　　基础教育课程改革是世界各国在 21 世纪的教育改革中不可或缺的组成部分，这在美国同样如此，而且美国尤其在课程标准的制定方面走在了世界前列，给其他各国提供了一种可资借鉴的框架和范例。我在 1991 年 12 月发表在《上海教育报》的《美国的"文化脱盲"与"科学脱盲"》一文，就已经对在美国颇具影响力的"核心知识课程"及其文化素养以及美国科学促进协会的"2061 计划"及其"科学素养基准"和培养"具有科学素养的人"有所介绍。美国早在 1989 年就率先颁发《学校数学课程与评价标准》，在 1996 年出版《全国科学教育标准》和 2000 年提出《技术素养标准：技术学习之内容》以及其他各学科的全国性课程标准。我基本上都能及时将美国课程教学改革的最新进展介绍进来，以达到"求视野于世界"之效果，如《走向沟通和理解——美国 21 世纪外语学习的"5C"共同标准》《面向全体美国人的技术——美国〈技术素养标准：技术学习之内容〉述评》《作为一门学科的计算机科学——美国〈K-12 年级计算机科学框架〉评述》《美国 K-12 阶段在线教育质量全国标准评析》，以及其他相关论文如《美国课程标准之标准研究》《美国三级课程管理模式研究》《美国共同核心州立课程标准的质量评价研究》《普通高中的课程设置和学分制》《主题教学：合科教学的一种有效途径》等。

　　或许正是因为我对美国教育尤其是美国教育政策和课程改革的研究，又或许得益于权威大家的推荐，我在 2008 年得以参加《国家中长期教育改革和发展规划纲要（2010—2020 年）》的前期研究并成为"国际教育发展研究"课题组组长；并先后受聘担任第一和第二届"国家基础教育课程教材专家工作委员会"

委员以及"上海市基础教育课程改革专家工作委员会"委员，使我有机会更好地用所学知识和研究成果服务于国家与地方的教育改革和课程改革。

国家创新政策研究

2006年暑期，我受邀参加了由上海市科教党委和市教委牵头的"深化教育综合改革，完善创新人才培养体系"课题研究，并在承担其中的"创新人才培养模式的国际比较研究"子课题研究时，关注到美国在当时已经极为重视国家的创新和竞争力及其国家创新政策的基本走向，也在学习过程中深刻地理解了美国如此关注创新和竞争力的原因之所在。而我国社会各界同样也对创新和竞争力给予高度的关注，创新也已成为我国中长期科学和技术发展规划战略研究中的一个关键议题，党和政府更是明确提出要把我国建设成为一个创新型国家。因为这样的一种机缘巧合，我从教育领域入手而进入国家创新政策这一全新的研究领域，希望通过介绍和研究欧美国家的创新政策，能对我们理解其他国家尤其美国是如何看待创新和竞争力的问题有所帮助，并促使我们更深入地思考我们自己究竟应该如何进行创新。

这里值得一提的是，最初我在对自己是否有必要和有能力进入该领域并编辑出版一本有关美国国家创新政策的著作有所怀疑，为此而咨询了张民生教授。作为国家教育咨询委员会委员、教育部高中及义务教育课程标准研制组专家的张教授在次日就打电话告知我："我昨晚上网查阅了诸多资料，发现目前这一领域的研究成果确实很少，国家改革急需此类研究成果，非常值得你去做。"而教育部社会科学委员会委员、华东师范大学钟启泉教授在为拙编《创新引领世界——美国创新和竞争力战略》（2007）一书写专家荐语时说："读者可以从中感受到，美国是怎样旨在'引领世界'而作好'迎击风暴'的动员的；作为'第一生产力'的科学技术是怎样在美国得以未雨绸缪、除旧布新的；美国的教育又是怎样作为实现'美国梦'的基本要素而被提高到'保障国家安全'的高度的……阅读本书，不仅有助于我们更好地认识'世界中的美国'，也有助于我们更好地认识'世界中的中国'。"这是对我进入国家创新政策研究领域的最好鼓励和褒奖。借此机会，我向两位学界前辈长期以来对我的关心和支持表示由衷的感谢和致敬。

我从 2006 年起，陆续在各类报纸杂志发表有关欧美国家创新政策的论文或译文，如《美国教育：在创新中迎战竞争》《激活美国人的潜力：为了创新计划的教育》《美国"创新潮"透视》《科技、教育、创新：世界竞争潮流的关键词》《行动呼吁——美国为什么必须创新》《欧盟一体化进程中创新集群的现状与趋势》《基于持续竞争优势的欧盟服务创新现状及其战略框架》《高校科研成果转化的美国路径》《创新创业，美国高校这么做》等，先后出版《创新引领世界——美国创新和竞争力战略》(2007)、《欧洲创新潮——欧洲国家创新政策进展》(2012) 和《欧洲国家创新政策热点问题研究》(2013) 等著作，并主编出版"创新创业型大学建设译丛"，内含《创建创新创业型大学——来自美国商务部的报告》(2016)、《创新引擎——21 世纪的创业型大学》(2018) 和《大学的技术转移与学术创业——芝加哥手册》(2018) 三部译著。

在国家创新政策的研究过程中，我主持承担了上海市哲学社会科学研究课题"欧洲国家创新政策研究"和上海市教育委员会科研创新项目"美国创新和竞争力路径图透视"，而"创新创业型大学建设译丛"则入选了"上海高校服务国家重大战略出版工程资助项目"。

中小学 STEM 教育研究

正是在上述国家创新政策的研究过程中，我发现人才培养尤其是科学、技术、工程和数学（STEM）人才培养在美国的国家创新政策中占据了极为重要的地位，几乎所有有关国家创新的政策文件或研究报告都会涉及 STEM 教育或 STEM 人才。如美国国家科学院在 2005 年向美国国会提交的《迎击风暴：为了更辉煌的经济未来而激活并调动美国》这一著名报告所提四个方面 20 条行动措施中，第一和第三方面分别涉及基础教育领域和高等教育领域的人才培养，尤其是 STEM 人才培养，在基础教育领域"培养一万名教师和一千万名学生以及大幅度提升 K–12 年级的科学和数学教育来增强美国的人才库"。我在 2011 年就开始指导研究生以"美国 STEM 教育研究"为题撰写其硕士论文，并于 2012 年 6 月在《中国教育报》发表 7000 多字的长文《为了创新而教育——STEM 教育：一个值得认识和重视的教育战略》，同年在《上海教育·环球教育时讯》开设专栏，发表《STEM：美国教育战略的重中之重》《致力于STEM教育的"项目引路"机构》等文章，旨在促使国内教育界同行关注美国以及其他发达国家基础教育领域的这一新发展态势，提出要尽快加强中小学的STEM教育研究，认为这是"一个值得认识和重视的教育战略"。

我在2012年承担了上海市教育科学规划课题"美国中小学STEM教育研究"，先后在该领域发表了10余篇论文，主编了入选"上海高校服务国家重大战略出版工程资助项目"的我国首套"中小学STEM教育丛书"，同时选编其中的《美国STEM教育政策进展》（2015）、主译《设计·制作·游戏——培养下一代STEM创新者》（2015）和撰著《美国中小学STEM教育研究》（2017）。

就我个人而言，教育科研的"创新"还是有限的，而其"可持续性"也是相对的。作为研究生导师，如果我对某些主题的关注或我的研究领域能够对学生的论文选题以及他们的后续发展有所裨益，那才是我最大的欣慰。除印度教育研究和高校学生资助研究外，我在20世纪90年代后半期及此后的学术关注和其他领域的研究专题都对学生在学位论文的选题和撰写方面产生了一定的影响，大多数学生的学位论文选题与我的专题研究领域或新的学术关注有着密切的联系。如毕业于1996年的第一位硕士生的论文是《英国高等教育全面质量管理探析》，而这时正是我开始关注教育全面质量管理研究之际；2004年毕业的三位硕士生的毕业论文分别是《学校危机管理》《教育市场分析及其营销策略探究》《中小学校长时间管理的因素分析与策略探究》，2005年毕业的四位博士生的论文依次为《中小学质量管理研究》《学校文化建设：组织文化的视角》《学校评估研究——以美国国家质量奖〈绩效优异教育标准〉为比较例证》和《基于问题的校长培训模式研究》，以及如《学校道德领导的理论建构与实践探究》（2006）、《校长的技术领导力研究》（2008）、《学校变革视野下校长领导力研究》（2010），这些论文选题与我当时集中研究学校领导与管理以及关注校长专业发展密切相关。而我关于国家创新政策和中小学STEM教育的研究同样促使多位博士生将其学位论文定位于这些领域，如《研究型大学与美国国家创新系统的演进》（2012）、《美国高校全校性创业教育的质性研究》（2017）、《美国中小学工程教育研究》（2017）、《美国文理学院创业教育研究》（2018）、《美国创业型社区学院研究》（2021）等。《教育对外开放背景下的全球性大学研究》（2017）、《经合组织高等教育政策研究》（2017）和《中国双一流大学国际化评估指标体系研究》（2018）等博士论文则与我此后从事高等教育国际化的工作和研究有关。而博士论文《大数据的教育领域应用之研究——基于美国的应用实践》（2016）与我颇具"创新"之意的译著《与大数据同行——学习和教育的未来》（华东师范大学出版社2015年1月正式出版，2021年5月第11次印刷）密切相关。这里，我的教育专题研究的"创新"之点在学生的学习和研究中得以孵化和延续，这或许是最佳的"可持续性"！

　　本书所辑入的论文、文章，最早的发表于1989年，最迟的是在2018年，前后延续近30年。文中叙述的事实、分析的缘由、得出的结论或提出的建议等，或因时事的变化或时空的转移而不再适宜或失去价值；各专题研究著述之目录所列部分的论文、文章，因发表之刊物或停刊或易名或转行而难于查询，这或许只是一种历史的记录和回忆。

/ 注释 /

[1] 赵中建、顾建民选编.《比较教育的理论与方法——国外比较教育文选》，人民教育出版社，1994年。

[2] 赵中建，《英国比较教育专业研究生培养的个案分析——以伦敦大学教育学院国际与比较教育系为例》，《比较教育研究》1995年第3期。

[3] 赵中建，《近期印度高等教育发展趋势——兼析私立高等教育发展迅速之缘由》，《全球教育展望》2009年第2期。

[4] 同[1]，第116页。

[5] 赵中建，《全球教育发展的研究热点——90年代来自联合国教科文组织的报告》，教育科学出版社，1999年。

[6] 赵中建，《全民教育——世纪之交的重任》，四川教育出版社，1999年。

[7] 金志明，《学校应慎对ISO9000认证》，《中国教育报》2001年4月19日。

[8] 陈骁，《赵中建和他的全面质量管理》，《上海教育》2002年第3期。

印度教育研究

专题一

引 言

印度教育研究，这是我博士毕业再次进入大学从事教学科研工作后的第一个专题研究领域。作为完整的国别教育研究，我认为需要从两个方面加以关注。

一是要对作为教育之宏观背景的印度政治、经济、社会、文化等有较为充分的了解，为此我当时对能够收集到的有关印度历史、哲学、经济、人物传记（主要包括泰戈尔、甘地、尼赫鲁）等书籍尽量收入囊中进行阅读，以加深对印度教育为何和如何会成为今天的样式的理解。这正如英国著名比较教育学家萨德勒在其《我们从对外国教育制度的研究中究竟能学到多少有实际价值的东西？》的著名讲演中所说："在研究外国教育制度时，我们不应忘记校外的事情比校内的事情更重要，并且制约和说明校内的事情……一个国家的教育制度是一种活生生的东西，是遗忘的斗争和艰难以及'久远前的战斗'的结果，其中隐含着民族生活的一些神秘的作用。"（赵中建等选编，《比较教育的理论与方法——国外比较教育文选》，人民教育出版社，1994年）我在后来参与《国家中长期教育改革和发展规划纲要（2010—2020年）》前期研究时曾翻译出版了经济合作与发展组织（OECD）的《大趋势形塑教育》一书。该书集中阐明与教育相关的26个主要趋势的九大主题，如社会老龄化、经济新图景、学习型社会、全球性挑战、变化中的工作世界、新一代信息通讯技术、社会关系与价值观等（OECD 教育研究与创新中心著，赵中建等译，《大趋势形塑教育》，华东师范大学出版社，2009 年），同样也在于说明"校外的事情比校内的事情更重要，并且制约和说明校内的事情"。

二是尽可能完整地对印度教育进行介绍、分析和研究。为此，我先后撰写并发表了除学前教育外有关印度各级各类教育的论文、文章30 余篇以及受邀撰写书中之章节 10 余篇，内容涉及初等教育、中等教育、高等教育、职业技术教育、师范教育、高等函授教育及开放教育、教育政策与教育发展、印度教育史以及曾经颇受社会关注的人才外流与回流问题等，其中尤以高等教育内容为多，这与我最初希望进行高等教育比较研究的初衷颇有关系。

此处所录《试论 80 年代我国的印度教育研究》，犹如一般硕士博士论文中的"文献综述"，是对当时国内印度教育研究的一次概览，以使自己对已有印度教育研究现状做到了然于胸，从而更明确自己在印度教育研究中应该在哪些方面作些"介绍""补充"或"创新"的工作。《殖民地印度东西方教育之争及教育西方化的形成》则是一篇教育史的研究，阐明西方文化和教育在印度殖民地时期是如何被引入、传播和发展的。这正如 1853 年马克思在其《不列颠在印度的统治》一文中所明确的：不列颠人的入侵，使"印度失掉了他的旧世界而没有获得一个新世界……并且使不列颠统治下的印度斯坦同自己的全部古代传统，同自己的全部历史，断绝了联系"(《马克思恩格斯全集》第九卷，人民出版社，1961 年）。马克思的这一论断同样适用于教育，如同印度学者所言："印度教育传统的历史延续中出现了明显的断裂过程，它是随着英国殖民统治的巩固而产生的。"（赵中建著，《战后印度教育研究》，江西教育出版社，1992 年）该文为了解今日印度教育提供了一种历史的背景和渊源，对于在近代同样经历过西方文化和教育"东进"但结果却不尽相同的我国教育提供了一种对照和比较。《印度学校系统的职业技术教育及师资培训》《印度高等教育发展迅速原因探析》和《中印教育发展的若干比较》三文并无特别之意，只是希望展示一下比较教育研究中的三个阶段或三种层次——描述、解释和比较，也算是自己努力践行著名比较教育学家贝雷迪（Bereday George）所提比较教育研究的阶段论吧，尽管这里的"比较"还略显深度不够。伴随着我国高等教育的快速发展，每年规模庞大的毕业生的就业就成为社会普遍关注的话题和难题，而印度伴随其"高等教育发展迅速"早在20世纪80年代就已经面临着这样的难题。"自我就业教育"就是印度社会在无法为毕业大学生提供足够就业岗位的80年代提出的，大学毕业生"不应再只是求职者，而应是'工作的创造者'"，而联合国教科文组织与此几乎完全相像的论断"毕业生将愈来愈不再仅仅是求职者，而首先应成为工作岗位的创造者"，则是在1998年主题为"21世纪的高等教育：展望与行动"的世界高等教育大会中提出的。1986年，印度的《国家教育政策》为解决大学毕业生的就业问题，还提出"学位与职位相分离"的政策措施，规定要"在一些经过选择的领域中开始实行学位与职位相分离"。

印度教育研究专题，始于自己博士毕业论文的选题，而1990年初博士毕业论文答辩时的情景，至今仍历历在目。诸位答辩委员的学识与风采，实为自己所敬仰，而他们对我论文的评论和建议，时刻鞭策和激励我去认真地做好印度研究。这里刊出彼时答辩后的一张照片，以示对前辈学者的崇高致敬。

从左至右依次为钟启泉教授、张人杰教授、孙世路教授、马骥雄教授（导师）、赵中建（笔者）、王承绪教授、顾明远教授、赵祥麟教授、瞿葆奎教授。

试论80年代我国的印度教育研究

自我国比较教育学界老前辈、已故教授朱勃先生于1980年发表《印度教育见闻》(《外国教育》1980年第3期)和《印度的中小学教育结构及师范教育概况》[《华南师院学报(哲学社会科学版)》1980年第2期]以来,我国介绍和研究印度教育的著述日渐增多。据不完全统计,发表的各类文章(简讯、报道和译文不包括在内)已有30多篇,其中多数又发表在最近几年。虽然目前我国印度教育的研究成果难以与其他领域如印度经济、哲学、文学等的研究成果相比,但它几乎是在一片空白的基础上开始的,可以说是一项开拓性的工作。本文仅对我国印度教育研究的现状作一叙述并对今后如何深化这一研究提出几点看法。

一 | 研究现状

高等教育倍受重视

重视高等教育研究,是目前我国印度教育研究中的一个特点。在目前的30多篇文章中,论述印度高等教育的文章占了一半之多。为了有助于后面的叙述和分析,这里先简述一下印度高等教育的发展状况。

印度从事高等教育的机构早在古代就已存在,但"现代印度的大学很少归功于它的古代和中世纪的学习中心,其产生与传统的高等学习机构没有正式的联系或是它们的继续"[1]。1857年以英国伦敦大学为样板而创办的加尔各答大学、孟买大学和马德拉斯大学标志着印度现代意义的高等教育的确立。然而,印度高等教育的大发展则是印度独立以后的事，有下列数字为证：大学在印度独立前的 1946—1947 年度仅为 18 所，到 1980—1981 年度增至 123 所，1984—1985 年度进一步增至 135 所；同期各类学院数分别为 636 所、4775 所和 5000 所；在 1950—1983 年期间，大学和学院的年平均增长率为 6%。高校入学人数在 1946—1947 年度为 22.5 万，到 1980—1981 年度增至 275.2 万，1984—1985 年度进一步增至 344.2 万，在 1951—1983 年期间，印度高校入学人数的年平均增长率高达 9.7%。[2] 这种发展速度为当今世界所罕见。按理，高等教育的发展本应能促进社会经济的发展，促进社会的进步，但印度的高等教育是否做到这一点，这正是相当一部分论文所研究的主要内容。例如，王英杰在其《印度发展高等教育的经验和教训》一文中在论述印度高等教育发展的成功经验的同时，认为独立后印度高等教育在"无计划超高速发展"，其结果"使整个教育结构失掉了平衡，影响了普通教育和扫盲教育的发展"，"严重地影响了高等教育的质量"，"加剧了青年失业和人才的外流"(《高等教育学报》1986 年第 2 期)。有的文章在论述印度高等教育发展时得出这样的结论：印度在制订高等教育计划和发展高等教育时违背了"高等教育的发展必须与国家经济发展的实际需要相联系"的原理，"自然使得大批受过高等教育的人失业"(邓存瑞，《略谈印度知识分子的失业问题》，《南亚研究》1987 年第 4 期；《印度受高等教育者的失业问题及改进措施》，《外国教育研究》1988 年第 2 期)。当然，也有人在这一问题上持不同的观点，如秦力在其论文中作出一些引证和分析后指出，"我们不能简单地断言，由于印度的文盲多，初等教育的增长速度大大落后于高等教育的发展速度，就认为印度高等教育的发展过快了"，"无论如何不应指责印度高等教育发展过快了"(《印度高等教育值得探讨的几个问题》，《南亚研究季刊》1987 年第 3 期)。

由于印度高等教育对我们来说毕竟是一个全新的领域，因此一些同志认为首先做一些基本的工作是十分必要的。教育在其发展中既有创新性也有继承性。了解殖民时期的印度高等教育，无疑有助于我们更好地认识现今印度的高等教育及其存在的种种问题，因为今天印度高等教育中存在的诸多问题如数量发展与质量提高早在殖民时期就已存在。笔者的《殖民地时期的印度高等教育》(《外国高等教育资料》1989 年第 4 期)正是从教育史的角度论述印度高等教育的。

有的文章则在高等教育的结构和体制方面提供了一些基本情况，如刘树范的《印度高等教育结构》（齐亮祖、刘敬发主编，《高等教育结构学》，黑龙江教育出版社，1986年）、笔者的《印度高等教育的现行体制》（《外国高等教育资料》1987年第4期）。在介绍和研究印度高等教育总的发展情况方面，从事印度经济研究的曾向东做了不少工作，他先后撰写和编著了《试论印度的高等教育》（《南亚研究》1985年第2期）、《印度高等教育改革中的动向与趋势》（国家教育委员会教育发展与政策研究中心编，《当代国际高等教育改革的趋向》，高等教育出版社，1988年）、《印度现代高等教育》（四川大学出版社，1987年）。

研究范围日渐扩大

尽管印度高等教育格外受到人们的重视，但介绍或研究教育其他阶段或方面的文章也时有出现。研究范围的扩大主要表现在以下几个方面。

一个完整的教育结构一般包括幼儿、初等、中等和高等教育，同时又包括师范教育、职业技术教育等。除朱勃的《印度的中小学教育结构及师范教育概况》发表于1980年外，其他一些论述各级各类教育的文章大都发表于80年代后半期（论述高等教育的除外），其中主要有：史静寰的《印度普及义务教育》（成有信编，《九国普及义务教育》，人民教育出版社，1986年）、韩骅的《印度普教概况和给我们的启示》（《外国教育动态》1986年第4期）、邹进的《印度中等教育》（崔录、李波等编著，《国外中等教育概况》，光明日报出版社，1987年）、宋春江的《印度的职业技术教育》（《外国教育研究》1988年第2期）。郝新生等主编的《比较职业教育》（延边大学出版社，1987年）一书中亦有"印度的职业技术教育"一章。总的说来，虽然这些文章的研究色彩不是很浓，主要侧重于一般的情况介绍，但综合它们可以得到关于印度教育结构的总体概貌。

印度自1947年独立以来，已经分别于1968年、1979年和1986年公布过三份《国家教育政策》（1979年的政策因人民党政府下台而未被实施）。这些政策的颁布与实施，对印度教育的发展和改革起了很大的影响。苏印环的《印度独立以来的教育政策及其成就和问题》（《南亚研究》1987年第3期）和《印度教育政策初议》（《南亚研究季刊》1987年第1期）正是从教育政策入手对印度教育进行介绍和研究的。这对我们了解印度教育在一定时期面临哪些问题、需要实现什么目标和进行哪些方面的改革是有益处的。

泰戈尔是印度现代的伟大作家和诗人，同时也是一位教育家。他不仅躬身实践，在圣蒂尼克坦创办国际大学，而且还撰写过许多关于教育方面的著作和文章，如《教育的目的》《教育的堕落》《教育改革》《我的教育学》《教授法》，等等。虽然一些有关泰戈尔的著述如常任侠的《怀念诗人泰戈尔与圣蒂尼克坦》(《南亚研究》1981年第2期)、魏风江的《我的老师泰戈尔》(贵州人民出版社，1986年)间接地涉及泰戈尔的教育思想，但也有人为此撰写专文。刘国楠与崔岩砺合撰的《泰戈尔的教育思想》(《南亚研究》1983年第1期)是一篇较为完整地论述泰戈尔教育思想的文章，也是笔者目前所见唯一一篇论述印度教育思想的文章。

此外，马骥雄的《古代印度的教育》[《杭州大学学报(哲学社会科学版)》1985年第2期]、林承节的《20世纪初印度的民族教育运动》(《南亚研究》1987年第4期)则从历史的角度向我们展示了印度教育发展的情况。从印度教育研究的完整性来说，它们是必不可少的方面。

最后值得一提的是，在以往的外国教育研究中，注意力往往集中于发达国家。随着发展中国家在国际事务中越来越发挥出它们的作用，也由于我们看到其他发展中国家尤其如印度的教育与我国的教育在许多方面有着很大的相似之处，印度教育研究开始受到重视。在一些选编的国别教育或专题教育的书籍中，印度教育往往作为发展中国家的典型被予以论述，如前述的《印度普及义务教育》《印度中等教育》《印度的职业技术教育》《印度高等教育改革中的动向与趋势》等都是一些书的章节。又如在瞿葆奎先生目前主编的《教育学文集》中，除几个发达国家外，还列有《印度、埃及、巴西教育改革》(赵中建等选编，人民教育出版社)一书，其中关于印度独立至今的国家教育政策与报告、教育发展与改革等内容的译文达20多万字。

二 | 今后研究需要加强的几个方面

我国的印度教育研究虽然已经取得了一定的成绩，但与我国对印度其他领域如哲学、经济、文学等的研究相比，差距还是很大的，而且就教育研究本身而言，也还有许多需要改进与加强的方面。

内容需要准确

本来，介绍或研究的内容必须是准确的，这样读者才能通过阅读对某一事物产生一个正确的认识，这对于还没有为人们很熟悉的印度教育研究尤为重要。然而，在目前的一些著述中，却出现了一些差错。为避免以讹传讹，并引以为鉴，特列举几则如下。在一张表示印度不同阶段的教育成就的表中，有"中学数""高等和中等学校数"和"高等和中等学校教师数"（见《南亚研究》1986年第3期，《南亚研究季刊》1987年第1期）这样的译名。它们在印度教育中表示什么？经查原文并核对数字，发现"中学数"的原文为 number of middle schools，这在印度实际上是一种中间学校。在印度"10+2+3"的学校教育制度中，中间学校这一阶段已划为初等教育高级阶段即高小。"高等和中等学校数"的原文为 number of high/higher secondary schools。在美国，high-school 表示中学，初中用 junior high school 表示，高中用 senior high school 表示。但在印度，high school 和 higher secondary school 曾是新旧学制交替时的两个词，前者与高等教育之间还有一个中间学院即预科阶段，而后者直接连接高等教育。在新学制中，high school 只表示初中学校，高级中学则为 higher secondary school，故这里所表示的，实际上是"初级和高级中学数"。依此，"高等和中等学校教师数"应为"初级和高级中学教师数"。又如，印度国会于1968年通过《国家教育政策》，宣布在印度全国实行统一的"10+2+3"学制：10年为普通教育阶段，内分初小5年、高小3年（此8年为义务教育阶段）和初中2年；2年为高中阶段，印度"中等教育职业化"在这一阶段实施，它对于一部分学生来说是终结性阶段；3年为高等教育本科阶段。但在解说学制方面，既有人把2年时期说成是"大学预科2年"（《各国手册丛书：印度》，上海辞书出版社，1988年），也有人在一张学制图中，把高中阶段由工业训练学校和综合技术学校实施的职业技术教育说成从初中阶段开始（《国外中等教育概况》，光明日报出版社，1987年）。

研究需要深入

纵观迄今为止的所有介绍和研究印度教育的著述，可以发现相当一部分文章还只是处在描述的阶段。这对印度教育研究固然是必不可少的，但又是很不够的。以高等教育的迅速发展（印度人用 great expansion 表示）为例，目前的一些文章主要是指出由此产生的问题和将要改进的措施，而对大扩展产生之原因如教育理论方面的指导、时代发展的需要、学生及其家长对高等教育的向往等则涉及甚少。一些文章在谈到受过高等教育的人的失业问题时，往往把这归结为高等教育的无计划发展，这固然是一个因素，但一个似乎更为重要的因素即人口的迅速增长却未受到重视。在 20 世纪 70 年代期间，印度平均每年增加人口近 1400 万，相当于整个澳大利亚的全部人口。由此而来的严重后果是使过度饱和的劳动力市场每年都要增加数以百万计的新的劳动大军，而政府又不可能提供这么多的就业机会，于是印度失业人数越来越多，问题日趋严重。在这样一种人口激增、失业日趋严重的背景下，仅把大批受过高等教育的人的失业归于高等教育的"超高速发展"而不从其他社会经济方面进行探讨显然是不够的。

目前我国印度教育研究的文章主要集中于教育制度的各个方面，关于教育思想和教育理论的研究甚少，而思想和理论往往指导或影响着一定时期的教育发展。这里仅以圣雄甘地的基础教育思想说明之。甘地针对当时印度教育的弊端，认为必须从改革现行教育制度入手，变贵族化的教育结构为大众化的教育结构，其途径是借助传统的手工生产活动来组织全部教育活动。甘地为国大党拟定的四条教育原则基本反映了他的基础教育思想。这四条原则是：（1）在全国范围内实施 14 岁以下男女儿童的免费义务教育。（2）学校教学语言必须采用本族语。（3）教育必须以手工劳动和生产性工作为中心，其他一切活动必须和儿童的环境及其自选的手工劳动密切联系。（4）学校实现完全的经济自给。甘地的基础教育思想不仅在独立前的印度得到贯彻执行，而且直接影响并指导着独立后至 60 年代中期的印度教育的发展。当时印度教育的一大变化就是努力把基础教育作为一种制度，贯穿于整个教育，尤其要使初等教育转变为基础教育。

然而到了 60 年代中期，印度教育委员会在其教育报告中提出用劳动实习（work experience）代替基础教育。基础教育不再是一种制度，而只是课程设置中的一个组成部分。研究甘地的教育思想有助于我们了解和研究基础教育在印度的产生、发展和消失及其存在和消失的原因所在。研究印度的教育思想和一些未曾涉足的内容正是"研究需要深入"的又一方面。

方法需要多样

我们目前主要是就印度教育而论印度教育。但我们研究印度教育的主要目的，是希望从印度教育的发展和改革中借鉴经验，吸取教训，而教育的比较研究尤其是中印教育的比较研究，是达到这一目的的一种有效途径或方法。中国和印度不仅在地理环境、人口多寡、经济发展水平等方面有很大的相似之处，而且在教育发展的进程、教育存在的问题等方面亦有相似之处。这就为中印教育比较研究提供了可能性。翻阅近几年的《南亚研究》杂志，可发现一些中印比较研究的文章，其中以孙培钧的中印经济比较的系列文章最为突出。这为中印教育比较研究提供了范例。而就中印教育比较而言，国外已有一些学者进行了研究，如美国印第安纳大学阿诺夫（Arnove Robert）的《中印教育制度比较》(《比较教育评论》1984 年第 3 期，英文版)、加拿大卡尔加里大学扎卡赖亚（Zachariah Mathew）的《高等教育的平等入学：印度和中国 30 年实践之思考》(《高等教育杂志》1983 年第 3 期，英文版) 和《甘地和毛泽东论学校中的体力劳动：回顾性分析》(与人合写，载《国际教育评论》1985 年第 3 期，英文版)。别人已经起步，我们更待何时！

/ 注释 /

[1] 纳格帕乌尔，《文化、教育和社会福利》，钱德有限公司，1980 年，第 197 页。
[2] 国家教育委员会教育发展与政策研究中心，《当代国际高等教育改革的趋向》，高等教育出版社，1988 年，第 232 页。

（本文原发表于《南亚研究》1990 年第 3 期）

殖民地印度东西方教育之争
及教育西方化的形成

一 | 殖民地初期的教育

在殖民地初期，印度实施初等教育的主要机构仍是原有的麦克台卜（mactab，伊斯兰教小学）和婆达沙拉*（pathshala，印度教小学），它们遍布全国。这些学校一般都只有一个教师和十几个学生，教学用语因地而异，或梵语、孟加拉语，或印地语、波斯语等。教学内容主要是简单的读写算知识和宗教知识。此外，作为高等教育中心的维德亚拉亚（vidyalaya）和马德拉沙（madrassh）这时也还较普遍，但其规模已经很小了，有的只有几个学生。例如，在190所维德亚拉亚中只有1358名学生，平均每所学校的学生不到8人；在南比哈尔的291所马德拉沙中只有1486名学生，平均每所学校的学生不到5人。维德亚拉亚主要为印度教所办，使用梵语，学习的科目主要有语法、文学、词典编纂、医学、逻辑、法律、奥义书等。马德拉沙最初虽为伊斯兰教所办，但这时的学生既有伊斯兰教徒也有印度教徒。前面提到的1486名学生中，619人为伊斯兰教徒，867人是印度教徒。马德拉沙使用阿拉伯语或波斯语进行教学，但以使用波斯语的学校为多。例如在南比哈尔的291所马德拉沙中，使用波斯语的学校多达279所。这与波斯语为原莫卧儿帝国的官方语言有关。印度原有的教育制度在这一时期虽然尚还存在，但不论在教师收入（主要来自学生的学费），还是办学的其他条件如校舍或师资质量方面，都不令人满意。而且，

---

* 印度也有学者认为婆达沙拉为印度教的高级学校。

"到十九世纪初,无论是这些固有的高等学校还是乡村小学,都呈现出一种江河日下的状态"。

与上述状况相反的是,西方传教士和东印度公司官员所从事的教育活动却开始在印度发挥重要的作用。西方传教士是涌入印度的西方人中的一个重要组成部分。他们在宣扬基督教教义的过程中创办一些学校,其中大多数为初级学校。

西方传教士们以传播基督教教义为宗旨,目的在于使更多的人皈依基督教,但在这一传教过程中,他们在客观上促进了印度地方语言的发展,并使人们学到了基本的读写算知识。

英国东印度公司最初的目的是为了贸易和经济掠夺,因而它并不希望去直接干预印度的教育。即使东印度公司在成为英国统治印度的全权代表机构后,它对教育仍不感兴趣,而且通过了一项关于印度教育的"中立政策"(neutral policy)。"中立政策"是指东印度公司对印度原有的教育制度既不干扰也不支持。但当时东印度公司的一些英国官员却对发展印度教育表现出浓厚的兴趣。他们以个人的努力在印度建立了一些学校。传教士的教育活动主要集中于初级教育,但这些官员则对高等教育感兴趣。当时的孟加拉总督黑斯廷斯(W. Histings)精通波斯语和孟加拉语,并有丰富的乌尔都语知识。他认为,唯有统治者懂得怎样尽一切可能考虑到本地人的社会和宗教偏爱,英国在印度的统治才能稳固。为了使伊斯兰教绅士们的儿子有资格担任政府中的一些官职,黑斯廷斯于1781年率先在加尔各答创办了马德拉沙。该校的修业年限长达七年,教学依据伊斯兰教的原则进行。主要科目有《古兰经》、自然哲学、法学、几何学、算术、逻辑和语法,授课语言为阿拉伯语。这一时期积极创办学校的还有其他人,如贝拿勒斯驻扎官邓肯(J. Dancan)在1792年创办了贝拿勒斯梵语学院;德干的行政官埃尔芬斯通(M. Elphistone)于1820年在浦那创办了一所学习印度教的学院;弗雷泽(Fraser)在德里为柴明达尔的儿童开设了学校,用波斯语进行读写教育。

西方传教士和东印度公司官员在印度教育中的作用在日益增强,通过教育传授着一定的文化知识,但都怀有宗教和政治的目的,使印度人信奉基督教或需要精通梵语、波斯语、阿拉伯语的印度人来协助他们统治这个国家。他们从事的教育活动虽已带有传播西方文化的成分,如宣扬基督教精神,但他们主要是"根据传统的原则来鼓励梵语和阿拉伯语的古典学习的"。因此，从整体上看，"东方教育"（oriental education）是这一时期印度教育的主要特征。

二 | 东方教育和西方教育的争论（1813—1853 年）

东印度公司虽然宣布在印度事务中采取"中立政策"，但公司官员们鼓励东方教育并从事这种教育的活动却在英国引起了争论。早在邓肯于 1792 年在贝拿勒斯创建梵语学院的那一年，任职于东印度公司的格兰特（Grant）写了《关于大不列颠的亚洲事务中社会状态的观察》一文，主张在印度建立一种类似于西方的教育。他认为印度人由于愚昧无知而丧入歧途，不列颠则负有使印度社会获得新生的使命。而解救印度的"唯一做法"是通过英语来"传播我们的知识"，传授基督教教义、欧洲文学、自然哲学、机械原理等。印度人则可以从中看到一个"富于新思想的世界"。格兰特第一个明确宣称要通过英语将西方文化引入印度。在此之后，关于东西方教育优劣的争论成为这一时期印度教育发展中引人注目的内容。这一争论最终以西方教育在印度的全面确立而告终。

东学派和英学派

随着格兰特《关于大不列颠的亚洲事务中社会状态的观察》一文在英国议会的散发及其基本观点的传播，不论在英国本土还是在东印度公司的官员中，逐步形成了要求在印度推行西方教育的一派。由此引起了印度近代教育史上"东学派"（Oriental Party，Orientalism）和"英学派"（English Party，Occidentalism，Anglicism）之间的论争。

"东学派"的主要成员是东印度公司的官员。他们之所以鼓励复兴东方文化，在教育中使用东方语言如梵语、波斯语等是出于如下一些考虑。首先，从政治上看，这有助于稳定和加强英国在印度的统治。虽然普拉西战役使东印度公司得以全权负责印度的事务，但它还未强大到足以抵御或镇压印度人一旦觉醒后的反抗，而教育被认为是可以使印度人觉悟的主要因素。这正如当时的英国议员杰克逊（Randle Jackson）所说："由于我们向美国输出了教育，我们已失去了在那里的殖民地。我们不能再在印度这样做了。"1820 年由埃尔芬斯通创办的印度教学院的首任负责人查普林（William Chaplin）在当年就明确指出："创办这所学院的最直接的动机与其说是教育的还不如说是政治的，即为了安抚那些因 1818 年英国人推翻佩什瓦（Peshwa）……而受难不少的有学问的婆罗门。"[1] 查普林认为婆罗门教中有许多东西不仅无用而且更糟，但他仍在学院中提供了婆罗门教的几乎所有的学问领域。其次，从社会行政管理角度看，东印度公司要管理和控制印度这个幅员辽阔的国家，仅靠从英国招聘官员和工作人员是远远不够的，靠专门培养东印度公司官员的学校如福特·威廉姆学院和海莱柏里学院进行培训也是不够的。因此东印度公司需要精通梵语、波斯语或阿拉伯语并熟悉地方风土人情的印度官员们的协助。再次，欧洲 18 世纪后期和 19 世纪初期的印度文化热也对"东学派"有利。

"英学派"主张通过英语教学把西方的科学和文化传播到印度。与"东学派"相比，"英学派"的人员组成比较复杂，由各路人马汇集而成。前述的格兰特和克拉姆教派的成员敦促东印度公司把英语教育作为传播基督教精神的媒介引进印度。他们认为，像西方国家一样，通过基督教精神可以在印度引起一次宗教改革，而这必将导致印度在经济和政治上的复兴。麦考莱（T. B. Macaulay）是英国政治家和历史学家。他曾提出应在印度创立西方式的全印教育制度。以他为主要代表的自由主义者确信西方教育的优越性，认为"一所好的欧洲图书馆中的一个书架即可同印度和阿拉伯的全部本土文学（native literature）相媲美"。英国的商人阶层则希望英国化了的印度人将会成为英国货物的潜在顾客，这主要通过教育使印度人英国化。19 世纪初，英国的功利主义正方兴未艾，一些功利主义者也加入了"英学派"的阵营。功利主义与英国的海外殖民政策结合，共同促成在印度进行包括教育在内的一系列变动。例如，英国著名功利主义者穆勒父子（J. Mill，S. Mill）都曾在印度署中任职，小穆勒甚至主管东印度公司与印度各省政府间的关系协调事务达 20 年之久。他们虽不相信西方教育是医治印度的万应灵丹，但却支持用英语教育取代东方教育，倡导在印度事务中奉行一种学以致用的教育原则。出自老穆勒手笔的董事会急件指责支持东方教育的计划是"别出心裁并带有根本性的错误"，认为教育的目标应提倡有用的学习,而不是那些"晦涩的和没有价值的知识"。总之,"英学派"的力量是"经济的、管理的、政治的、宗教的和道德的动机的综合"。

这里还必须指出,除英国人外,当时有一些印度人士也希望通过英语教育来引进西方文化。他们认为唯有这样,印度的传统文化才能真正复兴。这方面的著名人物首推被誉为"新印度的代表与先驱者"的拉姆莫汉·罗伊。罗伊是英语教育的一个"伟大倡导者",不仅自己创办这类学校,而且总是乐意帮助其他热心于英语教育的人。当"公共教育总会"(General Committee of Public Education)于1823年在加尔各答筹建一所梵语学院时,罗伊即向当时的孟加拉总督阿默斯特(Amherst)递交请愿书,提出强烈的抗议。他认为这种学院只会把语法细节和微小的隐喻区别灌输给年轻人,学生们在这种学校中学到的只是两千年前就为人所知的东西,因而这种知识对于现实社会来说几乎是没有实际价值的。为此,罗伊向总督提出,既然"政府的目的在于使本地居民得到进步,所以它自然应采行一种包括有数学、自然哲学、化学、解剖学及其他有用科学的比较自由和开明的教育系统,这可用原定的经费施行;聘请少数在欧洲受过教育的饱学之士并设立一所配备有必要的图书仪器和其他设备的学院"。此外,由于东印度公司的贸易和英国商人的存在,一些普通印度人也发现英语非常有用,因为懂得英语就有可能在公司或英人商店中谋得一份工作。

争论的焦点和结局

"东学派"和"英学派"之间的争论一般以1813年东印度公司特许状的颁布为起点。1813年,英国议会通过的东印度公司特许状第43条规定,东印度公司"每年应拨出不少于10万卢比的款项用于文学(literature)的复兴和提高,鼓励印度本地的学者,以及在英属印度领土上的居民中介绍和提倡科学知识"。特许状还规定印度海岸向英国的所有传教士开放。印度马哈拉贾·萨亚吉拉奥大学的慕克吉(S. N. Mukerji)教授认为特许状的这一条款是"印度英语教育的奠基石"。然而,特许状未对10万卢比的具体用法作出规定,也没有指出用什么方法来确保目标的实现。特许状中的这一不确定性为各执一端的"东学派"和"英学派"论证自己的观点提供了依据。

为了进一步贯彻落实特许状的规定，孟加拉总督在 1823 年任命了一个"公共教育总会"负责 10 万卢比的使用。成立初期，由于崇拜东方文化的人在总会中占大多数，"东方学问……因而受到鼓励和得到复兴"。但与此同时，总会已不能完全忽视西方的文化。在所有的东方型学院中，如加尔各答马德拉沙、加尔各答梵语学院、贝拿勒斯梵语学院等，从 19 世纪 20 年代起都先后增设了英语班级。当时，公共教育总会还不愿建立纯粹的英语学院。大约到了 19 世纪 30 年代，随着一些年轻人进入总会，总会中这种鼓励东方教育的倾向受到了挑战。两派力量渐渐变得势均力敌，以致难于决定是继续鼓励东方教育还是推广英语教育。

麦考莱在 1834 年被任命为公共教育总会主席，他同时还是印度总督参事会的法律参事。麦考莱是英语教育的积极支持者和倡导者，是"英学派"的中坚人物。他在总会内的诸次争论中未对"东学派"和"英学派"之间的争论表态。但在总会把这一问题提交总督参事会时，麦考莱在 1835 年 2 月写了"教育纪要"，陈述了他对这一问题的看法。麦考莱首先按他自己的理解解释了 1813 年特许状第 43 条中的几个关键词。例如，他认为"文学"一词既可指阿拉伯语文学和梵语文学，也可指英语文学；"印度本地的学者"既可指梵语学家和穆斯林法律专家，也可包括精通密尔顿的诗句、洛克的形而上学、牛顿的物理学的印度学者。在谈到应采用何种语言作为教学语言，麦考莱认为整个问题在于"哪一种语言最值得学习"。作为一个竭力贬低东方文化价值的英国殖民主义者，麦考莱毫不犹豫地认为英语优于印度的古典语言。

麦考莱从政治、经济、文化等方面论证了必须在印度实行英语教育。他实际上提出了印度殖民政府后来采取的"渗透方案"（filtration scheme），即在教育上，官方只向印度上层阶级传授英语教育，然后通过这些人使教育形式和知识朝下"渗透"到民众。显而易见，麦考莱观点的阶级性是十分明显的，即培养一个为英国政府服务的印度上层阶级，与此同时则使广大人民保持愚昧。

麦考莱的观点和论证可以说是"英学派"最典型的代表，他的观点得到深受功利主义影响的印度总督本廷克（W. Bentinck）的支持。他在 1835 年 3 月即签署了一项决议，规定"英国政府的维度目标应该是在印度居民中提倡欧洲的文学和科学，拨给教育的所有款项只能用于英语教育；东方型学院如梵语学院等可以继续存在，但对"今后进入这类学校的任何学生不再给予资助"；而且，任何经费"不得再用于印刷东方语言的著作"。

如果说本廷克的决议结束了这场争论，那么印度政府尔后采取的一系列措施则加速了英语教育的推广。首先，1835年颁布的"出版自由"（Freedom of Press）的规定使得英语书籍可以以相对低廉的价格出版和销售。其次，在1836年至1847年期间，印度政府通过了一系列的条例，向印度的法官开放了更多的就职机会。1837年，英语正式取代波斯语而成为官方语言，法院的工作语言是英语（高级法院）和现代印度语言（初级法院）。这一决定使得印度人纷纷涌向英语学校和英语学院，以求最终能在政府部门谋个一官半职。最后，也许是最重要的，在1844年10月，哈丁（Hardinge）总督签署了一项决议，规定所有公务人员的聘用必须通过教育委员会（其前身为公共教育总会）所举办的公共竞争考试，给受过英语教育的印度人以优先录用的机会。这一决定使得印度"最初反对学习英语的偏见从此烟消云散，英语教育由于生计的需要而开始受到重视"。它使英语教育成为印度人"谋求高级职位的唯一手段，因而保证了英语教育为人们所接受并得到迅速的发展"[2]。

印度政府通过改变雇佣政策来促进和推广英语教育的做法，远比口头的争论和讨论来得有力。它对殖民地印度教育的西方化，尤其对以培养官吏为主的印度中等和高等教育的发展，产生了极为重要的影响。

三 | 殖民地印度教育的西方化（1854—1904年）

随着英国在印度的殖民统治日益巩固，西方化这一浪潮开始在印度国土上生根。印度的第一条铁路于1853年开始通车；1854年引进了电报和邮政系统；第一批立法委员会于1861年产生。印度诗翁泰戈尔认为，"西方的民族用它的机器的触角伸进印度土壤的深处"[3]。19世纪下半叶成为印度历史上的一个重要时期，印度教育的发展也未能例外。虽然1835年本廷克的决议结束了"东学派"与"英学派"之间的争论，虽然印度政府尔后采取的一系列措施加速了英语教育的发展，但殖民地印度教育西方化的真正形成则是1854年颁布《伍德教育急件》(Wood's Educational Despatch)。

《伍德教育急件》

英国东印度公司作为全权负责印度事务的机构，在忙过了"商业、征服和巩固"之后，开始有暇来顾及教育了。1853 年，议会的一个委员会检查了印度过去的教育发展并对今后的教育发展制订了一份详尽的计划，即《教育急件》。因颁布这一急件的委员会由当时的议会监督局主席伍德（Charles Wood）领导，故史称《伍德教育急件》。它是一份长达一百多页的报告，主要内容如下：

（1）在各省设立公共教育部（Department of Public Instruction）。其主要职责和权力是视导学校和学院并就它们的状况提出报告，在创办学校和学院的过程中指导管理者和校长。

（2）在各管区城市创办大学。英属印度当时有三个管区城市（加尔各答、马德拉斯和孟买）。《伍德教育急件》建议以英国伦敦大学为榜样，在三个管区城市各建一所大学，原有的私立学院将成为大学的附属学院；大学的管理由评议会负责，评议会由政府任命的校长、副校长和其他人员组成。

（3）设置补助金制度（grant-in-aid system）。《伍德教育急件》认为，由于政府不可能在全国实行一种综合的教育计划，因而有必要设置补助金制度，对符合条件的教育机构给予财政补助。

（4）建立上下衔接的学校制度。在此之前，印度基本上只有小学和学院两类学校。《伍德教育急件》提出的各级学校是：小学、中间学校（middle school）、中学（high school）、学院和大学。这些学校基本构成了以后殖民地印度教育的学校类型。

（5）确立英语为教学语言。英语教育的地位在此以前已经确立，《伍德教育急件》则再次明确规定英语应作为最有效的教学语言用于高等教育。

无疑，《伍德教育急件》为殖民地印度教育的西方化奠定了基础，为以后印度教育的发展绘制了蓝图。印度有人甚至对它作了这样的评价："1854 年的《伍德教育急件》在印度教育史上是一次顶峰——它以前的一切导致了它，它以后的一切遵循着它。"我们必须看到，《伍德教育急件》从形式和目的等方面强调了印度教育的西方化，从而使东方教育无人问津；强调了政府对教育的直接控制（通过公共教育部）和间接控制（通过补助金制度），从而结束了教育的多样化和印度自由学习的传统；强调了教育的世俗性而未考虑到在印度这样一个宗教国家中，教育尤其是初级教育往往与宗教是分不开的；强调了高等教育的重要性，但却忽视了初等教育的发展。也正因为这样，印度现代教育的确立及其在发展过程中存在的问题，都可以从《伍德教育急件》中找到根源。

现代意义的高等教育的确立

印度早在古代就有了属于高等教育性质的中心或机构，但印度教授纳格帕乌尔（Hans Nagpaul）指出："现代印度的大学很少归功于它古代和中世纪的学习中心。现代印度大学的产生与传统的高等教育机构没有正式的联系或者是这些机构的继续。"

1857年，根据《伍德教育急件》的建议，印度以英国伦敦大学为模板，在三个管区城市创办了加尔各答大学、孟买大学和马德拉斯大学。同伦敦大学一样，印度这时的大学只是一种考试机构，它们本身并不进行任何教学或科研活动。它们主要为自己的附属学院规定课程、举行考试并授予学位，教学工作则在各学院进行。大学的创办对于当时已经发展的，但在目标、课程设置、教学质量等方面不一致的学院起到了统一的作用，"具有一种设法使散布广泛而有不同倾向的学院一致起来的意义"[4]。但与此同时，学院为了使自己能隶属于某所大学就不得不接受大学的种种规定，因而也就失去了自己的多样性和独特性。仿效这三所大学，旁遮普大学和阿拉哈巴德大学分别于1882年和1887年创办。学院隶属于大学的制度被称作附属学院制（system of affiliated college），它是独立前印度高等教育的主要类型，而且一直延续至今。

印度大学的诞生，使得麦考莱关于实施英语教育的建议能真正落到实处。英语正式作为高等院校的教学语言，印度古典语言仅作为一门科目，而印度现代语言（如印地语、孟加拉语等）在所有大学都遭到忽视。这就首先影响到附属学院的教学，其结果是印度语言的教学不再进行。这又对中等教育产生影响，致使后者也普遍忽视印度语言而重视英语的教学和使用，因为这时的中等教育主要是为升入大学作准备的。这种情况还发生在当时的初等教育中。教学语言的问题也是以后不断困扰印度教育的一个主要问题。

普通教育的发展

1854年后成立的各邦教育部给印度中等教育的发展以很大的推动，教育部不仅自己创办中学，而且通过补助金制度大力促进私人办学。仅孟加拉、比哈尔和奥里萨三地，在补助金制度颁布后的18个月内，就有79所英语学校申请补助金。在1871年还只有133所中学和551所中间学校，但到1882年仅中学就增至209所。而且，由印度人自己创办和管理的中学也越来越多。中等教育发展迅速的一个主要原因是社会对英语教育的需要日益增加，这是因为英语已成为谋取工作所必备的条件，是升入高等院校所必需的语言。补助金制度的实施则使这种发展成为可能。印度中等教育的另一个重要特点是英语已不仅仅是一门科目而且已成为教学语言。如前所述，这种状况主要受制于大学的入学考试，而其他一些因素如政府部门的雇佣政策又加强了英语在印度中等教育中的地位。然而在当时，却"没有人对这些措施的可取性提出异议"。印度中等教育的这种发展，使得它只能成为高等教育的附庸，而不能成为一个独立的阶段。

相对于高等和中等教育而言，印度初等教育的发展就更不尽如人意了。可以认为，初等教育的落后与殖民政府的教育政策有着密切的关系。由麦考莱提出的"渗透说"不仅是1854年以前官方教育政策的主要理论依据，而且仍然是1854年《伍德教育急件》颁布后贯穿于19世纪后半期官方教育政策的指导思想。由于"渗透说"的影响，印度政府只是强调高等教育而忽视初等教育。尽管《伍德教育急件》曾指出扩大群众教育的必要性并提出要实施补助金制度，但补助金制度的关键是，要求接受补助金的小学必须向每个学生收取一个月的学费（a monthly fee）。也就是说，初等教育不能依赖政府的补助。卡诺伊认为这种规定实际上"反映了英国资本主义的思想意识的影响，即国家不承担教育的全部职责"[5]。这种规定对印度初等教育的发展产生了双重的消极影响。一是国家的初等教育制度不能普及，因为印度人民普遍贫穷而缴纳不起学费，因而学校不能接受补助；另一是政府由于施行了补助金制度而忽视了已有的数千所本地的乡村学校。其结果是，在尔后的一些年中，这些乡村学校纷纷关闭或被新的学校合并。"到 1902 年，在英属印度几乎不再有乡村学校。"[6] 正因如此，从 1813 年到 1902 年的几乎整个 19 世纪，在印度被看作是初等教育的"遭忽视时期"。

/ 注释 /

[1] M·卡诺伊，《作为文化帝国主义的教育》，戴维·麦凯公司，1974 年英文版，第 95 页。
[2] R·C·马宗达等，《高级印度史》，张澍霖等译，商务印书馆，1986 年，第 882 页。
[3] 泰戈尔，《民族主义》，谭仁侠译，商务印书馆，1986 年，第 4 页。
[4] 巴巴拉·伯恩等，《九国高等教育》，上海人民出版社，1973 年，第 288 页。
[5] 同 1。
[6] 同 1。

（本文原发表于《南亚研究》1992 年第 2 期）

印度学校系统的职业技术教育及师资培训

虽然印度的职业技术教育早在殖民时期就已有所发展，也有众多的教育委员会曾就这种教育提出过各种建议，但印度职业技术教育发展的全面计划，则是在印度于 1947 年独立后才着手进行的。今天，印度已经形成了一个可以提供各种培训计划的较完整的职业技术教育网络。

从横向上看，印度的职业技术教育也可分为学校系统内和学校系统外两类教育。印度有的学者把这两种系统称作"以学校为基础"和"以工业为基础"的职业技术教育系统。本文主要论述前一种系统。在这一系统中，属于中等教育性质的职业技术学校有 10 多种，但主要的是初级技术学校、工业训练学校和综合技术学校。现分别简述之。

初级技术学校（Junior Technical School）是一种创办于 20 世纪 60 年代早期的学校，又称作技术中学（Technical High School），主要招收 13~14 岁的学生，修业年限为三年，这种学校是为初级中等教育职业化而设计的，以使学生作好就业准备，因为对一部分家境贫寒的学生来说，初中教育已具有终结性的性质，其目标是培养半熟练工人或具有一定技能的一般劳动力。

在课程设置方面，普通教育科目、理论技术学科以及工厂的实际培训，构成该类学校中教学的基本内容。三年中有 55% 的学时用于实际培训，而在第三学年中，用于实际培训的时间占该学年全部学时的 2/3。有人把这种课程安排称为"三明治学程"（sandwich course），并认为经过这种培训的学生是能够为工业界所接受且有益于整个社会的。

初级技术中学所提供的课程按行业划分，主要有：装配、特种机械、车削工艺、焊接、铸造、编织、自动机械、洗衣房技术、电气设备、木工和木模等。

随着印度"10+2+3"新学制的采用，教育职业化的重点开始从初级中等职业教育移向高级中等教育阶段，但人们仍然认为初级技术学校可以同高级中等职业教育一样服务于学生和社会。

工业训练学校（Industrial Training Institute）主要培养手艺工人或熟练工人，一般招收通过10年级考试的学生，修业年限为1~2年，其中非工程专业通常培训1年，工程专业一般培训2年。

工业训练学校将课程范围主要限于学生们将来准备受雇佣或个体经营的特定专业。在学时安排上，2年制的修业期限共有104个学周，1年制的为52个学周。由于实际操作对熟练工人极为重要，所以在整个修业计划中，专业训练时间最多，约占总学时数的一半以上。一般修业计划的学时比例为：实际操作占54%，理论知识为36%，余下的10%用于绘图和车间计算。

要想取得熟练工人证书（国家专业证书）的学生，都必须通过全国职业行业培训理事会（National Council for Training in Vocational Trades）举办的"全印行业考试"。在该理事会的批准下，工业训练学校在1979年共设置了30多种工程专业和20多种非工程专业。

综合技术学校（Polytechnics），又称技术员学校（Technical Institution），主要培养介于熟练工人和工程师或技术专家之间的技术人员。该类学校招收的学生必须通过10年级考试。从理论上讲，初级技术学校的毕业生也可以进入该类学校继续学习。它的修业年限从2年到4年不等，一般为3年。有的学校在3年之后再提供1年制的专门化学程，专门培养诸如质量控制、精密仪器之类专业较窄但技术要求高的技术员。

印度综合技术学校在1979年设置的全部课程有55种之多，我们可以大致将它们划分为五大类：（1）土木、电机、机械等；（2）电子、汽车工程等；（3）皮革、渔业、印刷等；（4）服务业和旅馆管理、秘书工作等；（5）医疗保健业。在课程的学时安排上，专业学科占极重要地位，约占总学时的50%，而技能培训仅占15%，20%的学时用于基础科学与应用科学，余下的15%用于语文、人文与管理学科。那些旨在培养与技术专家密切配合从事设计、发展、测试、管理等工作的技术员的课程，比起目的在于培养一个接近工人而在现场工作的技术员的课程，有较多的理论内容，而后者较之前者则有较多的实践内容。

印度还有几十所女子综合技术学校，设有与妇女有关系的课程共18类，分别是：土木工程、无线电工程/电子学电信、室内装饰与展览、服装设计与制作、商业实践/速记及秘书实践、商业艺术、建筑助手、图书馆科学、医疗实验室（化学厂）技术、美容师/化妆美容技术、药学、家政学、社会交往技巧、伙食宴席供应或提供娱乐节目的技术、工业技术、整容术、数据处理、机械（设计及制图）。

高级中等教育中的职业技术教育在印度现行采纳的"10+2+3"的学校制度中，前10年致力于普通教育，但同时把对社会有益的生产劳动结合进学校的课程计划；到了高中阶段，学校开始实行分流。除了工业训练学校和综合技术学校外，一般的高中设有两套课程：一套为学生继续深造作准备，另一套是为学生就业作准备。这种安排是打算让50%的学生走上职业道路，因而被称作"高级中等教育职业化"或"高级中等职业教育"。

高级中等教育职业化的主要目的是：（1）把相当大的一部分学生导向有意义的职业教育而不牺牲原有的教育内容；（2）为那些志愿从事企业界工作的学生培养某一特定职业领域里应有的一定程度的技能；（3）避免学生盲目地挤入大学。

高中职业教育的课程一般限于农业、商业、工业、家政、医务护理和杂项（随地区不同而有所变动）等六个大类中的70多门课程，旨在把学生的技能提高到用人单位所能接受的那种水平和质量。在教学时间的安排上，至少有50%用于职业实践，而实践课，按修业计划规定，可以一部分在学校中进行，一部分则必须在现场如当地的企业、农场、奶场、医院、保健中心等单位中进行。

印度高中教育职业化最初是由以科塔里为主席的印度教育委员会（1964—1966）于1966年提出的，但这一措施的正式实施则是在1976年。一经实施，发展就极为迅速。以马哈施特拉邦为例，该邦在1978年开始实施该类教育时，学校有33所，学生为2000人，到1979年，学校数就增加到54所，学生增至4500人。

除上述几种学校外，印度还有一些按具体行业兴办的中等职业学校，如农业学校、林业学校、护士保健学校、乡村干部学校等。

办好职业技术教育的关键之一,是实施该类教育的教师的培养。印度培养职业技术教育师资的专门机构主要有如下几类:

中心训练学院(Central Training Institute),主要是为培养工业训练学校和学徒培训机构的实践课教员而设立的。每所中心训练学院附设一所与工业训练学校的组织结构相类似的示范训练学校,以使学员们在这里实践如何指导学生。该类学院的课程计划包括教学技术、教育心理学、课程发展、实际操作等内容。此外,它还提供大量属于进修或转行培训的修业计划。

技术教师训练学院(Technical Teacher Training Institute),主要是为培养综合技术学校专业课教师而设立的。这类学校主要设长期和短期两种课程。长期课程是把专业学科、教学方法同工业需要联系起来对未来的教师进行培训,而短期课程则主要是提高和更新各学科的知识。

例如马德拉斯技术教师训练学院在行政上实行学院自治,其全部经费来自中央拨款。它主要为印度南部地区的 100 多所综合技术学校服务。该校于 1966 年首先为 60 名技术员教师开设了获取"技术教学文凭"的课程,1977 年又增设了获取马德拉斯大学颁发的"技术教育学士"学位的课程,当时的修习者是 20 名毕业于大学工程专业、准备到综合技术学校任教的学生。该校还于 1970 年开设了"科学教学文凭"的课程。从 1970 年起,该类学院开办了属于"印度政府质量提高计划"的短期课程,到 1980 年已达 199 期,参加者是来自南部地区各综合技术学校的 4000 多名教师。此外,马德拉斯技术教师训练学院还为企业界、大学、国防系统、全国教育研究与培训理事会开办了 50 多期有 1200 多人参加的专门计划研讨班。

高中职业技术教育的师资培训。印度虽在 1976 年就开始实施教育职业化计划,但目前还没有专门培训实施这类教育的师资的机构或体系。因此,目前除了从其他各个领域挑选专业人员兼职和聘用一些退休的专业人员外,教授职业课程的教师绝大部分是从其他学科转行过来的。印度政府目前打算利用技术教师训练学院、中心训练学院的力量来培训该类职业课程教师。有的印度学者建议成立一种独立的培训该类教师的系统,以满足中等教育职业化在师资方面的要求。

(本文原发表于《职业教育研究》1989 年第 6 期)

印度高等教育发展迅速原因探析

印度在 1947 年获得独立后，其高等教育的发展极为迅速，这在 20 世纪 50 年代后半期至 70 年代初期尤为突出。我国已有不少文章论述了这种迅速发展所产生的一系列问题，如教育质量下降、数量发展超过经济发展的需求并因而造成失业，等等。本文旨在具体分析印度高等教育迅速发展的原因，并希望由此来加深理解 80 年代我国高等教育的迅速发展。

一 | 印度高等教育的迅速发展

在具体分析原因之前，有必要先简述一下印度高等教育的迅速发展。美国比较教育学家阿尔特巴赫（Philip G. Altbach）在研究印度高等教育时这样指出："印度独立后的高等教育的特征是增长迅速。"这种"增长迅速"主要可以从学校数、学生数和教育经费三方面得到证实。

印度的大学始建于 1857 年，但到独立前的 1946—1947 年度，大学仅有 18 所。学院数如从黑斯廷斯 1781 年创办的加尔各答马德拉沙算起，到 1946—1947 年度也仅增加到 636 所。独立后印度政府实施重视高等教育的政策，使得高等院校有了突飞猛进的增长。到 1980—1981 年度，大学增加到 123 所，各类学院剧增到 4775 所；1984—1985 年度，大学进一步上升至 135 所，学院为 5000 所。高校学生人数，在 1946—1947 年度是 22.5 万人，到 1980—1981 年度增加到 275.2 万人，1984—1985 年度进一步上升至 344.2 万人。表1显示了印度独立后高等院校和学生人数的增长情况。

表1 印度高等教育发展的有关统计（1950—1985年）

年 份	大学数	学院数	学生人数（万人）
1950—1951	28	695	17.4
1955—1956			29.5
1960—1961	44	1542	55.7
1965—1966			106.7
1970—1971	93	3604	195.6
1975—1976			242.6
1980—1981	123	4775	275.2
1984—1985	135	5000	344.2

从表1中可以得出这样的统计结果：就高等院校数而言，从1950—1951年度到1984—1985年度间的年平均增长率达9.2%。若截取1955—1956年度到1970—1971年度的学生数加以统计，这一时期的年平均增长率则高达13.4%。由此可以知道，独立后印度高等教育的发展不是匀速直线上升的，而是具有一定的起伏性。即使与西方发达国家相比，其发展速度也是不慢的。例如在1950年至1970年的20年间，西方国家中高校学生的年均增长率最高的也不过是8.5%（瑞典），美国和日本分别为4.7%和5.5%。因此，在一些论述印度高等教育的著述中，经常可以看到"扩充"（expansion）一词。一些印度人士更是把印度高等教育的发展称作"过度的扩充""无情的扩充""催化性的扩充"。

教育发展必须有一定的物质条件作保证。为了与高等教育机构和高校学生人数的增长相适应，印度高等教育经费的增长十分明显。在第五个五年计划之前，高等教育经费在教育总经费中所占比例基本上一直呈上升趋势（第三个五年计划除外）。只是从第五个五年计划起，随着印度在教育发展政策上作了某些调整，高校经费的比例才有所下降。高教经费在各五年计划教育总经费中的比例是"一五"为9.1%，"二五"为17.6%，"三五"为14.8%，"四五"为24.8%，

"五五"为22.7%，"六五"为19.2%。这里顺便指出一下，印度初等教育经费的情况与高教经费的情况恰恰相反。它在各个五年计划教育总经费中的比例是："一五"为55.2%，"二五"为34.7%，"三五"为30.2%，"四五"为28.5%，"五五"为31.9%，"六五"为35.9%。

二 | 高等教育发展迅速的原因

教育作为一种社会活动，与一定社会的政治经济有着密切的联系，并在很大程度上为一定的政治经济所制约。独立后印度高等教育的迅速发展，正是印度社会政治经济发展需要教育的结果。这种发展同时也受到某些理论因素的推动，而印度高等教育行政法规的颁布和修订以及个人对接受高等教育的渴望，也对其发展产生了不可忽视的影响。下面对这些原因逐一予以论述。

社会民主和经济发展的需要

印度在独立后提出了要在印度建立"社会主义类型社会"的民主国家的口号，提出要在社会中尤其首先要在教育上实行平等。1950年开始实施的印度宪法则以法律的形式规定了教育必须平等。例如，印度宪法规定："宗教、种族、种姓、语言或其中任何一个因素，都不能成为取消公民进入任何国立教育机构的权利或从国家基金中获取资助的权利的理由。"

社会民主在教育上的要求首先是"教育机会均等"（equality of educational opportunity）。西方学术界对教育机会均等的意义一直存在着争论，但印度并未对它进行过"充分的分析和批判"，就把它作为"一种口号"进行宣传，作为建立平等的民主社会的一种途径用于教育中。例如，印度大学教育委员会（University Education Commission）早在1949年的报告中就专列"机会均等"一个标题，指出"机会均等是指每一个有能力的人可以得到的教育。我们的教育制度必须向每一个年轻人提供这样一种教育，即他可以从中获得益处并使他的本性得到最大程度发展的教育"。教育委员会在1966年的报告中专列"实现教育机会"一章，认为确保向社会各阶层都实行教育均等是"建立一个平等的人类社会的唯一保证"。委员会指出："只有在教育机会均等得到保障，教育被有目的地用来发展人的潜能并利用这种潜能来解决社会问题的制度中，社会革命和文化革命才能实现。"由此可见，印度对教育机会均等赋予了极为重要的作用。然而，印度不是首先通过普及初等教育来实现教育机会均等，而是更多地理解为受高等教育的机会均等。这正如印度塞沙德利（Seshadri）博士在《教育机会均等——印度教育的一些问题》一文中所说："一般说来，教育机会均等在我国是指中等和高等教育的直线式扩充。"教育机会均等首先是入学机会的均等。为了做到这一点，独立后印度高等教育在招生中采取了"开放招生"的政策（一些重点院校仍然采取"选拔招生"的政策）。学生只要通过各邦的中等教育委员会或大学组织的中学毕业考试即可进入高等院校。

　　应该指出的是，印度希望通过实现教育机会均等来扩大社会民主和平等的初衷，并未因此而实现。这是因为，一方面，高等（和中等）教育中的机会均等只有在初等教育基本普及后才会真正有意义；另一方面，即使仅从高等教育阶段本身来说，"开放招生"也未实现真正意义上的入学机会均等，社会和经济处境不利者进入大学的增多，并未能给他们改变生活的机会。家庭出身、收入、种姓、父母职业等仍然决定着他们的教育境况。大量希望通过接受高等教育来改变自己不利地位的穷人，至多只能进入那些收费少、设备差、学术环境不佳的学院。只有那些来自富裕家庭的学生才有可能进入各种条件都很好的大学或学院。正是在这一意义上，印度教育部原顾问奈克（L. P. Naik）教授指出："当前，学生接受大学教育的可能性更多地依赖于他们家长的钱包，而不是取决于他们自己的才能。"因此，教育机会均等的原则在印度教育尤其是高等教育中的应用，实际上已经在很大程度上把教育的利益给予那些特权阶层的社会成员。尤其是在提高教育质量的名义下，机会均等的原则更加大了各类学校的学生学业成绩之间的差距，而学业成绩的好坏和学校声誉的高低又往往决定着学生今后的生活机会。例如，五所著名的印度理工学院的毕业生几乎没有找不到好工作的。

　　在经济发展上，印度追求建立一个现代化的工业社会。尤其是从1956年开始，印度开始执行尼赫鲁的工业发展战略——发展国营重工业和基础工业。印度集中投资建设电力、采矿、冶金、矿山建设、机器制造、化工原料、采油、炼油、石油化工以及化肥等各种重工业和基础工业，并在发展过程中逐步形成一个比较完整的工业体系。在工业化的同时或者说为了使工业体系拥有强大的后盾，印度政府重视科学技术的研究与发展，重视科技人员的培养与使用。1958年，印度公布的《科学政策决议》强调了科学在实现现代化中的关键作用，并指出，一个国家要实现现代化，必须在引进科学技术方面付出巨大代价，还要不惜高价培养和获得科技人才和咨询人才。《科学政策决议》为科学的研究与发展规定了六大目标，其中与高等教育直接有关的有如下两条。一是"保证在国内培养一批足够数量的具有高质量的科学家，并把他们的工作视为国家力量的重要组成部分"；二是"以尽可能快的速度鼓励和执行各种培训科技人员的计划，使其规模能够满足我国在科学、教育、工农业和国防等方面的需要"。

在这种背景下，印度加快了发展高等教育的步伐。高等教育经费在1955年开始的第二个五年计划中占到教育总经费的17.6%，比"一五"计划中的9.1%增加了近一倍。从大学生人数的增长——不论是人数的实际增长、人数的年增长率、相应年龄组青年的大学入学率，还是每一万人口中的大学生人数的演变，都能看到这一时期印度高等教育的扩充。

应该指出的是，印度在急需人才的同时，并未对高等教育的发展制订较为详尽的规划，尽管印度的五年计划中都有"教育"一章。高等教育的扩充，主要是在"放任的供求原则"（principle of laissez faire demand and supply）和政治压力的情况下产生的。因此，印度高等教育的扩充不仅在数量上超过了实际的需要，而且在层次比例和学科比例方面也未得到协调发展。医生比护士多，工程师多于技术员。修习文科、理科、商科的学生约占全部大学生人数的85%。而在他们中间，失业人数的比例最高。

在分析高等教育扩充的原因时，不能不注意到政治因素的作用。印度实行议会制度，每隔五年举行一次大选。印度的政党派别又多，各党派的政治家们为了在选举时获得更多的选票，便允诺要为人民开办更多的教育机构，尤其是高等院校。尽管他们事后往往并未履行诺言，但人们由此而形成的共同要求则常常成为促进高等教育扩充的巨大动力，此外，印度是一个社会状况极为复杂的社会，来自宗派或特定利益集团的要求也是促使高等教育扩充的因素之一。

还须在此指出的是，独立后尤其是 1951 年后印度人口的迅速增加也对高等教育的扩充施加了一种压力。从 1951 年至 1981 年，其中每 10 年人口增长的百分比分别是 21.64%（1951—1961 年）、24.80%（1961—1971 年）和 25.00%（1971—1981 年），而在 1951 年前的 30 年中，每 10 年人口的增长百分比均不到 15%。印度人口从 1951 年的约 3.61 亿人上升到 1981 年的约 6.85 亿人。随着人口的迅速增长，社会对高等教育的需求也日渐增大。

西方理论因素的影响

第二次世界大战以后，西方各种新的理论层出不穷。其中与教育联系最密切而且深深影响到发展中国家教育发展尤其是高等教育发展的，是教育经济学中的人力资本理论和教育社会学中结构功能学派的现代化理论。这些理论对印度高等教育的扩充产生了极大影响。

西方人力资本理论认为，教育不单是一种消费，而且也是一种投资活动，具有提高劳动生产率、促进生产发展的经济效益。对个人来说，教育有提高劳动生产率和个人收入的个人效益；对国家来说，国民教育水平的提高有增加国民收入、促进经济增长的国家效益。人力资本理论在 1960 年由美国的舒尔茨（T. W. Schultz）系统地提出后，很快为很多国家所接受并成为它们制定教育发展政策的理论基础。印度高等教育的迅速扩充，除了前述的政治、经济和社会方面的原因外，在理论上也是接受了"教育有助于经济发展"这一观点的结果。这里以教育委员会的报告为例予以说明。以《教育和国家发展》为标题的报告开宗明义指出："印度的命运前途正在教室中形成。我们认为，这并不是什么修饰渲染之词。在一个以科学和技术为基础的世界中，是教育决定着人民的幸福、福利和安全。"因此，当局认为当前的首要任务是重新评价教育在整个国家发展计划中的作用。"如果国家发展的步伐要加速的话，就有必要制定一种很好界说的、大胆而富有想象力的教育政策，有必要采取决定性的激烈行动来改进和扩充教育并赋予教育以活力。"教育委员会重视物力资源和人力资源的开发在国家经济发展中的作用，但认为"通过教育的人力资源开发"更为重要。"尽管物力资源开发是达到目的的一种手段,但人力资源开发本身就是一种目的。如果没有人力资源开发,物力资源要想得到充分开发是不可能的。"从以上引述中可以看到,教育委员会的基本思想与人力资本理论的观点如出一辙。

从表1中可以看到,印度高等教育的大扩充是从20世纪50年代中期开始的,在整个60年代达到高潮。人力资本理论的影响为这种扩充提供了理论依据。从70年代开始印度高等教育的扩充速度开始减慢,除其他原因外,同样与"教育是经济发展的主要因素"的观点受到怀疑和挑战有关。正如法格林和萨哈（Ingemar Fagerlind & Lawrence Saha）在《教育和国家发展——一种比较透视》一书中所指出的:"在20世纪60年代初期,教育对提高人的生产力的投资价值实际上未受到质疑;但到60年代末,人力资本作为一种可行的发展策略的基础则遭到了怀疑……到70年代初,把教育看作是发展的一种灵丹妙药的信念已经进入了怀疑的时期（age of scepticism）。"

如果说人力资本理论从教育与经济发展的关系上为教育的进一步发展提供了理论依据,那么教育社会学中的现代化理论的基本特征则是以教育的积极的社会功能为基础来探讨教育现象的。现代化理论是20世纪50年代末和60年代初由美国的一批社会科学家首先创立的,帕森斯（T. Parsons）、克拉克（Burton Clark）等人是主要代表。这一理论的一个基本观点是:一个社会要在经济和社会方面发展成为现代化,"它就必须有一个现代的人口。他们应具有现代的价值观、信念和行为"。认为现代化理论对70年代以前印度高等教育的迅速扩充产生影响是基于如下的依据。印度教育委员会明确指出,经济增长不仅仅是物力资源或培训熟练工人的事,它还需要全体人民在新的生活、思维和工作方式方面受到教育。此外,印度学者吉达尔（B. L. Jindal）在《学校教育与现代性》一书中认为,在70年代中期以前,印度所有的教育家、政治家、行政官员和规划人员都极为重视教育并认为它是社会发展的必要条件,是诊治所有社会弊端的灵丹妙药。"教育是印度现代化的最有影响的工具之一。它鼓动起人民对民族主义、自由主义和自由的渴望。"到了1975年,现代化理论在印度开始受到质疑。有人甚至提出"教育本身不可能开始一场现代化,不应把教育看作是社会变革的一种工具"的观点。因此,同样可以认为,70年代后高等教育扩充速度的减慢同现代化理论在印度受到质疑存在着一定的联系。

高等教育法规的颁布与修订

印度关于高等教育的一些法规的颁布和修订，也是影响高等教育扩充的主要原因之一。这得从 1951 年的《大学（标准管理）议案》谈起。根据印度宪法关于中央政府有权管理高等教育的规定，印度教育部起草了《大学（标准管理）议案》，提出了六点基本原则：（1）未经中央政府批准，在本法实施后任何根据邦立法建立的大学将不被认为是大学；（2）中央政府公开宣布任何高等教育机构为大学；（3）除大学外，任何机构无权授予学位；（4）为了协调工作和确定标准，应成立大学教育中央委员会（Central Council of University Education），其成员至少有三分之一是大学副校长；（5）中央委员会可以要求大学提供该大学任何方面的材料，并有权指导任何大学执行已被指定的活动；（6）如果大学在一定时期内不执行大学教育中央委员会的指示，委员会有权建议中央政府取消对该大学授予的学位的承认。《大学（标准管理）议案》于 1952 年 9 月通过，赋予了中央政府管理和控制高等教育的较大权力。

《大学（标准管理）议案》的通过及实施，对控制这一时期印度高等教育的扩充和质量的提高起到了较大的作用，然而它却遭到印度社会尤其是各大学的强烈反对。例如，印度大学委员会（Inter-University Board）于 1952 年 9 月在马德拉斯召开了一次特别会议，与会者全是大学副校长。会议的基本点就是反对《大学（标准管理）议案》。与会者普遍认为："大学是自治机构，只有它们才能维持标准。除大学本身外的任何机构都无权强制任何东西。"为了缓和中央政府和各大学之间的冲突和改善它们的关系，印度政府于 1953 年成立了大学拨款委员会（University Grants Commission），作为政府与大学之间的缓冲机构。印度议会于 1956 年通过《大学拨款委员会法》（University Grants Commission Act），从而使大学拨款委员会正式成为一个协调和维持高等教育标准的法定机构。《大学拨款委员会法》取消了建立大学要中央政府认可的条款，规定各邦可以根据邦立法建立任何大学而无须取得大学拨款委员会的同意，从而大大增加了各邦对高等教育的权力，加速了高等教育的发展。面对 20 世纪 50 年代后期和 60 年代高等教育如此迅速的扩充和受过高等教育的人失业状况的加剧，印度政府深感忧虑。1970 年和 1972 年两次修正《大学拨款委员会法》，旨在遏制高等教育的数量扩充。《修正法》（Amended Act）规定："任何未事先征得大学拨款委员会同意而建立的大学，均无资格接受大学拨款委员会或中央政府的任何补助。"我们因此可以认为，50 年代中期以后印度高等教育的迅速扩充以及 70 年代后扩充速度的减缓，与上述立法的变化有着密切的联系。

个人对高等教育的渴望

促使印度高等教育扩充的，还有个人的因素，这就是人们普遍渴望受到高等教育。在印度，受过高等教育并获得学位不仅是谋得一个好工作的"凭证"，而且可以获得较高的经济收入。美国舒尔茨在研究教育效益的课题时，曾把印度的海德拉巴市作为例子。他对海德拉巴市受过各级教育的人的收入作了估计，认为印度受过高等教育的人的收入分别是受过中等教育、初等教育的人以及文盲的 3.2 倍、5.2 倍和 11.9 倍。就目前的收入状况来讲，印度工人的月平均工资约 1200 卢比，讲师的月工资约 3000 卢比，副教授和教授分别约 5000 和 7000 卢比。政府机关干部的工资不低，许多有职务的职员的工资可相当于教授、副教授的工资。这种经济收入上的差异以及与此相联系的社会地位不能不对人们向往高等教育产生诱惑。这就促使更多的人去获得一个学位，因此他们要求政府扩充高等教育。这就使得高等教育在数量上扩充，在层次上提高。这样实际上就很大程度上形成了教育与就业之间的恶性循环。也就是说，为了就业人们需要获得一个文凭学位。但由于申请就职的人员多于就业机会，雇主（印度的政府部门是最大的雇主）往往就以求职者文化程度的高低来取舍。而人们会由此要求获得更高层次的学位证书，其结果是失业者中具有高学位证书的人也日益增加。如在 1968 年，印度研究生失业人数为 18000 人，10 年后的 1978 年则上升至 108000 人。印度教育中从而出现了被西方学者称之为"文凭病"（diploma disease）和"过分教育"（over education）的现象。

综上所述，印度高等教育的迅速扩充是多种因素综合形成的结果。尽管高等教育的数量危机在 20 世纪 60 年代末，随着印度整个社会经济危机的产生就已出现,但扩充的势头一旦形成,就很难被遏止,至少在短期内很难被遏止。这点从教育经费的分配中可以看出(见前所述)。即使到了一再呼吁要减少数量发展和提高教育质量的 80 年代,"六五"计划中的高等教育经费的比例(19.2%)仍高于"二五"计划中的经费比例(17.6%)。学校既已建立,那就需要维持,而且还要继续招生。这也正好说明了为什么在受过高等教育的失业者人数日益增加的情况下,印度大学生人数仍在持续上升(参见前面的数据)。实现教育机会均等首先需要教育有数量上的发展,而数量上的不适度发展又往往导致教育质量的降低和具有更高学位的失业人数的增多。这就是印度高等教育在独立后的发展过程中所面临的一个具有连锁性的矛盾和问题,而解决这样一个复杂的问题是印度高等教育目前和今后的一个首要任务。

(本文原发表于《高等教育研究》1991 年第 2 期)

中印教育发展的若干比较

在教育领域,中印两国无论在改革学校制度、普及初等教育、扫除成人文盲、实行中等教育分流、培训学校教师还是变革高等教育收费或提高高等教育质量等方面,有许多类似和可比之处,本文主要从学制演变、包括普及初等教育和扫除文盲在内的全民教育、高等教育收费及学生资助等方面对中印教育发展做一比较研究。

一

中印两国现代意义上的学制都是外来的。印度1854年《伍德教育急件》的颁布奠定了仿效英国的印度近代学制的确立;而中国1902—1903年先后颁布的《钦定学堂章程》和《奏定学堂章程》是仿效日本的。两国在独立和解放后又都面临着改革原有学制的挑战,以适应变化了的形势需要。这正如印度首任总理尼赫鲁(Nehru)在1948年所言:印度"教育的整个基础必须来一次革命,现在的教育制度或许曾适应以往的形势,但在现在的情况下继续这种制度只会对国家有妨碍了"。1949年的《中国人民政治协商会议共同纲领》规定:"人民政府应有计划有步骤地改革旧的教育制度。"两国学制在40多年的发展中,主要经历了"适应新政治制度需要"和"适应经济发展需要"的两次大的改革。

由于中印所建立的共和国的性质不同,从而导致了两国学制在形式、结构、内容等方面的差异性。中国包括学制在内的教育改革当时深受苏联教育的影响,而印度尽管在改革旧学制方面作了努力,如引进以甘地思想为指导的基础教育,但殖民地时期所形成的全盘西化的学制结构仍难以打破。

中国学制在这一时期的演进过程中有过不少波折。从 1951 年至 1958 年,表现得较为稳健,在实施中根据客观实际条件而作出调整,使得 50 年代的学制朝着完善与规范的方向发展。1958 年后,教育发展与学制改革受到"左"的思想的影响,除 60 年代小学五年一贯制试点较符合教育发展规律并有成绩外,学制改革更多地表现为一哄而起,一哄而散,反而给教育事业造成不小的损失。60 年代后期开始的"文化大革命",更使我国教育遭受极大的破坏。

印度独立后的学制改革同样并不顺利。以甘地思想为指导的基础教育,是作为旨在实现教育机会均等,"造成一种更正义的社会秩序"而成为学制一轨的,但基础教育一轨没有继续向上延伸的可能,成了"低微阶层的教育系统",从而使学制的改革具有明显的双轨性。建立多目的学校是印度中等教育改革中的重要举措,旨在使一部分学生作好走向生活走向社会的准备,因此中等教育具有双重的目的。尽管基础教育一轨为政府所推崇,为人们所实践,尽管多目的学校也已付诸实践,但随着印度经济政治的进一步发展以及这些学制改革措施本身所存在的局限(如进入这类学校的学生难以有继续求学的机会),它们在 60 年代后期印度的学校系统中就逐渐消失了。

我国自 1976 年尤其是自 1978 年起至今的学制改革,印度从 1968 年《国家教育政策》颁布至 80 年代末的学制改革,主要都是为了适应经济发展的需要。

1976 年后,中国社会步入正轨,教育也面临着全面的恢复与改革,学制从初等教育阶段至高等教育阶段都不同程度得到了改革。中小学学制改为 12 年制并推行九年制义务教育,中等教育阶段普通与职业教育的分流在 1985 年后进行得尤为迅速,高等教育阶段各类学校也在恢复或新办等。印度 1968 年《国家教育政策》首次提出实行统一的"10+2+3"学制结构,而且准备用 20 年的时间完成学制的改革。印度学制改革中最主要的是高中阶段的分流,即分为学术流和职业流,或称"高级中等教育职业化"。

中印为适应经济发展需要而进行的学制改革,主要体现了两个特点:一是尤其注重了高级中等教育的分流,以使相当一部分初中毕业生接受职业技术教育，从而成为经济发展所需要的中级人才，这在两国经济建设尚需大发展的时候是非常必要非常及时的。二是学制改革体现了两国采取符合经济条件的态度，而 50、60 年代两国的学制改革，在相当程度上未充分考虑到经济条件、文化习惯等方面的因素，同时又急于求成，结果是事与愿违。

二

中印两国在以往很低的基础上，建立起世界上最大规模的教育体系，在普及初等教育和扫除文盲方面均取得了令人瞩目的成就。特别是在 1990 年"世界全民教育大会"提出"全民教育"目标后，两国更是从全民教育运动角度综合考虑普及初等教育和扫除成人文盲任务。据联合国教科文组织《全民教育的现状与趋势》（1993）统计：中国的初等教育净入学率已达 100%，成人识字率已达 73.3%，综合排序在被统计的 87 个发展中国家位列第 21 位，而印度的初等教育净入学率为 66.3%，成人识字率为 52.1%，综合排序位列第 63 位。

尽管中印两国的全民教育（包括普及初等教育和扫除成人文盲两项内容）经过 40 多年的发展，已经取得了相当的成就，使绝大多数人民获得了最基本的受教育权利。然而，由于两国的经济发展尚处于较低的水平，人口增长的速度较快，加上历史遗留下的教育基础又相当薄弱等，因而不论在普及初等教育还是在扫盲教育以及消除男女受教育之间的差距方面，发展仍不尽如人意。两国在 40 多年的发展过程中存在着一些相同的特点，如女童接受初等教育和妇女扫盲的状况明显地差于她们的男性同伴，农村地区在这些方面的情况远不如城市地区，少数民族群体处于相对的劣势地位等。

中印两国在 40 多年的教育发展过程中，曾多次提出实现初等教育普及和扫除文盲的目标期限并推迟这一目标期限。例如，中国主要在 1957、1980 和 1985 年三次推迟普及初等教育的期限；印度也于 1957 年、1966 年、1986 年多次推迟普及初等教育的期限。同样，在制定扫盲教育政策和目标时，中印两国政府也多次颁布决定推行扫盲运动。尤其在我国，多次由中共中央和国务院发布各种扫盲决定，而且早在 50 年代就曾掀起过三次扫盲高潮。印度在独立后也开展过多次全国性扫盲运动，如 1948 年实施的"社会教育计划"、1978 年推行的为期五年的"全国成人教育计划"、1990 年开始的"全面扫盲运动"等。从中印普及初等教育和扫除成人文盲的发展看，两国都一再地修改着原先制定的政策，推迟实现目标的期限。其原因是多方面的，如严重的辍学现象、人口的迅速增加等，但一个主要原因或许是两国政府在制定目标时急于求成，未能从各自的实际情况出发，或者说未能切实考虑自己的国情。

进入 80 年代，在世界教育改革的大背景下，在中国、印度整个社会经济改革的宏观背景下，中印两国的教育也进行了改革，颁发了一系列的教育政策。这些改革的最大特点就是考虑到各自的国情，从更现实的角度出发来重新规划普及初等教育和扫除文盲的目标。例如，中国在《中共中央关于教育体制改革的决定》中将全国大致分为三类地区，并对这三类地区提出不同的要求。地方复杂、分级管理及各地因地制宜地规划和实现"两基"的思想，在《中国教育改革和发展纲要》及全国教育工作会议精神中一再得到体现并根据新的形势作出调整，以更符合各地的实际情况。

同样，印度在 80 年代发展包括普及初等教育和扫盲教育在内的全民教育的过程中，明确了"初等教育普及化是有条件的"，而且认识到"这些条件在全国各地有着极大的差异"，"自上而下的教育规划模式急需改变"。这一认识在印度是近几年才形成的，是印度政府根据实施初等教育普及化的几十年经验才得出的。为此，印度从 90 年代起开始以县为单位制订规划，内容包括普及初等教育和扫除文盲的综合性计划——县初等教育计划。

三

40 多年来，中印两国高等教育发展极为迅速。但两国高等教育的发展并不是平稳上升的，其中存在着很大的波动，所以按年度分阶段的增长速度则呈现很大的差异。有的时期比较正常，有的时期发展很快，而有的时期则很慢，甚至出现负增长。

高等教育办学经费的严重不足及如何多渠道地获得经费，使得高等教育财政成为近年来两国理论研究和讨论的热点,而这一财政问题又与两国 90 年代开始实施的由计划经济向市场经济的转轨政策密切相关,高等教育收费以及与收费问题相联系的高等教育学生资助,则是教育财政研究中不可或缺的一个方面。

高等教育财政的国家包办或基本包办是中印两国改革前高等教育的基本特征之一,但在高等教育收费的改革方面我国比印度进行得更为顺利。1989 年起,我国部分高校开始收取一定的学杂费和住宿费,1993 年部分高校招生并轨试点改革,这种并轨改革范围不断扩大,以至到 2000 年基本完成这一改革任务。印度的公立高等教育尽管早就有收取学费的做法,但几十年学费数额的不变使得这种收费形同虚设,在相当程度上失去了其本身的意义。印度的高等院校大致可分为公立大学、公立学院、受政府资助的私立学院以及未接受政府资助的私立学院,而高等教育收费主要集中在未受政府资助的私立学院,尤其集中在那些在 80 年代末 90 年代初涌现的收取高于培养成本之学费的私立学院。但是,同一学院中仍有相差悬殊的多种收费标准,如卡纳塔克邦政府规定未受政府资助的私立学院的收费标准是:学院中一定比例的政府学额(依考试成绩确定)收费标准为一学年 2000 卢比,本邦其他学生缴纳 25000 卢比,而非卡纳塔克邦的学生则须缴纳 60000 卢比。对于其他约占学院总数 70% 左右的受政府资助的私立学院,则未曾进行收费方面的改革。

高等教育的收费改革比普通教育中的收费改革困难得多,更易引起社会的关注,这在中印两国颇有相似之处。我国的民办普通中小学近年来发展很快,收费标准也很不相同,有收取十几万乃至几十万元称作"教育储备金"的学校,有一次性缴纳几万元赞助费再每年或每学期缴纳一定数额学费的学校,也有每学期收取一定数量学费再向学校"出借"一定的款额(这些借款至学生毕业时归还,但仅还本金而无利息),等等。公立普通学校尤其是重点中学在正常招生外可以有一定比例的计划外招生,计划外招生往往也须由学生及其家长缴纳学费或拉来一定数额的赞助费。印度的中等教育领域也有私立学校,且这些学校的收费往往很高,有的甚至比高教收费还高。例如,印度有植根于英国公学(public school)的印度公学,有以英语为教学媒介的模范学校(model school)等,这类学校都是私立学校,收取昂贵的学费。随着印度中产阶级人数的不断增多，对这类重视教育质量、英语教学以及印度上层社会道德规范和行为准则的学校的社会需求也在不断上升。然而，整个社会对收费改革的承受能力，或者说社会对收费问题的批评，则更多地集中于高等教育而非普通教育。这种现象在中印两国都不同程度地存在着。

我国在较短的时期内建立了可称作混合资助模式的学生资助制度，由奖助学金、贷学金和勤工助学组成的制度，这与我国高等教育的改革是相吻合的，尽管这一制度目前尚不完善和健全。印度的学生贷学金虽在1963年就开始实施，但却无多大的发展，消费价格指数增加了8倍之多。印度国家贷学金计划的年拨款额所增无几，可申请贷学金的学生数在90年代仍为1963年确定的20000人，而在学大学生总数已从1962年的75万多上升至1993年的480万，以至于印度学界在讨论收费和资助问题时一再强调建立完善的学生资助制度的重要意义，以尽可能使所有够条件的学生都能申请到贷学金。

在实施学生贷学金的过程中，中印两国似乎都遇到了一些相似的困难，主要如贷款偿还机制问题。印度的国家贷学金计划是中央政府通过各邦政府进行管理的，贷款的发放工作则由高等院校实施，但高校并不负责贷款的偿还。偿还工作由中央政府委托各邦政府进行（印度学生贷学金的偿还期为10年），而邦政府并不是这些贷学金的所有者，这种偿还方式是造成贷款拖欠的主要原因之一。在我国，学生贷学金的具体发放和回收工作主要由高等院校实施，由于尚没有健全的偿还机制，借款学生都必须在毕业离校前一次还清读书期间所借的全部贷款，这就在相当程度上减弱了实施学生贷学金的实际意义。因此建立完善的包括学生贷学金偿还机制在内的学生资助管理体制就显得十分重要，而组建"教育发展银行"（印度）和"教育银行"（中国）成为两国各自提出的重要建议。

中印两国教育在其他方面也有较多的相似之处，如在中等教育阶段如何合理发展职业教育和普通教育，在高等教育发展方面如何处理好数量发展与质量提高的关系，如何更多地筹措办学经费并提高办学效益等。从这些方面以及其他诸多方面对中印两国教育进行更深入细致的比较分析和研究，则需进一步作出努力。

（本文原发表于《教育评论》1996年第2期）

自我就业教育

译者按:"自我就业教育"是印度近年来为解决受过教育的人的失业问题而提出的一项教育改革措施。印度"1986年国家教育政策"提出,教育尤其是中等职业教育要提供自我就业教育以使学生将来或被雇佣或成为自我就业者。本文作者阿加瓦尔是印度"全国青年企业家联盟"秘书长。

印度的主要问题之一是人口的不断增加。印度人口从1951年的约3.6亿增加到1981年的6.8亿,据估计目前已达7.3亿人。据第七个五年计划的实施文件估计,印度人口到1989—1990年度将达到8.03亿。人口的不断增加致使以人均国民生产总值为计的经济增长和衣、食等的人均获得量在下降。人口增加的直接后果是劳动力的增多,而这是印度经济所无法维持的。这就导致了失业。第六个五年计划(1980—1985年)估计除去现有的1200.2万失业人员,净增劳动力3400.24万,这使总数达到4600.44万人。在劳动力不断增长的情况下,各个五年计划都认识到不仅必须实现公立部门中的直接就业,而且必须在公立和私立部门进行全部经济活动。既然公立部门中的就业只能满足全部就业人口中的一小部分,那么就必须把重点放在农业、制造、服务、销售等部门以及非农业职业中的相关活动中的自我就业(self employment)的尝试上。

我国大多数受过教育的人都想从事白领工作。据估计,在申请政府部门工作的全部人员中,仅5%的申请者能得到工作。在这种情况下,就必须鼓励知识青年去自我就业并为此而培训他们。学校和学院中的青年男女不应再只是求职者,而应是"工作的创造者"(job-creators)。

在这种情况下,当前的教育体制就必须重新定向,向企业家精神/自我就业转向。全国青年企业家联盟（National Alliance of Young Enterpreneurs）所属的全国自我就业教育委员会（National Committee for Education for Self Employment）于1982年10月组织了一次全国自我就业教育研讨会（National Seminar on Education for Self-employment）。该研讨会强调必须为发展企业家精神创造一种合适的氛围，而这需要通过各级教育部门在教育早期就全面发展儿童的个性并使学生和教育界意识到自我就业和自我发展的种种机会。该研讨会进一步建议加强教育系统、工业界以及开发机构之间的相互联系并使企业家精神发展计划成为一个激发人民的群众性发展计划。

已经有过一些重新确定教育制度方向的报告，其中包括几个全国委员会的报告，但在这一方面很少取得什么进展。

总理拉吉夫·甘地（Rajiv Gandhi）先生在1985年1月6日的全国广播讲话中说："教育必须促进国家团结和职业道德。"他进而说道："我已要求起草一份新的国家教育政策。"下面是总理讲话的部分摘录：

我们正在制订在我们的学校系统中大规模应用新通讯技术的计划，并在积极考虑使学位与政府部门的工作相分离。正在采取措施建立一所开放大学（Open University）[1]以使所有人都易于接受高等教育。中心学校组织（Central Schools' Organization）将得到扩大，这些中心学校[2]将作为我国每个县中的优异中心而履行职责。

我要特别强调教育与社会生产力之间的有机联系。我们将重新组织职业教育以使它与工业、农业、交通业以及我国经济的其他生产部门相结合。

第七个五年计划（1985—1990年）的实施文件指出：

人们普遍感到现存的教育制度在内容和过程方面不能符合国家的要求，因而需要进行彻底的变革。仅仅扩充现存的结构、模式、课程论和学校机构，是不能最佳地满足国家的需要，必须立即进行旨在引进并加强新的教育形式和设计的教育改革和革新。这些教育形式和设计是灵活可变的，并与差异很大的地方文化和社会环境相关且相联系的。应把重点放在革新低成本的各种途径以及社会参与上，而这一切都旨在使教育同人民的需要、就业和发展有效地联系起来。

在中等和高等教育阶段，许多课程的目的不明确，缺乏相关性，因而需要重新编制并把它们同经济对技术人才和职业技能的需求联系起来。这类课程必须在与工业部门和其他用人部门的密切合作下予以编制和引进；技术教育的课程尤其需要进行革新和提高。只要哪里有可能，工作人员的聘用就必须与学位证书相分离。要通过职业技术教育课程同工业部门和其他用人部门的密切联系，使这些课程更具相关性、更有吸引力，从而减轻对扩充高等教育和普通教育的过分压力。这样就会产生待聘的就业机会并能确保受过培训的人员的升迁。

据此，可以得出如下结论：所有的有关人士和计划都认识到必须重新确定目前教育制度的方向。所需要的是即刻的行动和实施。

基于本文第三段提到的全国自我就业教育研讨会（1982年10月）的建议，我们试图在下列各段中提出一些建议。

鉴于尤其存在于知识青年中的严峻的失业状况，必须形成自我就业的意识。根据可得到的最新资料，按就业统计，在1984年年底共有2300.5万人在寻找工作，而与此相对照，待聘空额数仅有70万到90万。因此，需要采取急切的措施来提供工作的可能性和创造就业机会。为此，教育系统应提供培训设施。

我国现有5000多所学院。由于学位所具有的虚假威望，青年们进入学院只是想获得一个学位。最后，由于缺乏适当的就业机会，学生都产生了挫折感。所有人都追求高等教育是不必要的，故建议5000所学院中除1000所可进行高等教育外，其余4000所均应服务于更实际的工作或自我就业。

全国各地现有大量的工业训练学校和多科技校。这些学校所传授的技能却与实际需要没有密切的联系。培训仅局限于一些常规的行业，且又缺乏合适的联系。一些行业人满为患，而另一些行业则人员奇缺，高等教育和大学教育的情况亦如此。这就要求首先根据不同经济部门的发展计划对不同领域、行业和技能中的实际人力需求进行一次适当的调查，尔后再在职业、技术和高等教育机构中安排所需的招生人数。

应该通过大学专门为青年企业家安排函授课程，给他们提供继续教育的设施。"边学习边工作"应该成为教育系统的一个经常性特点。应该鼓励学生在暑假期间从事业余制工作。

应该在各级教育即中学、学校和大学中引进企业家培养计划。引进这种计划的学校总数必须在选择的基础上予以确定，而课程则在试验的基础上予以安排。必须很好地编制动机与咨询学程。

技能类别要根据产品的实质和顾客的特点而有所不同。在农村地区，用本地原料制作本地消费品的小型企业需要相对简单的技能；而在城市地区，产品或工程就必须同消费者的口味、爱好、需要等的日益复杂性相吻合。

培训应该涉及一个企业的全部方面：设计产品过程发展的技术或经济可行性；质量管理、销售、财政和其他援助来源、商业法、政府的规章以及人际关系等，因为每一方面都与一个企业的健康发展有关。

直到最近，我国的企业家一直限于那些出身于从事工业和贸易的家庭的人员。现在，重点应放在一个新的企业家阶层，他们将包括那些来自过去不从事工业或贸易的家庭的妇女、部落人士和男青年。对女性企业家来说，由于与男性相比她们有些内在的弱点，必须为她们提供专门的培训设施。而就部落人企业家而言，就必须注意不使他们的基本文化、手艺和技能受到重要的影响。

现有的管理学院没有为小型的企业部门提供管理干部，它们的毕业生大多为大型企业所聘用。管理学院应该有为小型企业发展一些技能的专门定向。

在成立小型企业方面，至今重点一直放在制造业部门。同样需要鼓励销售和服务部门中的自我就业，因为这些部门可以提供大量的就业机会。在美国，位列"小型事业"（Small Business）中的制造业仅占就业总数的6%，而服务业占到就业的52%。

由于缺乏培训后的后续工作，相当多的自我就业、企业家培训方案和计划未能成功。由一系列资助给予的培训后联系和后续工作是任何培训计划的一个必要条件。

教育系统、发展机构、银行、民间组织和工业界之间必须有更多的相互联系。微观系统的各种机构应该在规划过程中利用商业银行和财政机构。商业银行和财政机构应积极参与自我就业计划。

在由教育机构实施的鼓励学生自我就业的培训计划中，必须有行业和工业界的联合。在这种情况下，像全国青年企业家联盟这样的民间组织的作用显得极为重要。全国青年企业家联盟至今已为 1000 多名男女青年创建他们自己的企业提供了帮助和指导。企业家联盟还成立了全国自我就业教育委员会，由著名教育家、联合国教科文组织执行委员会（UNESCO Executive Board）前主席伯帕尔（Birpel）博士任委员会主席。该委员会的其他成员均是他们各自专业领域的专家。该委员会的主要职责是：

（1）与其他组织一起研究自我就业在我国的潜力和实际地位；

（2）研究学生可以从中选择的各种新的生产类型和社会经济活动；

（3）研究需要做哪些工作来改善学生成为企业家的气氛和环境；

（4）收集并向学生传递有关新技术的信息，帮助他们形成首创性、革新意识、独立精神、自信心、忍耐力等；

（5）开发自我就业的试验项目。

/ 注释 /

[1] 这所开放大学是指根据议会立法由印度政府于 1985 年 9 月成立的英迪拉·甘地国立开放大学（Indira Gandhi National Open University）。

[2] 这类学校是目前在印度新近成立的新型学校（Navodaya Schools，Navodaya Vidyalayas），亦称示范学校（Pace-setting school，model school），每个县各建一所，以优异和质量为其主要目标。

（本文作者为阿加瓦尔，译自《教育新领域》1985 年第 3 期；
译者为赵中建，译文原发表于《外国教育资料》1990 年第 2 期）

附录 印度教育研究著述之目录

一 发表之论文

1. 《印度的教育制度及其存在的问题》,《外国教育动态》1986 年第 6 期。
2. 《印度中等职业技术教育的主要类型》,《世界职业技术教育》1989 年第 3 期。
3. 《殖民地时期的印度高等教育》,《外国高等教育资料》1989 年第 4 期。
4. 《印度学校系统的职业技术教育及师资培训》,《职业教育研究》1989 年第 6 期。
5. 《学位与职位相分离——印度高教改革的一项重要措施》,《上海高教研究》1990 年第 1 期。
6. 《印度高教改革的一项重要措施(谈自治学院问题)》,《高等教育研究》1990 年第 1 期。
7. 《印度的高等函授教育》,《成人高等教育研究》1990 年第 2 期。
8. 《自我就业教育》,《外国教育资料》(译文)1990 年第 2 期。
9. 《试论 80 年代我国的印度教育研究》,《南亚研究》1990 年第 3 期。
10. 《印度:人才外流与回流》,《社会科学》1990 年第 4 期。
11. 《印度师范教育的历史与现状》,《高等师范教育研究》1990 年第 5 期。
12. 《印度扫盲教育述评》,《外国教育资料》1990 年第 5 期。
13. 《印度中等职业技术教育发展缓慢及其原因》,《职业教育研究》1990 年第 5 期。
14. 《独立后印度学校制度的演变》,《外国教育资料》1990 年第 6 期。
15. 《印度的流生问题探析》,《教育评论》1991 年第 1 期。
16. 《印度高等教育发展迅速原因探析》,《高等教育研究》1991 年第 2 期。
17. 《印度教育发展的条件、政策与问题(上)》,《外国教育资料》1992 年第 1 期(合作,为第二作者)。
18. 《印度教育发展的条件、政策与问题(下)》,《外国教育资料》1992 年第 2 期(合作,为第二作者)。
19. 《殖民地印度东西方教育之争及教育西方化的形成》,《南亚研究》1992 年第 2 期。
20. 《印度的初等教育普及化目标》,《外国教育研究》1995 年第 1 期。
21. 《中印高教经费与学生资助的比较研究》,《外国教育资料》1995 年第 5 期。
22. 《面向 21 世纪的印度高等教育改革》,《上海高教研究》1995 年第 6 期。
23. 《结构完善的印度开放教育系统》,《开放教育研究》1996 年第 1 期。

24.《中印两国现代学制演进的比较研究》,《外国教育资料》1996 年第 1 期（合作,为第二作者）。
25.《中国印度教育发展比较研究》,《教育研究信息》1996 年第 1—2 期。
26.《中印教育发展的若干比较》,《教育评论》1996 年第 2 期。
27.《中印两国全民教育比较研究》,《外国教育资料》1996 年第 2 期。
28.《印度教育之现状与改革》,《教育研究资讯》（台湾）1997 年第 3 期。
29.《积极推进中的印度全民教育》,《中国教育报》1997 年 8 月 11 日第 4 版。
30.《印度关注高教质量效益》,《中国教育报》1997 年 5 月 19 日第 4 版。
31.《近期印度高等教育发展趋势——兼析私立高等教育发展迅速之缘由》,《全球教育展望》2009 年第 2 期。

二 | 书中之章节

1. 印度高等教育的发展,余立主编:《高等教育思想引论》,华东师范大学出版社,1986 年。
2. 变革中的印度教育,杨德广、王一鸣主编:《世界教育兴邦与教育改革》,同济大学出版社,1990 年。
3. 印度职业技术教育,梁忠义、金含芬主编:《七国职业技术教育》,吉林教育出版社,1990 年。
4. 国家教育政策、大学拨款委员会等 34 条有关印度教育的条目,顾明远主编:《教育大辞典》第 12 卷,上海教育出版社,1992 年。
5. 印度的教育（1871—1919）,滕大春主编:《外国教育通史》第四卷,山东教育出版社,1992 年。
6. 印度的教育（1919—1947）,滕大春主编:《外国教育通史》第五卷,山东教育出版社,1993 年。
7. 印度的教育（1947—1980）,滕大春主编:《外国教育通史》第六卷,山东教育出版社,1994 年。
8. 印度的学生贷款,赵中建著:《高等学校的学生贷款——国际比较研究》,四川教育出版社,1996 年。
9. 印度高等教育质量评估（合作,为第一作者）,夏天阳主编:《各国高等教育评估》,上海科学技术文献出版社,1997 年。
10. 印度关注高教质量效益,郑令德主编:《上海高校改革调查与研究》,同济大学出版社,1997 年。

11. 甘地，赵祥麟主编：《外国教育家评传》第四卷，上海教育出版社，2002年。
12. 印度教育，吴文侃、杨汉清主编：《比较教育学》（修订版），人民教育出版社，1999年。
13. 印度卷，顾明远主编：《世界教育大事典》，江苏教育出版社，2000年。

三 ｜ 出版之著作

1. 赵中建等选编：《印度、埃及、巴西教育改革》，人民教育出版社，1991年。
2. 赵中建著：《战后印度教育研究》，江西教育出版社，1992年。
3. 赵中建等著：《印度基础教育》，广东教育出版社，2007年。

高校学生资助研究

专题二

引 言

如果说印度教育研究是源于自己的博士论文选题而继续深入下去的，是拓展比较教育研究对象国的一种尝试，属于比较教育学科建设的一种努力，那么"高校学生资助研究"则更多地出于改革的需要，为了改革的目的。其真实背景是1992年后的中国开始从计划经济走向社会主义市场经济，而这一国家经济领域的重大转变必将引起我国高等教育从免费走向收费的转向，而这一转向又必将引起高校学生资助领域的变革。这是1992年我在英国伦敦大学教育学院访学时得知邓小平南方讲话后的一种认识，正是这一认识促使我开始关注高校学生资助尤其是学生贷款问题，而伦敦大学教育学院学术资源丰富的图书馆为我学习和研究学生资助及学生贷款问题提供了便利条件，且当时世界著名的学生贷款研究专家伍德霍尔（Maureen Woodhall）博士恰是教育学院的老师，从而使我有机会就学生贷款问题当面求教于伍德霍尔博士。

在我国原本的学生资助体系中，并不存在学生贷款，而国际上已有的学生贷款经验可以给我们提供一定的参考借鉴。为此，我在查阅资料和研究的基础上先后撰写和发表有关美国、英国、新加坡、牙买加、加纳等国家的学生贷款个案，尤其就贷款偿还问题进行过较为深入的探讨，并把重点放在如何最终在"求视野于全球"的前提下"立基点于本土"，即积极探讨如何改革和完善我国现有的高校学生资助体系。除学术研究外，还通过一些报纸和通俗类杂志向社会宣传学生贷款知识，如《何不贷款上大学？——建立高等教育学生贷学金制度的探索》《学生贷款在国外》等。

本专题选辑的《高等学校收费问题的比较研究》一文在阐述学费与培养成本的基础上着重探讨了高校收费的理论依据，如"教育投资说""市场机制说""成本效益说"等，尤其对由美国学者约翰斯顿（Bruce Johnstone）提出并成为高等教育收费和实行学生贷款之主要理论的"成本分担"理论进行了较为详实的分析。《学生贷款中若干问题的比较研究》一文在较为充分地援引世界各国之材料和数据的前提下，对学生贷款的对象、用途与规模、管理与申请以及学生贷款的偿还进行了分析和研究。《关于高校学生资助制度改革的理论思考——赵中建博士谈学生贷款及其实施》一文则是《教育研究》记者韦尔女士就"学生贷款"这一作为1994年引人注目的社会热门话题对笔者的一次专访。

也正是在1992年伦敦大学教育学院研学期间，笔者偶然看到教育学院1990—1991年度的财务报告，费力学习后觉得蛮有意思，遂去学院财务部门询问其中不甚理解之处并意外获赠学院此前九个年度的财务报告（作为公立高校其财务报告是对外公开的），最后撰写并发表了《英国高等教育财政的个案分析——伦敦大学教育学院的财务制度》，使我对一所高校的学费收入和生均经费的计算有了初步的了解；此后又分别撰写过《美、英、法、印教育经费筹措的比较》和《澳大利亚高等教育财政浅析》两文，这是我在研究高校学生资助问题时涉及教育财政的几篇论文，虽无直接论述学生资助但与之又不无联系。

高等学校收费问题的比较研究

随着高等教育经费的日趋紧张，拓宽教育经费的来源渠道已成为世界各国高等教育界的首要任务之一，而收取学杂费则成为其中的一种主要方式。本文旨在通过对各种数据的分析，以期找到一些可资借鉴的经验。

一 | 学费、杂费和培养成本

高等教育经费按照原来的一般划分，主要可分为经常费（包括人员费和公用费）和基建费，但也有将其分为经常费（包括人事费、行政管理费和教学费）和资本费（主要指资本设备使用费，含维护费和折旧费）。我们可以将基建费归入资本费，或者更确切地将二者合称为"固定资产（本）费"（包括资本设备和房屋建设，均含维护费和折旧费）。[1] 而上述教学费中的实习（验）费由于用在指定的用途，一般由学生当年全数用完，固应作为转移经费而列为杂费的征收项目。据此，我们可将学费（tuition 或 tuition fee，也有直接称作 student fees[2]）和杂费大致界说如下：学费是指主办教育者根据非转移教育经常费而向受教育者收取以供教学用途的一部分经费，以弥补教育主办者支出的教育经费（主要是教学经费）总额中的部分成本或全部成本；杂费则是指主办教育者根据转移教育经费及与教学相关之经费而向受教育者收取的一部分经费。

杂费的项目其实包括范围很广，如法国征收学生社会保险费、学生互利费，德国征收学生团体费、学生医疗保险费等。美国大学的杂费更是包括方方面面，如康涅狄格大学1989年秋季学期征收的杂费项目有：申请费、接收费、注册费、学生活动费、学生会费、学生证费、学校日报费、校广播电台费、停车费、学分考试费等十几个项目。学费和杂费及教育经费三者的关系可以表1的形式予以表示：

表1 教育经费、学费和杂费三者之关系

教育经费	学 费	杂 费
经常费：1. 人事费； 　　　　2. 行政管理费； 　　　　3. 教学费。 固定资产费：1. 资本设备使用费； 　　　　　　2. 基建费。	以教职员工的工资为主； 事务费、图书及管理费等教学业务费； 维护费、折旧费。	实习（验）费、注册费、考试费等。

这里还须补充说明的是，在美国，学费有时是一个包括一名大学生用于完成学业必须支出的各项费用的总体概念，基本包括如下四项内容：学费（tuition）、杂费（fee）、住宿费（room）和膳食费（board）。各大学又通常将学杂费和食宿费分别放在一起，以数额总和形式陈示，如在1992—1993学年度阿肯色州立大学的学杂费为1420美元、食宿费为1990美元、合计为3410美元，而哈佛大学和麻省理工学院的上述三个数据依次为17674美元、5840美元和23514美元以及18000美元、5560美元和23560美元。[3]这样做的目的是有利于学生及其家长根据自己的经济实力进行明智的选择。

此外，研究学费问题还须计算一下大学生的生均培养成本，它主要包括表1"学费"栏所示的各项费用，而且从严格意义上说，学校用于科研的那一部分费用如科研人员的人头费和科研经费乃至用于养老保险津贴的那一部分费用等都不应计入生均培养成本。但由于统计口径不一，致使我国生均费用的计算出现极大的差异，如据国家教委财务司的统计，1992年我国高校生均培养成本为5735元，其中人员费用为2183元，公用费用为2241元和基建费用按学生平均为1311元[4]，但广东省计算的该省同年度的高校生均费用近14000元，而世界银行刚刚完成的《中国高等教育改革》（1995年2月）报告则称1992年中国省属高校生均费用为4162元，而省内的部属高校的生均费用为7494元。[5]如此差距的生均培养成本计算，显然无益于高校学费政策的制定。

虽然有关国外高校生均培养成本的计算方式并不多见，但英国伦敦大学教育学院的成本计算（实际上也是英国高校生均培养成本的基本计算方式）或许可以从一个侧面反映这一方面的情况。伦敦大学教育学院在1990—1991学年度的16787477英镑的总支出中，有11724050英镑被认为是用于学生身上的，占总支出的69.84%。用此总额除以学生总人数（折合为全日制学生1873人），由此得出教育学院该年度的生均成本为6259英镑。也就是说，教育学院有30%的经费支出未被计入生均培养成本。表2列出近三年教育学院计算生均培养成本的项目及具体统计数据。

表2 教育学院生均培养成本一览表（1989—1992年）

项　目	1991—1992		1990—1991		1989—1990	
	支出费用	生均费用	支出费用	生均费用	支出费用	生均费用
学术系科	7091430	3279	6175140	3297	5451140	2965
学术性服务	1185980	548	1071340	572	927290	504
一般教育支出	396130	183	284180	152	256560	140
房屋	1801110	833	1957010	1045	1929350	1049
管理与中心服务	1746940	808	1481610	791	1314850	715
员工和学生设施	467600	216	373470	199	306120	166
基建支出	550470	254	232210	124	463830	252
其他各种支出	160270	74	149090	79	147190	80
合计金额	13399930	6195	11724050	6259	10796330	5871
折合为全日制学生人数		2163		1873		1839

（单位：英镑）

资料来源：Institute of Education, University of London, *Financial Report and Accounts 1991—1992* 和 *Financial Report and Accounts 1990—1991*, London.

二 ｜ 高等教育收费的理论依据

世界高等教育在经济上受到国家或政府的资助在历史上虽由来已久，如早在罗马帝国时代属于高等教育性质的学校就受到过帝国的财政援助，但它在较大规模上受到国家的干预和资助则始于19世纪初的德国和法国，以期为国家提供必要的技术人才以促进工业的发展。如德国柏林大学（1810年创办）和法国巴黎理工学校（1794年创办，原名中央公共工程学校，1804年归属国防部领导）就是最典型的例子，后来几乎每一个欧洲国家都模仿了这种模式来建立公共资助的国家高等教育体系。[6]进入20世纪，这类公共资助的高等教育模式进一步在世界范围扩大，尤其对那些寻求现代化的国家和众多的发展中国家影响尤甚。

这种国家资助的高等教育模式所依赖的主要是"社会责任说"理论（也有人从"公共服务说"对此予以解释，即认为教育是政府对国民的一项公共服务，应免纳学费[7]）。"社会责任说"认为：高等教育旨在培养国家领导人才和训练高级技术人才以发展国民经济，高等教育是国家现代化和实践民主政治理想的工具，其所需经费应以政府支付为宜；社会承袭所得和财富分配不均情况，只有政府利用税收政策并通过教育（包括高等教育）的支出政策的配合，才能实现所得及财富重新分配的目的。因此，学费及杂费虽属教育经费的一部分，但仍以由代表社会的政府支付为宜。这一理论还认为，政府支付全部教育费用可以确保以往因经济困难而被剥夺受高等教育机会的人能够进入高等院校。

随着社会的发展、高等教育的逐渐普及、公共经费的日渐紧缺以及教育研究的发现，"社会责任说"强调高等教育学费及杂费由国家政府全部负担的理由已失去其意义。例如，由于社会中高收入阶层子女是进入高等教育机构的主要群体，他们所获得的高等教育补助从整体上说就远比低收入阶层多得多，因而通过高等教育重新分配社会所得及财富只能适得其反。

如果说欧洲各国、苏联及东欧国家以及大多数发展中国家的高等教育主要是依据"社会责任说"来创办的，那么美国、加拿大、日本、韩国、菲律宾及一些拉美国家的高等教育则主要依据"教育投资说""市场机制说""能力负担说""成本效益说"等理论来征收学费。例如，"教育投资说"认为除了教育投资对整个社会有利外，就个人所获得的利益而言，最重要的是满足了个人求知的欲望，获得了知识和技能，从而使个人更能适应社会的需要。由于个人受教育程度的提高，也就增加了他们的就业机会和获得更高报酬的可能性。因此，既然国家和个人均视教育尤其是高等教育是一项有效的投资，就应制定合理的收费标准并使个人负担一部分教育成本，这是公平合理的。

在"市场机制说"理论中，"谁受益谁付款"是其基本原则。政府是教育主办者，也是教育受益者，因此政府应在其受益范围内支付教育经费。学生也是受益者，也应在其受益范围内支付教育经费，即学费和杂费。政府和受教育者之外，凡直接或间接受益的社会大众，也应承担其部分责任，因此也就有了来自社会的捐赠等。1984年秋，时任美国纽约州立大学布法罗分校校长（后升任纽约州立大学校长）的约翰斯顿在美国科罗拉多召开的"2000年议程"（An Agenda for the Year 2000）的一次会议上第一次提出"高等教育成本分担"理论，更明确了"谁受益谁付款"原则中各方的责任，并在1986年出版的《高等教育的成本分担：英国、德国、法国、瑞典和美国的学生资助》一书中对"成本分担"理论作了详尽的论述。"成本分担"中的成本指教育成本，一般包括公共教育的人员费用、学校设施费用、物资费用、设备费用等，以及父母及学生的教育费用（直接的个人费用，包括学费、其他教育费用、书籍、服装、交通费用等）。成本分担主要是指教育成本由各个方面来共同承担，一般认为学生的家长、学生本人、纳税人（政府）、慈善机构（社会捐赠）以及工商企业为各承担方。[8]自约翰斯顿于1986年率先提出"成本分担"概念并明确阐明"成本分担"理论后，这一理论很快为学术界所认可并成为高等教育收费和实行学生贷款的主要理论之一。

与成本分担概念密切相联系的另一概念是"成本回收"（cost recovery，又译"成本补偿），主要是指原由政府承担的教育费用通过一定的方式如收取学费而得到一定程度的回收或补偿。当政府需要提供更多的受高等教育的机会以满足日益增加的人们接受高等教育的需求，而政府的财力又十分有限时，实现这一目标就需要采取成本回收的原则，从而相对增加了高等院校的财政收入。成本回收的实施还有助于教育机会的均等，一是可以将更多的钱款用于普通教育，二是可以为更多的学生提供接受高等教育的机会，即在一定的财力范围内，国家为每一位学生提供的经费越少,它所能支持的学生人数就越多。成本回收的实现主要依赖于两种方式:一是在学生刚入学时就向他们收取学费;二是通过学生贷款的方式来实现。澳大利亚目前实行的收费和学生资助就同时采取了这两种方式,即学生要么入学时就交纳学费,要么以贷款形式交纳学费而待毕业工作后再偿还。世界银行 1991 年出版的《高等教育的递延成本回收:发展中国家的学生贷款计划》集中探讨了第二种方式的成本回收问题[9],不失为国际上近年来研究高等教育收费和学生贷款问题的佳作之一。

这里顺便指出一下,与上述"社会责任说""成本分担"和"成本回收"三种理论相适应,存在着"国家控制"(state dominance)、"收入多元"(revenue diversification)和"成本回收"等三种大学财政(university finance)。世界银行专家阿尔布雷克特(D. Albrecht)和齐德曼(Ziderman)在《发展中国家的大学财政》(1992)中阐述了这三种大学财政模式,并以塞内加尔、美国和菲律宾作为例子对三种模式进行了具体分析。[10]

此外,侧重从"使用者缴费"(user charges)研究高等教育需求量与学费之间的关系,是 80 年代中期以来在收费问题方面的又一代表性研究。世界银行的教育经济学家谭(Jee-Peng Tan)等人在多篇论文中研究了这一问题,并认为在政府经费短缺的情况下,提高"使用者缴费"有助于扩大受教育机会或增加"学额的供应"(supply of places)。[11] 以下所示图 1 和图 2 基本反映了谭女士等人的这一观点。

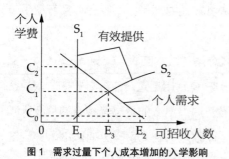

图 1 需求过量下个人成本增加的入学影响

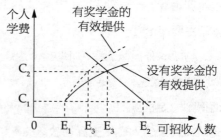

图 2 使用者缴费提高后所显示的数量—平等的权衡

在图 1 中,假设在最初的条件下,所收取的学费水平为 C_0,而政府由于其预算的窘局而只能提供 E_1 个学额,但社会在 C_0 的收费标准情况下对学额的需求

为 E_2，这时 E_2 和 E_1 之间的差距就成为一种过量的要求（excess demand）。E_1、S_1 之间的直线表示在个人交纳的学费提高至 C_2 而政府并不用此经费来扩大教育机会时所提供的学额。同样，当我们假设政府将多收到的钱款如 C_1 用来扩展教育机会，那学额的提供就会增加至 E_3，而图中 E_1、S_2 这一有效的供应曲线则表明，个人交纳的学费越高，学额增加的可能性就越大。图 2 则显示了"使用者缴费"提高后提供或不提供奖学金对学额增加的影响。

三 | 与高等教育收费有关的几个因素

尽管高等教育收费以"成本分担""成本回收"和"使用者缴费"等为理论依据，但在具体实行收费时，往往还须考虑到与此相关的诸多因素，或者我们把它们称为收费原则。

国民经济负担能力的考虑

学费和杂费的合理计算，从理论上说，必须首先符合国民的经济负担能力，最先考虑国民收入所得、一般家庭的学龄人口、应缴纳的学杂费等，务必使教育费用不致影响到人民的最基本家庭生活。因此，在制定学杂费时，"对人民的富裕程度要有一恰当的估计，不能把居民的社会需求作为制定学费政策的唯一依据"[12]。这里须考虑如下几个问题：

（1）缴纳的学杂费应占国民收入的多少百分比？这种百分比在各个国家并不完全一样，澳大利亚在 1988 年确定新的学费政策和学生资助政策时考虑的收费标准约相当于一个中等偏下劳动者年工资收入的 10%，相当于大学培养成本的 20%，并认为这样能够为社会所接受。在 20 世纪 80 年代前后，在大学财政"国家控制"的法国，缴纳的学杂费仅占国民收入的 0.37%（1979 年），原西德为 1%（1970—1980 年）；而在大学财政"收入多元"的日本，这一比例（1979 年）在国立大学为 13.74%，在私立大学为 40.20%。在美国（1980 年）公立大学为 6.65%，私立大学为 29.48%。[13] 这些数据表明，由于各国"大学财政"的模式不一，各国之间难有较一致的百分比，即使在同为"收入多元"的日本和美国，这种百分比也有极大的差异。

（2）学杂费占学校收入或培养成本的百分比是多少？或学生的实际教育支出占人均 GNP 的百分比是多少？由于国外学生缴纳的学杂费占国民收入百分比的最新资料不易获得，我们从另外的角度考虑或许可获得与此相联系的信息。世界银行在其 1994 年出版的《高等教育的经验教训》中就"学费在公立高等教育机构之经常费中的比例"列举了 33 国的数据，其中 20 个国家的这一比例为 10%，占 20% 的国家仅 10 个，美国的这一比例为约 24%，爱尔兰和智利约占 26%，约旦超过 30%，而韩国最高达 40%，并认为"学杂费的重要性同一个国家的收入水平并无直接的联系"，公立高等院校中成本回收的重要性在低收入国家、中低收入国家和中高收入国家基本上是相似的。[14] 学杂费的所占比例实际上往往更多地与一个国家的"大学财政"模式即"国家控制""成本分担"或"成本回收"有关。如同为经合组织的国家，原西德和挪威的学杂费占高等教育机构收入的百分比为零（1987），法国的这一比例为 4%，日本的公私立院校的平均数在 1985 年达到 36%，而私立院校在同年度则高达 65%。[15]

一般来说，计算学生的教育支出还须考虑到学生除学杂费外的生活开支和其他必需费用如书籍费、交通费等。国际统计的数据表明，越是贫穷的国家学生所需的花费就越高，这主要是因为在发展中国家，最基本的食宿及其他必需品要占去个人收入的绝大部分。

各不相同的收费标准

由于学校的性质不一（公立与私立）、声誉不一（名牌与一般）、学科专业不一（热门与冷门专业）以及学校所处地方等原因，缴费的标准也往往存在差异，而公私立学校的学费差异最为明显。这似乎也已成为收费的标准之一。在以"成本分担"和"成本回收"为大学财政主要特征的国家，高等教育往往是由公立高校和私立高校两部分机构组成，而公私立高校之间的收费标准有着明显的差距。请看表 3 和表 4。

表3 美国公私立高校的学杂费(1965—1991年)

学校类型和年份	公 立	私 立	公私立之比	增长率(%)	
				公 立	私 立
大 学					
1965—1966	327	1369	4.19		
1970—1971	478	1980	4.14	46	45
1975—1976	656	2775	4.23	40	39
1981—1982	3070	7433	2.41	369	168
1985—1986	4146	11034	2.66	35	48
1990—1991	5585	16503	2.95	35	50
四年制学院					
1965—1966	240	1086	4.53		
1970—1971	332	1603	4.83	38	48
1975—1976	526	2233	4.25	58	39
1981—1982	2705	5974	2.21	294	168
1985—1986	3673	8551	2.32	36	43
1990—1991	5004	12220	2.44	36	43

(单位:美元)

资料来源:The Carnegie Foundation for the Advancement of Teaching. *The States and Private Higher Education: Problems and Policies in a New Era*.San Francisco: Jossey-Bass Publishers, 1977, pp. 75—76.

表4 日本的四年制大学学费(第一学年交付金)的推移(1974—1992年)

年 度	国立大学	指 数	私立大学	指 数
1974	48000	100.0	283549	100.0
1975	86000	179.2	372767	131.5
1980	260000	541.7	704890	248.6
1985	372000	775.0	913009	322.0
1990	515600	1136.7	1059161	373.5
1991	581600	1211.7	1075330	379.2
1992	605600	1261.7	1108579	391.0

(单位:日元)

资料来源:〔日〕比嘉佑典,《我看市场条件下的中国高等教育改革》,《高等教育研究》,陈俊森译,1994年第2期,第24页。

(说明:国立大学的学费只包括入学金和授课费,私立大学包括入学金、授课费及设施设备费。)

表3和表4的数据表明，不论在美国还是在日本，公私立大学之间的学费差距正在逐步缩小，也就是说，公立大学的学费增长速度已远远超过了私立大学。例如，美国公私立大学的学杂费之比已从1965年的4.19下降至1990年的2.95，四年制学院之比则从4.53降至2.44；这一比例在日本则从1974年的5.91减至1992年的1.83。这表明公立大学的"国家控制"的作用在减少，或者说"成本分担"的理论即使在美国和日本的公立高等教育中也日益得到体现。世界银行专家阿尔布雷克特和齐德曼提供的数据可以使我们从更广泛的背景了解公私立高校的学费之差距（见表5）。

表5　一些国家公私立高校之学费

国　家	年　份	公立部分	私立部分	公私立之比	私立部分学生之百分比
韩国	1990	525	1360	2.6	66
泰国	1989	125	700	5.6	8
哥伦比亚	1982	82	538	6.6	62
巴西	1990	0	1250	—	63
肯尼亚	1991	200	2800	14.0	5
日本	1985	880	2900	3.3	78

（单位：美元）

资料来源：D. Albrecht & A. Ziderman, Financing Universities in Developing Countries, Washington, D.C.: The World Bank, 1992, p. 58.

（说明：肯尼亚近期已宣布了公立大学新的学费标准。）

由于各种学科专业的培养成本不同或未来的就业前景和收入不同，又由于各国地方公立高校的经费往往来自地方税收，如美国的州或印度的邦，因此不同学科专业或地方公立高校对来源不一的学生对象收取不同标准的学费，这在大学财政非"国家控制"的国家也较为普遍，表6和表7的数据从不同的侧面说明了这一点。

表6　印度马哈拉斯特拉邦公、私立学院年学费标准

学院类型	公立学院	未受资助之私立学院
工程学院	750	8500

续　表

学院类型	公立学院	未受资助之私立学院
建筑学院	500	6500
多科技术学院	400	4500
医学院	1000	30000
牙医学院	1000	24000

（单位：卢比）

资料来源：*Journal of Higher Education*（India），No.1, Special issue on "Report on National Colloquium on Right to Education as a Fundamental Right", 1992, p. 97.

表7　1992—1993学年度美国公立大学州内与州外学生收费差异

校名	学杂费	本州学生	食宿费	学杂费	非本州学生食宿费
迈阿密大学	3764		3360	8054	8054
密歇根大学	3139		3375	8359	8359
爱荷华大学	1952		2920	6470	6470
缅因大学	2898		4240	7458	7458
弗吉尼亚大学	3354		3321	9564	9564

（单位：美元）

资料来源：柳海民、徐培新，《现行美国大学的学费分布、特点及近年变化态势》，《外国教育研究》1993年第4期，第35—36页。

四 | 几点思考

高等教育作为非义务教育而应收取学费这一观点，已经越来越为人们所接受，即使在以大学财政"国家控制"为主的欧洲国家也是如此。而且，随着国家经济的不断发展，高等教育中的私立或民办部分将愈益发挥重要的作用。这正如著名经济学家萨卡洛普罗斯（G. Psacharopoulos）在一篇题为《欧洲的教育私营化》的书评中所指出的："日益增强的教育私营化的欧洲（包括原东欧国家）将是不可避免的……高等教育的受益者将比纳税人负担更高的教育成本之比例……缴纳学费同学生贷款的结合将是下一个世纪即使不是全世界，也是欧洲高等教育财政中占优势的方法。"[16]通过上述对高等教育收费理论和原则所作的比较分析，我们可以对未来我国高等教育收费的发展提出如下几点意见，以供参考。

（1）坚持高等教育的"成本分担"。"成本分担"理论自美国学者约翰斯顿1986年正式提出以来，已经日益为人们所接受并成为各国高等教育实行收费制度的理论依据。在我国高等教育改革日趋深化并以社会主义市场经济为导向的今天，宣传和坚持成本分担，有助于拓宽高等教育经费筹措的渠道并逐步增大个人负担培养成本的比例。

（2）不同类型的高校之间应该有学费差距。这包括几个方面的内容，首先是允许民办高校可收取高于公办高校的学费，其主要理由是民办高校没有或较少地接受政府的资助和拨款。为使民办高校成为我国高等教育中必不可少的组成部分，而不仅仅是公立高校的补充部分，要采取措施鼓励而不是限制民办高校的发展。比如先让民办高校挂靠于公立高校，成为后者的附属学院，待其成熟后再独立出去，以使就读于民办高校的学生可以获得学院所附属大学的学历或学位，而不是像现在众多的就读于民办高校的学生须参加自学考试并获自学考试文凭。又比如将现有的部分高校转制为民办性质的高校，如同企业转制一样。如果说这样做从体制上有利于我国民办高校较快地成熟和发展起来，那么允许民办高校收取高于公立高校2~3倍的学杂费额，那就从财政上使民办高校得到一定的保障。其次，不同的学科专业由于其培养成本不一以及具有不同的就业前景和收入，根据市场经济的规律和要求，收取的学费应该有所差别。同样，著名大学和一般高校，由于它们对学生的学习和今后就业的影响是显而易见的，收取不同的学费也是合情合理的，这一点在美国的高校中表现得尤为明显。日本学者丸山文裕称此为学费和声望关系的"市场主义"，即"越是声望高的大学，学费越高，它近于市场经济中资本和服务的价格"[17]。丸山文裕还将"大学声望越高，学费越低"的现象称为"育英主义"。当然，美国高校中的这种"市场主义"的关系是通过向贫穷学生提供奖、助、贷学金等计划予以补充和完善的。因此，除了民办高校应收取较高的学杂费外，在各种公立高校之间以及在不同学科专业之间，应该尝试一种不同的收费标准。此外，我们是否另可考虑先让一些比较著名的大学在完成国家招生培养比例的前提下，允许有一定比例的计划外招生，这些学生将缴纳全额培养成本，而政府不因学校招收这些学生而给予额外的经费补助。这种做法在我国目前的中等教育中已较为普遍，越南的高校自 1987 年实行改革以来也采取了这类做法，即高校在完成国家给予拨款的学生数外，另可招收全额自费生，只要学校仍有招生能力。[18]

（3）应向全体大学生收取学费。目前我国一些特定高校或专业如师范、农林等都免收学费，国家教委今年采取的一项特殊政策是为一部分困难学生减免学费，尽管他们就读的不是上述特定的专业。从国际比较看，在实行缴费上学的制度中学生就学时就免交学费的情况并不多见，但学生毕业后到某些特定岗位工作而免还所借贷款的倒时有所见。例如在印度，如学生毕业后从事教师工作或进入部队服役，则可免还就学时所借的贷款。在 1985—1991 年的六个年度中，印度学生因上述情况而免还贷款的百分比依次为 2.7%、3.3%、3.3%、5.0%、4.9% 和 5.0%。[19] 这样做的目的，一可以使这类学校有与其他学校一样的学费收入（学生以贷款形式支付学费）；二可以使被学生所享受的这类资助不致因他们毕业后进入其他工作领域而受损（享受专项奖学金的学生毕业后不就业于这些专项领域的情况在毕业生自由择业的今天尤为突出，如某市一所师范大学最优秀的 12% 的学生毕业后可以优先自选职业，而他们就学时却享受着专项奖学金）；三可以使就读其他类型的学校或专业领域的学生，在毕业后进入这类工作领域并从而免还他们如在其他领域就业必须偿还的所借贷款等，例如随着我国师资培训模式的日趋多样化，将会有非师范院校的毕业生从事教学职业。

（4）公开不同的收费标准以使学生事先作出理性的选择。即使在经济发达的美国、日本或其他一些国家，也不是所有的学生都能够进入他们希望进入的学校，因为有的学校的收费标准远远高出他们及家长所能负担的数额。因此，在各种高等学校实行不同收费标准的情况下，学生就可以而且应该根据自己家庭的经济能力作出客观而现实的选择，这一点不能因为我们努力实现教育机会的民主与平等就不再考虑了，因为高等教育毕竟并非义务教育，不像基础教育是每一个人的基本教育权利。当然，对于少部分很优秀但经济困难的学生可以采取特殊的政策。

（5）学杂费应该经常作出必要的调整。随着学生培养成本的不断提高，学费也需要有相应的增加，从而正确地体现成本分担的理论。增加学费尤其近几年在国外高等教育中表现得尤为突出，上述表3和表4的数据说明了这一点。比如英国大学本科生的学费从1989—1990年度的607英镑猛增至1990—1991年度的1675英镑，到1992—1993年度则上升至1855英镑，海外学生的学费更高达5000多英镑。在美国1982—1983年度到1992—1993年度的10年间，学费的增长超过油费指数的增长高达约50%。[20] 这一切数据表明高校学费不应不随培养成本的提高而提高。

（6）学费和杂费的收取应占学校收入的多少百分比或培养成本的多少百分比？这在国际上也无一客观的标准，各国因其大学财政的模式不一或某一模式的强调程度不同，而使这一百分比各不相同。单纯按国民收入的一定比例计算来收取学杂费从理论上说是可行的，但在实际的实施过程中则会困难重重。

（7）学杂费的收取必须伴有完善的学生资助。当我国开始实行"成本分担"的大学财政时，必须同时拥有完善的以学生贷款为主体包括奖学金、助学金、勤工助学在内的学生资助制度。否则，我们将很难完成从"国家控制"的大学财政向"成本分担"的大学财政转换的过程。由于学生资助属于另外的话题，则须另文详述。[21]

/ 注释 /

[1] 笔者曾就此求教于上海智力开发研究所的蒋鸣和教授，特此致谢。
[2] M. Woodhall, Student Fees, in T. Husen & T. N. Postlethwaite（Eds）*The International Encyclopedia of Education*. Oxford: Pergamon Press, 1985, pp. 4845—4848.
[3] 柳海民、徐培新，《现行美国大学的学费分布、特点及近年变化态势》，《外国教育研究》1993年第4期，第34页。
[4] 蒋鸣和，《关于我国高等学校学生收费标准的分析》，《教育研究信息》1993年第24期，第1—2页。
[5] *Higher Education Reform in China*, Washington, D. C.: The World Bank, 1995, p. 35.
[6] D. Albrecht & A. Ziderman, *Financing Universities in Developing Countries*, Washington, D.C.: The World Bank, 1992, pp. 5—6.
[7] 盖浙生，《教育财政学》，东华书局，1985年，第256页。
[8] B. Johnstone, *Sharing the Costs of Higher Education: Student Financial Assistance in the United*

Kingdom, the Federal Republic of Germany, France, Sweden, and the United States, New York: The College Board, 1986.

[9] D. Albrecht & A. Ziderman, *Deferred Cost Recovery for Higher Education: Student Loan Programs in Developing Countries*, Washington, D. C.: The World Bank, 1991.

[10] 同 [6], pp. 6-19.

[11] A. Mingat & Jee-Peng Tan, Expanding Education Through User Charges: What Can Be Achieved in Malawi and Othe LDEs? *Economics of Education Review*, No. 3, 1986, pp. 273—286. 此论文及其他论文由 Jee-Peng Tan 直接寄赠笔者，特在此致谢。

[12] 同 [4]，第 3—4 页。

[13] 林文达，《教育财政学》，三民书局，1986 年，第 84—85 页。

[14] *Higher Education: The Lessons of Experience*, Washington, D. C.: The World Bank, pp. 41—42.

[15] G. Williams, *Changing Patterns of Finance in Higher Education*, Buckingham: Open University Press, 1992, p.133.

[16] G. Psacharopoulos,《欧洲的教育私营化》，仲健译，《教育研究信息》1994 年第 10 期，第 33 页。

[17] 丸山文裕，《日本私立大学的学费》，方舟译，《国外高等工程教育》1993 年第 1 期，第 19—20 页。

[18] 同 [6], pp. 69—70.

[19] J. B. G. Tilak, Student Loans in Financing Higher Education in India, *Higher Education*, Vol.23, 1992, p. 396.

[20] U.S. Department of Educatin, *Progress of Education in the United States of America: 1990 through 1994*, 1994, p. 21.

[21] 韦禾，《关于高校学生资助制度改革的理论思考——赵中建博士谈学生贷款及其实施》，《教育研究》1995 年第 7 期；赵中建，《试论我国高校学生资助制度的改革》，《电力高等教育》1994 年第 4 期。

（本文原发表于《外国教育研究》1996 年第 5 期）

学生贷款中若干问题的
比较研究

学生贷款（Student Loans，我们一般称作学生贷学金）作为政府资助学生就读于高等教育的主要形式之一，已经越来越受到人们的重视。它主要始于20世纪50年代，尤其在80年代以来得到较快的发展，目前已在约50个国家和地区得到了实施（参见附表1）。作为一种制度或计划，学生贷款涉及诸多方面的要素，如贷款的机构、贷款的标准、贷款的偿还等，而各国在实施学生贷款的过程中又根据各自的实际情况采取了不同的政策或做法（参见附表2）。随着我国高等教育改革的不断深化和学生缴费接受高等教育即将全面实行，学生贷款（即学生贷学金）在我国的实施已列入国家教委的日程安排。在这种情况下对学生贷款中若干主要问题作一比较分析和研究，对我们实行和推广学生贷款计划想必会有所裨益和启发的。本文主要从贷款的对象、贷款的用途与规模、贷款的管理与申请以及贷款的偿还等方面进行比较分析，并将"各国学生贷款计划一览表"和"递延成本回收的政策选择"作为附表列于文后，以求提供更多的信息。

一 ｜ 学生贷款的对象

"谁能享受贷款"是制订学生贷款计划时首先要考虑的主要问题之一。根据各国现行的学生贷款计划，我们大致可对此作出如下分类：

无条件的贷款计划

这类学生贷款计划向所有愿意借款的本国大学生出借贷款。例如在现行的英国学生财政资助中，除学费仍属免费以及现占学生日常的维持费用约 70% 多的助学金要考虑到家长的经济收入外，学生贷款计划向所有修习本科全日制课程的本国学生开放，只是贷款金额因学生是否住在家中及学校是否位于伦敦而有所不同。牙买加的学生只须在经学生贷款委员会批准的院校中就读或经其同意的出国留学，均可申请到学生贷款。美国现在的斯塔福德贷款计划（原名为担保学生贷款计划），就每个学生均可申请该项贷款而言，亦可归属此类。

有条件的贷款计划

为了使学生贷款更为有效，国外大部分学生贷款计划在确定"谁能享受贷款"时，一般都会有这样或那样的要求或资格条件，即如世界银行专家阿尔布雷克特和齐德曼所说的"目标确定"，或如英国学者伍德霍尔所说的选择"基础"。这些"目标确定"或"基础"主要有如下几类。

收入调查或财政需要即主要根据家庭或个人的收入或者更为复杂的社会经济地位的指标来取舍贷款者。一般来说，如果更多地以"平等的标准"（equity criterion）来考虑学生贷款时，申请人的家庭收入状况就得首先予以考虑。美国的帕金斯贷款计划虽说没有收入调查方面的要求，但它首先考虑那些因家庭经济困难而享受到佩尔助学金的学生所提出的贷款申请。而斯塔福德贷款计划是为低收入家庭的学生而于 1965 年设立的，因而最初有严格的收入调查要求，但在 1978 年《中等收入学生资助法》颁布后，这一贷款计划改而面向所有大学生而不考虑其家长的收入。由于申请人数及贷出金额在尔后几年中急剧增加，该计划自 1981 年以来又开始考虑经济收入这一因素。现在的情况是，依学生的家庭经济收入是否超过政府规定的标准线，来确定学生可以申请到"受补助的斯塔福德贷款"还是"未受补助的斯塔福德贷款"，而两者的差别仅在于学生在校期间及毕业后六个月偿还延期期限的贷款利息由谁支付，前者的利息由政府代向银行支付，而后者的利息则由借款人自付。

尽管在一些发展中国家如巴西、哥伦比亚等,学生贷款计划也是以此为基础的,但特别由于在大多数发展中国家还没有完善的收入税制度且其市场经济的部分尚未具规模,因此要进行收入调查是"极为困难的"。

能力标准或学业成就,即指在确定贷款对象时,往往考虑到申请者的学术能力及成就。倘如从学生贷款的"效益标准"(efficiency criterion)考虑,学术能力这一因素则更为有效,因为学术能力强的申请者一般都能成功地完成其学业并偿还已借贷款,而且他们很少中途退学。例如在印度尼西亚的原贷款计划中,学生必须成功地完成75%的课程计划才有资格享受到学生贷款。而在委内瑞拉和洪都拉斯,如果学生的学业成绩未能达到最低的要求,他们就会失去接受贷款的权利且必须立即偿还已借贷款。同样,瑞典的学生在进入大学后都可以申请到学生贷款,但在第一学年结束后他们必须显示出令人满意的学业进步,否则他们也将失去这种机会。

除了上述两种最主要的"基础"外,以下几种"基础"在一些国家也是确定"谁能享受贷款"时予以考虑的。一是"收入调查与学业成绩的综合",如日本的两类贷款即"普通贷款"(ordinary loan)和"特别贷款"(special loan)(前者金额较少而后者较高)中,对申请"特别贷款"者,从严审核其"学业成绩及家庭经济能力"。二是有关的学科或"优先领域",即优先贷款给那些愿意在国家人力优先或急需的领域如工程、师资培训、医护保健等领域学习的学生。如美国早在二战期间就实施过一项"应急贷款计划",旨在鼓励学生修习那些被认为对战争是至关重要的学科领域(尤以工程和医学为重),并在毕业后到与战争有关的部门或企业工作。三是"高等院校的类型"。一些国家的高等院校都有公立和私立两部分。因此在有些国家,学生在哪一类院校学习就会影响到贷款的申请。例如在印度尼西亚的原计划中,贷款仅仅贷给在公立院校就读的学生,尽管私立学校的学生如果从经济需要角度考虑可能更需要贷款。

二 | 学生贷款的用途与规模

在能获得有关贷款用途资料的约40个国家中(贷款计划已被取消的国家不

计），有 14 个国家的 16 份贷款计划（委内瑞拉共有三种独立的贷款计划）资助学生的"学费与生活费"，主要有美国、日本、韩国、哥伦比亚、委内瑞拉等国，16 个国家的贷款计划用于资助"生活费"，如西欧国家、加纳、肯尼亚等国，而且贷款额往往约占日常生活维持费用的一半；5 个国家即巴西、智利、菲律宾、摩洛哥和澳大利亚的学生贷款用于支付学费（参见附表1）。

贷款金额的多少往往与贷款的用途相联系，一般都规定出申请的最高限额。以金额规定极为细致的美国学生贷款为例，帕金斯贷款计划规定在 1993—1994 年度本科生每年最多可借贷款 3000 美元，总计可借 15000 美元；研究生每年可借 5000 美元，加上本科生阶段所借款额，总计可借 30000 美元。这一贷款计划每年名额有限，所以它优先考虑因家庭经济困难而获佩尔助学金的申请者。占美国学生贷款总额约六分之五的斯塔福德贷款计划则规定在 1993—1994 年度，本科生在第一学年最多可借 2625 美元，第二学年为 3500 美元，第三学年为 5500 美元，本科期间总计可借 23000 美元；研究生每年可借 8500 美元，连同本科期间的最高限额 23000 美元在内，一个美国学生可借该项贷款的总额为 65500 美元。必须注意的是，美国学生享受到的经费资助总额（包括奖学金、助学金、学生贷款、工读计划等）不得超过包括学费和生活费等在内的总的教育费用（cost of education）。[1]

在贷款用途为"生活费"的国家中，贷款金额往往也仅占全部生活所需费用的一部分，而学生仍从政府那里获得一部分助学金。例如在 1990 年开始实施学生贷款计划的英国，计划到 2007 年使学生贷款和助学金各占生活费的 50%。在 1992—1993 年度，一学年的贷款金额在伦敦地区为 605 英镑，伦敦以外地区为 525 英镑，住在父母家中则为 415 英镑，而同年度的基本助学金上述三种类别分别为 2845 英镑、2265 英镑和 1795 英镑。[2] 贷款金额约占全部生活费（依次为 3450 英镑、2790 英镑和 2210 英镑）的 18%。又如在较早实施学生贷款的瑞典，1965 年最初实施贷款计划时贷款金额占全部生活费的 75%，但随着物价指数的上升和助学金名义价值的基本不变，助学金的所占比例从 1965 年的 25% 下降到 1981 年的 9% 和 1986 年的 6%。1989 年瑞典学生财政资助制度的改革再次将助学金的所占比例提高至约 30%。[3] 表 1 显示了瑞典新旧资助制度的差异（瑞典高等院校是免收学费的）。在非洲的加纳，公立高等教育是免交学费的。在 1988 年以 32 周计的一学年中，学生生活费的最低标准为 128640 塞迪（1991 年官方比价为 372 塞迪兑一美元，而 1970 年的比价位 1∶1），最高标准为 195645 塞迪，主要用于房租、膳食、交通、医疗保险和书籍等。1990—1991 年度，学生可获得的最高贷款金额为 72000 赛迪，约占全部生活费资助的 40%。

表 1 瑞典学生资助的新旧制度

	旧制度		新制度	
	每 月	学年（9 个月）	每 月	学年（6 个月）
助学金	242	2178	1435	12900
贷 款	3917	35253	3435	30940
总 计	4159	37431	4870	43840

（单位：克朗）

资料来源：Sven-Eric Reuterberg & Allan Svensson, Student Financial Aid in Sweden, *Higher Education Policy*, No., 1990, p.37.

在确定每位学生的贷款金额（每年的最高额度和学习期间的全部贷款金额）时，应该对以下诸方面予以注意：

（1）每位学生的平均高等教育费用，如学费、生活费、图书资料费等，学生贷款将用于资助哪一部分？

（2）费用或收费的变化及差异，如公私立高等院校之间的收费差异，如不同学科专业或不同年级层次间的不同费用等。

（3）有无其他的经费资助来源？

（4）学生将来的偿还能力，以防止未来的拖欠偿还或加重他们的债务负担。

此外，学生贷款所涉及的学生人数（即学生贷款的规模）在发达国家一般占学生总数的 20%~80%，但在发展中国家一般都不超 10%。当学生贷款涉及的学生面越大时，人均所获得的贷款就越少，这在贷款基金主要来自政府预算的国家（发展中国家基本上都是这样的）尤为如此。[4]

三 | 学生贷款的管理与申请

学生贷款的管理在各国并无统一的模式，大致的类型主要是：

自治的公立机构，这是最常见的管理机构，它们在财政和管理上都是独立的，其贷款基金主要来自政府的预算和拨款，并逐步建立起自己的周转基金。欧洲和拉丁美洲的大部分管理机构均属此种类型，如瑞典有中央学习资助委员会（Central Study Assistance Committee），英国有学生贷款有限公司（Student Loans Company Limited），牙买加有学生贷款局（Students Loan Bureau），巴巴多斯有学生周转贷款基金（Student Revolving Loan Fund）等。这些专门成立的学生贷款管理机构一般都同教育部、中央银行建立有密切的关系，如英国学生贷款有限公司的主要负责人均由教育部长任命，而牙买加的学生贷款局则挂靠于牙买加银行。[5]

商业银行，利用现有的国（公）立或私立的商业银行来负责学生贷款的日常管理，也是目前学生贷款管理的另一主要途径。商业银行有着丰富的借贷经验、有效的管理人员和管理机制，因此在学生贷款的管理上也将会更有效益。而银行系统一般都有雄厚的资金，因而利用商业银行参与学生贷款往往不必像成立专门的贷款机构那样需要为数不少的基金。

在巴西，公立银行系统自1975年以来就负责学生贷款计划。政府为贷款计划制定广泛的政策规定，而贷款的支付和偿还则由公立银行系统的地方支行具体负责。印度尼西亚原来的印尼学生贷款计划由最大的国家商业银行印尼国家银行（Bank Negara Indonesia）负责。巴基斯坦、斯里兰卡、委内瑞拉等也都利用公立银行来负责管理学生贷款。[6]

私立银行参与学生贷款也可分为两种情况：一是贷款中未受到政府的资助如管理费等，这种情况主要贷款给那些修读于将来有高收入的专业领域的学生，摩洛哥的情况即如此；另一是贷款时受到政府的担保或补贴，如美国的"担保学生贷款计划"就是由各州的担保机构为每一份贷款作出担保，政府还须向银行提供管理费等。加拿大、丹麦等国也都利用私立银行参与学生贷款，在确定是成立专门的学生贷款机构还是利用银行系统来负责学生贷款，以下几个方面值得注意：

（1）一个国家的财政制度的结构，它们的职责、范围、管理贷款计划的经验等。

（2）建立新的专门机构或利用现有的财政机构的相对成本。

（3）外部机构如国际开发银行的具体要求，因为这类外部机构可能会参与资助学生贷款计划，而且会为了确保充分的财政控制或监督而希望确立一些具体的程序。

此外，澳大利亚和加纳利用现有的政府机制来负责贷款的偿还。澳大利亚利用收入税制，加纳则利用社会保险税制，把贷款的偿还同养老金联系在一起。高等院校也可作为贷款机构，即政府将钱款拨给高等院校，由它们负责贷款的支付和偿还，偿还后的钱款作为学校的贷款基金。美国的帕金斯贷款计划就是一例。

采用何种类型的机构来管理学生贷款往往依各国情况而定，且各种机构都有各自的特点。自治的公立机构易于制定贷款的标准、目标政策等，而且可以引进非传统的偿还机制如"收入部分贷款"，但它的基金仍基本来自政府的预算，而且专门的管理机构需要不少的人力物力。商业银行作为借贷的专业部门，在管理上得心应手且无需增加较多的人力，而且政府可每年节约相当部分的预算拨款。例如在美国，1985—1986年度学生共借贷90亿美元，其中政府支出仅为32亿美元，其余的58亿则来自私立银行的资金。利用商业银行的首要条件必须是一个国家要有相当发达的银行业，而且还必须是银行业愿意参与，如英国的银行系统就因学生贷款的潜在损失等而不愿参与学生贷款计划。此外，商业银行一般都采用"抵押贷款"即分期付款的偿还机制，这对减轻学生将来的经济负担是不利的。利用现有的政府机制，如澳大利亚的收入税制或加纳的社会保险系统，目前虽仅在这两个国家实行，但它已被学术界看好，认为可能是最有效的途径之一。但它们的初期资本仍需来自政府，还款当然也进入国库，而且完备的收入税制或社会保险系统是利用该类机制的首要条件。高等院校虽然在得到政府基金后易于支付学生贷款且使之更平等，因为学校对学生情况最易了解，但高等院校本身似乎尚无能力回收贷款。

美国的学生贷款计划是世界上最庞大的计划，联邦级主要计划就有四五种，因而在管理上也颇为多样。既利用私立银行或其他金融贷款机构（共约两万家）来负责斯塔福德贷款计划、本科生家长贷款计划和学生补充贷款计划等，又有隶属各州政府的高等教育担保机构作保。高等院校作为管理机构负责联邦的帕金斯贷款计划，而学生贷款市场协会（Student Loan Marketing Association，美国俗称 Sallie Mae），则供各银行或金融贷款机构转让学生借款凭证。学生贷款的申请在各国也不尽相同。在学生人数较多的国家，一般说来各大学都设有学生资助办公室及专门的官员，即申请时须首先经过学校这一层次并由学校对学生的基本情况予以确认，如美国、英国等。但在一些院校数及申请人数都不多的国家尤其是一些小国家如牙买加，学生一般直接向学生贷款机构申请。学生申请贷款一般都要有人担保，担保人一般必须是有固定收入的本国公民，有的还规定必须是亲属，如牙买加规定两名担保人中必须有一人是亲属。美国则主要由政府的担保机构作保。英国虽然规定学生贷款申请不需要担保，但申请人必须提供两名经本人同意的熟人的名单，后者有义务向学生贷款有限公司提供贷款人的行踪等情况。此外，申请人一般都需要同贷款机构签订一份借贷合同。至此，借贷的申请程序一般就完成了。在牙买加的学生贷款规定中，申请人在签订合同时还须在一份"工资扣款单"上签名，以示学生贷款局在学生工作后可凭此直接从学生的银行帐户上扣除每月应偿还的款额。

四 | 学生贷款的偿还

学生贷款的偿还涉及采用何种方式即偿还机制。目前各国采用最多的是商业借贷中最普遍的抵押型贷款，亦称分期付款。[7] 此法具体规定学生在一定年限内分多少次（一般为每月一次）偿还本金与利息，如英国规定学生须在 5 年内分 60 次支付所借款，而美国的偿还期限一般为 10 年分 120 次还清本金与利息。例如向年利息为 5% 的帕金斯贷款计划借款 15000 美元，学生须在前 119 个月份中每次还款 159.16 美元，最后一次为 150.81 美元，共计还款 19090.85 美元，其中利息款达 4090.85 美元。抵押贷款的最大长处是偿还款的本金与利息易于计算,即学生在借款时就可得知今后每月的还款额。但它对于借款人即学生来说,他们承担的债务负担与其收入或生活负担往往成反比,因为他们刚工作时的工资收入要明显低于数年后的收入,也就是说,偿还款占其收入的百分比会逐年递减。以美国的情况作一假设分析,假设一名学生每年借 2500 美元,共 4 年达 10000 美元,以他毕业后 1988 年的起始工资为 18000 美元,工资年增长率为 3% 以及通货膨胀率为 5% 计算,结果如表 2 所示:

表 2 贷款负担的分析

年 份	年收入	月收入	月偿还额	占收入之百分比
1989	18900	1575	127	8.043
1990	20440	1703	127	7.437
1991	22106	1842	127	6.876
1992	23908	1992	127	6.358
1993	25856	2155	127	5.879
1994	27964	2330	127	5.436
1995	30243	2520	127	5.026
1996	32707	2726	127	4.648
1997	35373	2948	127	4.297
1998	38256	3188	127	3.937
1999	41374	3448	127	3.674

(单位:美元)

资料来源:Maureen Woodhall, *Lending for Learning: Designing A Student Loan Programme for Developing Countries*, London: Commonwealth Secretariat, 1987, p.75.

为此,学者们普遍赞成"收入—部分贷款"的偿还机制。这一机制的特点是,学生的偿还款是他们未来年收入或月收入的固定部分,由此可使学生毕业后的债务负担有一个限度。这样,收入高的人可以较快地还清借款,而收入低的人则需较长的时间。目前,虽然仅瑞典、澳大利亚和加纳三国采用此类方法,但它却为理论界所看好。它的主要不足是事先无法计算出就一项计划而言,国家每年可回收多少偿还款。瑞典的偿还款的比例为毕业生年收入的 4%。澳大利亚的偿还款的比例为毕业生年收入的 2%,因其通过国家的收入税制度予以偿还,故有人称此偿还机制为"收入—部分贷款(税)"。加纳的贷款偿还通过社会保险税进行。在社会保险税中,养老金须在贷款还清后才予以发放,故此法又被称作"社会养老金的延期"（参见附表2）。毕业生以其收入的5%，雇主则以雇员收入的12%交纳社会养老保险金，而这一社会养老金由国家的社会保险基金返还于教育预算直至所借贷款还清为止。此外，人们还提出其他类型的偿还机制，如"毕业生税"，即大学毕业生以其收入的一定百分比如1%交纳毕业生税，以偿还国家负担的高等教育费用；如"雇主税"，即雇佣大学生的雇主们以一种"短缺税"（scarcity tax）的形式对政府的贷款作出贡献，这尤其适合在人才短缺部门或领域实施；如"国家或社区服务"，即主要由学生通过一些社会公益活动作为部分偿款。与学生贷款偿还相联系的另一主要因素是贷款偿还的期限及偿还延期期限。偿还延期期限是指学生毕业后至开始偿还贷款之间的一段时期。各国对此有不同的规定，如英国的偿还延期期限为学生毕业至第二年4月份，约为9个月，美国斯塔福德贷款计划和帕金斯贷款计划的偿还延期期限为6个月，瑞典为2年，而联邦德国的则长达5年。抵押贷款的偿还期限在各国也各不相同，如英国为5年、美国为10年，德国则为20年。但是一般以10年为多。"收入—部分贷款"的偿还因仅计算年收入的一定百分比，故无具体的偿还年限限定，高收入的人可以较早地完成贷款的偿还，而低收入的人则相反。[8]

/ 注释 /

[1] U.S. Department of Education. *The Student Guide, Financial Aid from the U.S. Department of Education, 1993—1994,* Washington, D.C.: U.S. Government Printing Office, 1993.

[2] Department for Education. *Student Grants and Loans, A Brief Guide 1992/93*, London, DFE, 1992.

[3] Reuterberg, Sven-Eric & Svensson, A. Student Financial Aid in Sweden, *Higher Education Policy,* Vol.3, 1990，pp.33—37.

[4] Albrecht, D.& Ziderman, A.*Deferred Cost Recovery for Higher Education, Student Loan Programs in Developing Countries,* Washington, D. C.: The World Bank, 1991.

[5] Students'Loan Bureau. *Twenty-first Anniversary 1970—1991*, Kingston: The Printing Unit of Jamaica, 1992.

[6] Special Issue on Student Loans in Developing Countries. *Higher Education,* Vol.23, No.4, 1992.

[7] Woodhall, Maureen. Lending *for Learning: Designing A Student Loan Programme for Developing Countries,* London: Commonwealth Secretariat, 1987 .

[8] Jonestone, D.B. *Sharing the Costs of Higher Education, Student Financial Assistance in the United Kingdom, the Federal Republic of Germany, France, Sweden, and the United States,* New York: The College Board, 1986.

附表 1 各国学生贷款计划一览表

区域/国别	偿还机制	管理机构	贷款用途	平均贷款额(美元)	开始年份	获得贷款学生之百分比	数据年份
拉美和加勒比海							
阿根廷	抵押贷款	自治机构	生活费				
巴巴多斯	抵押贷款	自治机构	学费与生活费	11000	1976	12%	1989
玻利维亚	抵押贷款		生活费				
巴西	抵押贷款	商业银行	学费	400	1974	25%	1989
智利	累进税	大学	学费		1981		1988
哥伦比亚	抵押贷款	自治机构	学费与生活费	280	1953	6%	1985
哥斯达黎加	抵押贷款	商业银行	学费与生活费		1977		1983
多米尼加	抵押贷款	自治机构	生活费				
厄瓜多尔	抵押贷款	自治机构	生活费			3%	
萨尔瓦多	抵押贷款	自治机构					
洪都拉斯	抵押贷款	自治机构	学费与生活费	2700	1976	1%	1991
牙买加	抵押贷款	自治机构	学费与生活费	405	1970	20%	1985
墨西哥	抵押贷款	商业银行					
尼加拉瓜	抵押贷款	自治机构					
巴拿马	抵押贷款	自治机构			1966	6%	
秘鲁	抵押贷款	自治机构					
特立尼达	抵押贷款	自治机构	学费与生活费		1976		
委内瑞拉	抵押贷款	其他机构 大学 商业银行	学费与生活费 学费与生活费 学费与生活费	400 2200 700	1967 1975	1% 1% 1%	1991 1991 1991
亚洲							
印度	抵押贷款	其他机构	学费与生活费	85	1963	1%	1989
印度尼西亚*	抵押贷款	大学和商业银行		550	1982	3%	1986

续 表

区域/国别	偿还机制	管理机构	贷款用途	平均贷款额（美元）	开始年份	获得贷款学生之百分比	数据年份
韩国	抵押贷款	商业银行	学费与生活费		1975		
马来西亚	抵押贷款	商业银行	生活费	1300	1985		
菲律宾	抵押贷款	商业银行	学费		1976	1%	
巴基斯坦	抵押贷款	商业银行	学费与生活费		1974		
斯里兰卡	抵押贷款	商业银行			1964		
中东/北非							
埃及	抵押贷款	自治机构和商业银行				5%和2%	1980
以色列*	抵押贷款	商业银行				12%	1983
约旦	抵押贷款		学费与生活费				
摩洛哥	抵押贷款	商业银行	学费			<1%	1990
撒哈拉以南非洲							
加纳	收入—部分贷款	政府部门	生活费	200	1989	68%	1990
肯尼亚	抵押贷款	商业银行	生活费	845	1973	100%	1990
尼日利亚*	抵押贷款	自治机构	学费				
卢旺达	抵押贷款						
布隆迪*	抵押贷款						
马拉维	抵押贷款		生活费	80	1988	50%	1989
坦桑尼亚*	抵押贷款		生活费				
工业化国家							
澳大利亚	收入—部分贷款	政府部门	学费	1975	1989	81%	1990
加拿大（魁北克）	抵押贷款	商业银行	学费与生活费	2800	1963	59%	1990
丹麦	抵押贷款	商业银行	生活费	3700	1975		1985

续 表

区域/国别	偿还机制	管理机构	贷款用途	平均贷款额（美元）	开始年份	获得贷款学生之百分比	数据年份
芬兰	抵押贷款		生活费	2200	1986		1987
法国	抵押贷款	政府部门	生活费			1%	
德国	抵押贷款		生活费	1500	1974	30%	1987
荷兰	抵押贷款		生活费	200			1989
挪威	抵押贷款	自治机构	生活费	4000		80%	1986
日本	抵押贷款	自治机构	学费与生活费	2500		19%	1987
新加坡	抵押贷款	政府部门和商业银行	学费与生活费			39%	1990
新加坡	收入—部分贷款	自治机构	生活费	5828			
英国	抵押贷款	自治机构	生活费	750	1990	7%	1990
美国	抵押贷款	商业银行	学费与生活费	2176	1964	28%	1987

（说明：空白处表示数据未能获得。）

* 印度尼西亚、以色列、尼日利亚、布隆迪及坦桑尼亚的贷款计划已被取消。

此外，我国包括香港地区的贷款计划原也列入此表中，此处未译。我国台湾地区也实行有学生贷款计划。

资料来源：Albrecht, D.& Ziderman, A.（1991）*Deferred Cost Recovery for Higher Education, Student Loan Programs in Developing Countries*, Washington, D. C., The World Bank.p.5.

附表2 递延成本回收的政策选择

机构/政策	选择	说明
贷款机构	专门的政府机构	最常见的结构，就是设立在管理和财政上都是公立的贷款组织来发放和回收贷款（如英国为学生贷款有限公司、瑞典为中央学习资助委员会、牙买加为学生贷款局等）。
贷款机构	公立银行	另一种常见的机构性结构，就是利用公立的商业银行来管理贷款（如斯里兰卡为斯里兰卡人民银行，此外还有巴西、巴基斯坦等国）。
贷款机构	私立商业银行	在那些拥有发达的银行系统的国家，可以利用私立银行来分配贷款（如美国、丹麦、印度尼西亚）。

续　表

机构/政策	选　择	说　明
贷款机构	高等教育机构	为了管理贷款的目的，政府可以将基金拨给高等教育机构（如智利、美国的帕金斯贷款计划）。
	直接来自政府	钱款直接由政府各部或信托基金付出，并由国库收回钱款（如澳大利亚、加纳）。
偿还机制	抵押型贷款	为最常用的方法，资本化贷款据此拆散成每月的平均支付（英国一般为5年内分60次支付，美国一般为10年内分120次）。
	收入—部分贷款	偿还款是月收入或年收入的固定部分，由此使毕业生的债务负担有一个限度（瑞典，为年收入的4%）。
	累进支付	支付额事先确定，但随时间而增加。
	收入—部分贷款（税）	除付款通过征税制度获取外，其余与"收入—部分贷款"相同（澳大利亚为工作期间每年收入的2%）。
	社会养老金的延期	偿还通过已有的社会保险税进行。在社会保险税中，养老金在贷款还清后发放（加纳）。
	毕业生税	学生通过他们的纳税而作出贡献（美国耶鲁大学曾在1972年试行过一年；美国和英国均有人建议）。
	雇主通过税或贷款作出贡献	在毕业生很少的国家，雇主们以一种"短缺税"的形式对贷款或税款补偿作出贡献（加纳的雇主雇员们共同分担贷款的偿还）。
	国家服务	通过对社会有价值且为社会所要求的偿还劳动来贷款（如美国实施"社会服务计划"作为偿还贷款的一种方法）。
目标确定	收入调查	根据家庭或个人（瑞典、挪威）的收入或者更为复杂的社会—经济地位的指标（智利）取舍借款人。
	能力标准	根据中学时、国家考试中或大学内的成绩来取舍学生（印度尼西亚）。
	优先领域	优先援助那些在国家人力资源优先的领域——如工程、师资培训、保健等——学习的学生（哥伦比亚、巴巴多斯）。
	严格的修学年限	对确定的学习时期——如官方确定的某门课程——的基金获取有一定的限定（巴西、丹麦）。
利息率或补贴	固定的或浮动的	利息率的固定同通货膨胀所达到的负实际率、零实际率或正实际率有关，或者利息率可根据商业率的指数浮动。

续 表

机构/政策	选 择	说 明
利息率或补贴	不同的利息率	根据学生的经济状况,要求学生支付不同的利息率,由此使更多补贴了的资助给最需要者(美国、日本)。
	偿还的期限	还款的期限可以是不同的,以便债务负担同财政效率之间实现平衡。
	累进年金	偿还款可以通过核算以使它们在最初的几年少一些,以后再增多。
	对学费预先打折扣	对于那些可以享受补助的贷款的学生,如果他们放弃贷款,允许他们少支付一定百分比的学费(澳大利亚、以色列)。
使拖欠至最低限度	偿还延期期限	允许学生在毕业后开始偿还以前有一指定的延期时间,其设想是他们需要时间去找到工作(美国的延期期限为6个月,英国为9个月,瑞典为2年)。
	收入线	允许学生在其收入低于某个指定水平的任何时候延期付款(瑞典、肯尼亚、英国)。
	对财政机构的刺激	在政府是贷款保证人的地方,政府对这一担保的价值打了相当的折扣,这样财政机构就愿意向学生收取偿还款。
	要求有担保人	要求有收入并同意在毕业生不偿还贷款的情况下自己来还款的人就贷款签名。
	工资扣款	要求雇主扣除毕业生一个月工资以用于偿还贷款之目的(牙买加)。
	通过收入税找到拖欠人	政府税务机构找到那些可能会拖欠的人(加拿大)。
	道德压力	公布拖欠人的名单(牙买加)。
	要求的保证金	要求学生事先支付一笔款额以承保由于死亡或者严重疾病或事故而致的损失(巴西)。
	禁止进一步的贷款	如果拖欠,就禁止再贷款(巴西)。
	收款机构	利用私营收款机构来找到学生并确保还款(洪都拉斯、哥伦比亚)。

资料来源:Albrecht, D.& Ziderman, A.(1991)*Deferred Cost Recovery for Higher Education, Student Loan Programs in Developing Countries*, Washington, D.C., The World Bank.pp.50—51.

(说明:括号中的部分说明性文字为笔者所加。)

(本文原发表于《外国教育资料》1994年第3期)

关于高校学生资助制度改革的理论思考*

——赵中建博士谈学生贷款及其实施

记者： 1994年6月，国家教委正式宣布在全国37所大学试行收费制度，并准备一两年内在全国上千所大学予以推广。这一高等教育制度上的重大改革措施甫一出台，迅即在全社会引起巨大的震动，尤其是1994年入学的高校新生及其家庭反响强烈。《中国青年报》1994年10月18日发表了中国青年政治学院刘俊彦以《父亲赚的和我花的——一个农家大学生的经济帐》为题的文章，详尽披露了一个农民家庭为供养儿子上大学所承受的经济窘况。其他报刊也相继围绕"如何保证低收入家庭的子女不失去接受高等教育的机会"而展开了各种讨论，使之成为1994年度的一个引人注目的热门话题。同样，这个问题在教育理论界也受到高度的重视，许多学者从不同角度对高校收费及其相关政策进行了多方面的探索。赵中建博士，我们注意到您在如何改革我国高校学生资助制度方面做过比较系统的和深入的理论研究，能否请您就此问题谈点看法？

赵中建： 高校收费后面临的一个主要问题，就是如何确保家庭经济困难的学生顺利完成学业，这不仅涉及高校和社会的稳定，也是个涉及教育机会均等和公平原则的理论问题，需要引起相当的注意。我个人认为，我国现有的学生资助制度在其实施的几十年中对改变大学生的生源结构和保障工农子弟顺利完

---

* 本文作者系《教育研究》记者韦禾女士。

成学业方面作出了不容置疑的贡献，但它是与国家包办高等教育的体制相适应的，已经不能满足当前以社会主义市场经济为导向的高等教育改革的需要了。因此，当前亟须建立一种新的学生资助制度，这一制度的核心应以学生贷款为主，辅之以奖、助学金及勤工助学计划。世界银行刚刚完成的《中国高等教育改革》（1995年2月）报告用较多篇幅讨论了学生资助制度的改革，尤其建议我国在通过收取学费实现"成本分担"的同时，要建立"运行良好、目标明确的贷学金、奖学金制度"。从更广泛的背景看，不论是世界银行1994年问世的《高等教育的经验教训》政策文件，还是联合国教科文组织1995年出版的《高等教育变革与发展》的政策文件都对学生资助制度的改革表示了极大的关注，尤其重视其中的"成本分担"和"学生贷款"。世界银行资深专家、国际知名教育经济学家帕萨卡洛普罗斯（Psacharopoulos）曾在1992年的一篇书评中预言，"缴纳学费同学生贷款的结合将是下一个世纪即使不是全世界，也是欧洲高等教育财政中占优势的方法"。这一切表明，建立以学生贷款为主的资助制度，不仅是我国高等教育改革不断深化的需要，也符合国际高等教育发展的一般趋势。

记者： 那就请您对学生贷款的概念作一下界定并阐述一下它的意义。

赵中建： "学生贷款"是指政府部门或有关机构借款给学生，供他们部分支付学费或日常学习生活费用，而学生则在毕业后若干年内用自己的收入来偿还学习期间的借款。我们现在一般称其为"学生贷学金"。学生贷款区别于奖学金和助学金的一个根本特点，就是它的有偿使用，但它仍然是学生资助的一种方式。从我所能见到的材料看，学生贷款的实施始于本世纪初，如丹麦在1913年就有借款给学生读书之用的计划，但学生贷款在较大规模上的实施则是在70和80年代，目前已有50多个国家或地区实施了此类计划。

学生贷款的实施有多方面的意义。首先，学生贷款有助于实现教育的"成本分担"和教育成本的部分回收，从而减少了公共教育的开支并在一定程度上增加了高等院校的财政收入，对于高等教育收费制度的顺利展开和开拓教育经费的来源渠道，其作用是积极的，我称此为学生贷款的经济学意义。其次是它的社会学意义，即学生贷款制度可以在一定程度上保证家庭经济困难的学生能就读于高等院校，不至因为高等教育的收费制度及经济原因而辍学，从而促进高等教育机会的均等，而保证教育机会的均等是各国实施学生贷款计划的主要出发点之一。再次，学生贷款的一个根本特点就是学生为自己的教育支付部分费用，遵循着"谁受益谁付款"的原则，学生会因此比由国家包办或家长支付更加珍惜这一求学机会，去努力刻苦地学习，从教育学角度看，这是一种积极的激励作用。此外，学生贷款还有它的政治学意义，例如美国二战期间因战争需要而实施的"应急贷款计划"，50年代源于《国防教育法》的"国防学生贷款计划"以及60年代因"向贫穷宣战"而实施的"担保学生贷款计划"（1988年易名为"斯塔福德学生贷款计划"）最初均出于政治的需要和考虑。

记者：我国已在1987年开始实施了奖学金与贷学金并存的高校学生资助制度，效果是好的，但几年的实践情况也表明，现行的奖、贷学金制度及实施办法还不够完善，也未能从根本上解决家庭经济困难的学生保障学业的基本需要，尚有必要加大改革的力度。如果要确立学生贷款在高校学生资助制度中的主体地位并得以切实地体现，就需要从各个方面较深入地阐明实施学生贷款的理论依据和政策依据，从而为学生贷款的有效施行打下牢固的基础。赵中建博士，您刚才多次提及高等教育的"成本分担"及"成本回收"，您能就此阐述一下与学生贷款相关的理论吗？

赵中建：首先需要说明的是，国际上学生贷款的最初实施主要是出于实际需要如政治的或经济的考虑，从理论上对学生贷款予以探讨则是以后的事。

"成本分担"的"成本"指教育成本。教育成本一般包括公共教育的人员费用、学校设施费用、物资费用、设备费用等，以及父母和学生的教育费用（直接的个人费用包括学费、其他教育费用，以及书籍、服装、交通等生活费用），简单地说，就是"教学成本"和"学生生活成本"。成本分担主要指教育成本由各个方面来共同承担，一般认为学生的家长、学生、纳税人（政府）、慈善机构（社会捐赠）以及工商企业为各承担方。这实际遵循了"谁受益谁付款"的原则或称利益原则，美国的约翰斯顿教授在其《高等教育的成本分担》（1986）一书中对此作了详尽的论述。自约翰斯顿教授1986年率先提出"成本分担"概念并明确阐明"成本分担"理论后，这一理论很快为学术界所认可并成为实行学生贷款的主要理论之一。世界知名学生资助问题专家伍德霍尔博士主编的《学生财政资助：助学金、贷款或毕业生税》(1989)一书就是以"成本分担"为其中心论点的。

"成本回收"（又名"成本补偿"）同成本分担密切相连，主要是指原由政府承担的教育费用通过一定方式如收取学费得到一定程度的回收或补偿。当政府需要提供更多的受高等教育的机会以满足人们日益增加的接受高等教育的需求，而政府的财力又十分有限时，实现这一目标就需要采取成本分担的原则，从而相对增加了高等院校的财政收入。成本回收的实施还有助于教育机会的均等，一可以将更多的钱款用于普通教育，二可以为更多的学生提供接受高等教育的机会，即在一定的财力范围内，国家为每一位学生提供的经费越少，它所能支持的学生数就越多。成本回收的实现主要依赖于两种方式：一是在学生刚入校时就向他们收取学费；另一就是通过学生贷款的方式来实现。学生贷款的实质就是让学生用他们将来的收入来支付现在的学习所需。世界银行1991年出版的《高等教育的递延成本回收：发展中国家的学生贷款计划》报告，集中探讨了第二种方式的成本回收问题，不失为国际上近年来探讨学生贷款及其理论的佳作之一。

这里还须说一下"成本分析"问题，因为它关系到高等教育的收费政策。从教育经济学角度分析，教育的成本分析涉及教育投入研究、投入产出研究及教育成本的行为研究。我这里主要是讲其中的生均培养成本（生均费用）的分析或计算。生均培养成本主要包括生均人员费用、公用费用和基建费用，而且从严格意义上说，学校用于科研的那一部分费用如科研人员的人头费和科研经费等不应计入生均培养成本。但由于统计口径不一，致使我国生均费用的计算出现极大的差异，如据国家教委财务司的统计，1992年我国高校生均费用为5735元，但广东省计算的该省同年度的生均费用近14000元，前面提及的世界银行《中国高等教育改革》报告称同年度省属大学的生均费用为4162元，而省内部属高校的生均费用为7494元。如此差距的生均费用计算，显然无益于高校收费政策的制定，而收取学费的多少又与学生资助政策尤其是学生贷款政策的制定密切相关。

记者：作为一种制度，学生贷款涉及多方面的要素，如贷款的对象、贷款的用途与规模、贷款的管理与申请以及贷款的偿还等。如何使之更加完善和易于操作,是当前高校面临的一个具体问题。特别是从今年开始,全国大部分高校都将实行收费制度,如今年年初上海有关方面就已宣布从今年秋季起将全面推行收费生与公费生的"并轨",基本实现缴费上学,随之许多地区也相继宣布了同样的关于实施缴费上学的措施和办法。据悉,今年全国将有200多所高校进行"并轨",试点高校招收的新生约占全国招生总数的30%,比去年高出20个百分点(参见1995年5月25日《中国教育报》)。在这样的背景下,施行和强化以学生贷款为核心的学生资助计划确实是十分必要和迫切的,对于保证高校收费制度改革的顺利进行具有重要意义。鉴于我国实施学生贷款的时间不长,对上述几方面的要素在操作上尚缺少经验,因此请您再介绍一下国外的有关情况。

赵中建:一项完整的学生贷款计划一般都要包括贷款的对象、用途、管理、偿还等方面的内容。在贷款的对象即"谁能享受贷款"方面,各国的学生贷款计划大致可分为"无条件的贷款计划"和"有条件的贷款计划"。前者表示可以向所有愿意借款的学生出借贷款,而后者是指在确定"谁能享受贷款"时一般都会有这样或那样的要求或资格条件,如家庭的经济状况或财政需要、学生的能力标准或学业成就、国家发展和建设的优先学科领域等。学生贷款的用途大致可分为三类,即用于资助学生的"学费和生活费""生活费"及"学费"等。但从目前各国实施的情况看,用于资助"学费和生活费"的学生贷款计划为多,而用于资助"生活费"的国家的公立高等教育一般是免收学费的。政府的学生贷款计划的管理工作主要由自治的公立机构或商业银行操作。自治的公立机构如英国学生贷款有限公司在财政和管理上都是独立的,其贷款基金主要来自政府的预算和拨款,并建立起自己的周转基金。利用现有的公立或私立银行来负责学生贷款计划的日常管理,也是目前学生贷款管理的另一主要途径,而其中私立银行参与学生贷款计划时一般都受到政府的资助(如利息补贴和管理费)和担保,如遇学生不还所借款时则由政府代学生向银行偿还,美国的"担保学生贷款计划"即为一个明显的例子。近年来国外也不时有人提出成立专门银行的建议,如美国有人再次提出建立"国家学生贷款银行",印度则有设立"教育发展银行"的建议等。实施学生贷款计划的最后一环是采用何种方式来回收贷款,或称学生贷款的偿还机制,它在相当程度上关系到借出款能否顺利按时回收。目前各国采用最多的是商业借贷中最普遍的"分期付款"方式,此法具体规定学生毕业后在一定年限内分多少次还清本金与利息,如美国规定的偿还期限一般为 10 年分 120 次还清。近年来还有一些国家如瑞典、澳大利亚和加纳采用"按收入比例偿还"的方式,其基本点是学生的偿还款仅是他们毕业后年收入或可收入的一定百分比,而没有具体的偿还期限。

记者:根据您的介绍,可见明确学生贷款计划诸多方面的要素,对于有效地制定和实施一项学生贷款计划是十分必要的,各国的经验也是值得学习和借鉴的。相形之下,我国现行的学生贷款制度仍不是很成熟、不尽完善,用国家教委财务部门负责人的话说,当前存在着两个突出问题,一是经费来源少、额度低,二是还款集中不健全(参见 1995 年 3 月 1 日《光明日报》第 2 版)。此外,在申请手续、数量多寡等方面,也都缺乏计划性、合理性和有效性,因此实施起来问题不少。赵中建博士,在进行了一番比较研究之后,您认为我国当前应从何处着手来改进和完善我国现有的学生贷款计划呢?

赵中建:随着高校招生的"并轨"和"成本分担"原则的落实,较大规模地实施学生贷款计划已成为不可避免之事。我以为目前最迫切需要解决的,是学生贷款的发放和回收。这主要涉及学生贷款的管理机构和偿还方式或机制两大要素,而这两者又是紧密相连的。我国目前除了由"学校负责发放和催还等全部管理工作"外,并无任何专门的学生贷款管理机构,这或许是现行贷款计划实施以来成效不大的原因之一。近年来虽然有的省市已着手这一方面的改革,如北京市高教局新近成立的城市信用社可通过学校向学生借贷,但真正有效地发放学生贷款,还有待于建立一套完整的自中央至地方、全国联网的学生贷款管理系统。在 1994 年 6 月全国教育工作会议前,由于当时尚无成立专门的教育银行之可能性,因此管理机构似以成立具有独立法人地位的政策性信贷机构如学生贷款基金会为宜。但在全国教育工作会议上,中央已表示"原则同意建立教育银行",这就为我国学生贷款管理提供了另一种可能的途径。成立后的教育银行可设一单独的负责学生贷款的部门,在各省市分行及下属支行亦设类似部门,专管学生贷款的日常事务工作。学校须设学生资助办公室,它负有复核学生申请资格、担负咨询工作之职责。这一切将有助于学生借贷工作的顺利进行。

学生贷款的偿还方式是关系到能否顺利按时回收借出款的主要因素之一，尽管造成学生贷款拖欠偿还的因素是多方面的，但拖欠偿还已成为困扰学生贷款计划有效实施的最大难题。前面提到的"按收入比例偿还"的方式尽管目前仅为瑞典、澳大利亚和加纳三国所采纳且采用的时间也不长，但已为理论界所看好。我个人以为，非洲发展中国家加纳的学生贷款偿还机制可以为我们所参照。它包括两方面的内容：一是雇主或用人单位参与偿还，二是通过社会养老保险系统实施偿还。也就是说，雇员以其收入的5%，雇主则以雇员收入的12.5%，共同交纳标准为17.5%的社会养老保险，而缴纳的养老保险首先用于偿还学生贷款并通过养老保险系统返还于学生贷款基金。就雇主或用人单位参与偿还而言，在我国高等教育人才普遍显得不足的情况下，尤其是有些专业人才奇缺的情况下，用人单位参与偿还其雇员的所借学生贷款，不仅有利于我国高等教育的发展，而且也符合"成本分担"的原则，符合"谁得益谁付款"的原则。而且，用人单位一旦参与偿还，可使学生在较短的时间内还清所借贷款，这样既可减轻学生的债务负担又将有利于学生贷款基金早日建立起自己的周转基金。随着我国社会养老保险系统的进一步发展和完善，通过该系统回收学生贷款并将回收款返还于学生贷款基金，或许是我国未来学生贷款计划所可采纳的最有效的偿还途径。

此外，有关学生贷款的立法及实施细则、学生贷款的整套申请程序、学生贷款事项的咨询和引导工作等，也是我国有效地实施学生贷款计划所必不可少的。

记者：在倡导和强化学生贷款制度的同时，注意奖学金、助学金以及勤工助学等多项配套措施的完善也是十分必要的。比如目前社会上和高校中对于奖学金的意义、作用就有一些议论，有报道说拿到奖学金的学生中许多人把它用于请客、平衡同学关系上，并因此平添了许多烦恼，这就背离了奖学金设立的初衷。在发放助学金和开展勤工助学方面，也有相当部分地区和学校尚不能尽如人意，许多"特困生"并未能真正解除后顾之忧。如何使奖学金、助学金与勤工助学在新的学生资助制度中更好地发挥各自的作用，这也是目前人们十分关注的一个问题，对此您有什么看法和建议？

赵中建：我认为，在奖学金方面主要可考虑两方面的内容。第一，获奖面不宜过大，而奖学金款额可适当高一些。至于"高"多少也要适度。我们有的学校的优秀生奖学金一年可达6000元，甚至有高达10000元的优秀生奖学金，仅此一项就远远超过一个本科生一年所需的全部教育、生活费用。即使在美国，一个学生享受到的全部学生资助总和（包括政府奖学金、助学金、学生贷款以及工读计划收入）也不得超过政府规定的"教育费用"标准，即学生每年在校期间学习和生活所必需花费的最低标准。第二，从长远发展看，政府的学生专业奖学金和定向奖学金应统一由学生贷款替代，服从派遣或自动去某些特定行业或地方工作的毕业生可免于偿还贷款。这样做有利于促使学生履行原来专业或定向奖学金所规定的义务。

助学金曾是我国几十年来资助高校学生的最主要形式，在奖学金面小且明确奖励最优秀学生的前提下，新的学生资助制度的框架中仍有必要设立助学金，以便根据一定的规程资助经济状况低于一定水平的学生，并尽可能地保证每一个通过正常程序升入高等院校的学生有相对公正的受教育的机会。从国际经验看，助学金虽已不是最主要的资助形式，但在奖学金和学生贷款外设立助学金仍是较普遍的做法，而大部分西欧国家的学生资助系统仍主要由助学金和学生贷款组成。从我国的实际情况看，助学金的主旨在于资助贫困学生完成学业，而由于地区差别、城乡差别，贫困的标准不可能是划一的，对此可根据实际情况由学校酌情安排。

最后是关于勤工助学的问题。学生课余或假期打工以弥补经济之不足或作为了解社会锻炼自己的方式之一，在国外较为普遍，但将勤工助学作为政府的一项计划纳入学生资助制度则不很多见。美国的联邦工读计划为一例。在我国，勤工助学近几年来发展迅速，而且得到政府的大力支持，国务院已从总理基金中拨出人民币一个多亿以建立勤工助学基金，各地政府也相应地拨出一部分经费用于勤工助学。问题在于，目前勤工助学的发展往往还是一种无序的、非规范化的行为，尽管有一些机构如团组织在牵线搭桥。为了使勤工助学能有序发展，迫切需要制定一套有关的条例，如对大学生勤工助学的时间、工作性质等细节作出规定，对企事业提供的工作条件、报酬等也应明确。而政府的或学校的勤工助学计划，应首先考虑那些经济困难、确需帮助的学生（如美国的联邦工读计划就优先考虑那些因经济困难而享受助学金的学生），从而使这种计划成为我国学生资助制度的一个重要组成部分。

记者：自首批高校收费生入学以来，始终是传媒追踪报道的热点，其直接结果是引发出不少企业和个人的热心之举，愿为节衣缩食的学子们分担后顾之忧。但这些充满爱心的捐助行动，对于大量家庭经济困难或比较困难的学生来说，毕竟是杯水车薪，更为理性的和根本的措施还是建立和施行一套完备的、适合我国实际的学生资助制度，其中学生贷款由于其受益面大，不至于给国家和社会造成更大的负担，同时也有利于被资助者的心理平衡，因而最为可行。通过您详细而深入的阐释，我们对学生贷款的方方面面及国外的有关情况可以说有了一个大致的了解。相信您的研究会对教育决策部门以及从事这项工作的同志提供一些新的思路，并推动我国学生资助制度的全面建立和使之更加完善。谢谢。

（本文原发表于《教育研究》1995 年第 7 期）

附录 | 高校学生资助研究著述之目录

一 | 发表之论文

1. 《也谈美国高校学生贷款》，《教育与经济》1993 年第 4 期。
2. 《学生贷款中的"隐性补助"》，《高等教育研究》1994 年第 2 期。
3. 《学生贷款中若干问题的比较研究》，《外国教育资料》1994 年第 3 期。
4. 《英国的学生贷款》，《国外高等教育》1994 年第 3 期。
5. 《新加坡的学生贷款》，《国外高等教育》1994 年第 3 期。
6. 《美国的现行学生贷款制度》，《比较教育研究》1994 年第 4 期。
7. 《试论我国高校学生资助制度的改革》，《电力高等教育》1994 年第 4 期。
8. 《学生贷款偿还方式的比较研究》，《高等师范教育研究》1994 年第 5 期。
9. 《牙买加的学生贷款评述》，《外国教育资料》1994 年第 6 期。
10. 《亟待建立新的学生资助制度》，《现代教育论丛》1994 年第 6 期。
11. 《学生贷款在国外》，《中国教育报》1995 年 1 月 2 日第 2 版。
12. 《关于完善学生资助制度的思考》，《中国教育报》1995 年 1 月 11 日第 3 版。
13. 《加纳学生贷款计划评述》，《外国教育资料》1995 年第 1 期。
14. 《何不贷款上大学？——建立高等教育学生贷学金制度的探索》，《社会》1995 年第 5 期。
15. 《国外大学收费与学生资助》，《社会》1995 年第 5 期。
16. 《学生贷款中拖欠偿还问题的比较分析》，《江苏高教》1995 年第 5 期。
17. 《关于高校学生资助制度改革的理论思考——赵中建博士谈学生贷款及其实施》，《教育研究》1995 年第 7 期（《教育研究》记者韦禾专访）。
18. 《高等学校收费问题的比较研究》，《外国教育研究》1996 年第 5 期。
19. 《学生贷款的拖欠偿还及偿还方式之比较研究》，《教育研究资讯》（台湾）1997 年第 2 期。
20. 《美、英、法、印教育经费筹措的比较》，《比较教育研究》1993 年第 3 期。
21. 《英国高等教育财政的个案分析——伦敦大学教育学院的财务制度》，《上海高教研究》1993 年第 2 期。
22. 《澳大利亚高等教育财政浅析》，《外国教育资料》1998 年第 6 期。

二 | 书中之章节

1. 亟待建立新的学生资助制度，郝克明主编：《市场经济与教育改革》，广西教育出版社，1996 年。
2. Fee-paying for higher education: a significant reform，《高等教育研究在中国》编委会主编：*Higher Education Research in China*，华中理工大学出版社，1997 年。
3. 中国高校的学生资助制度，上海市教育科学研究院智力开发研究所编：《面向 21 世纪的中国教育：全球视野中的新挑战与展望》，广西师范大学出版社，1998 年。
4. 学生贷款在国外，中国教育报国际部编：《打开世界教育之窗》，人民教育出版社，1998 年。

三 | 出版之著作

赵中建著：《高等学校的学生贷款——国际比较研究》，四川教育出版社，1996 年。

联合国教科文组织文献研究

专题 三

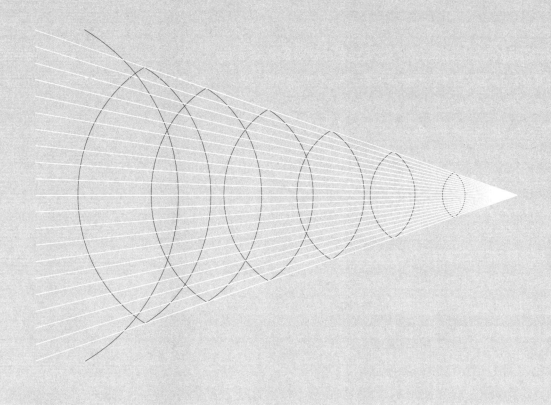

引 言

在20世纪90年代后半期直至21世纪初,在我国教育界流行着一套影响颇为广泛的书,即由教育科学出版社出版之"联合国教科文组织教育丛书",最初包括《教育——财富蕴藏其中》《从现在到2000年教育内容发展的全球展望》《学会生存——教育世界的今天和明天》和《教育的使命——面向二十一世纪的教育宣言和行动纲领》四本书。前两本译著此前已由教育科学出版社单独出版,而《学会生存——教育世界的今天和明天》最初由上海译文出版社于1979年10月出版,后经与译文出版社协商,将其中文出版权无偿转让给教育科学出版社,一并纳入丛书出版。《教育的使命——面向二十一世纪的教育宣言和行动纲领》(1996年)则非教科文组织的原著,而是由我在众多国内外人士的帮助下汇集国际社会在90年代前半期召开的诸多国际会议通过的宣言和行动纲领而成,且《教育的使命》之书名得益于时任教科文组织副总干事科林·N·鲍尔(Colin N.Power)博士为本书专写序文之标题"Mission of Education"。

1995年2月7日,我在《中国教育报》发表了短文《全民教育的国际努力》,简要介绍了当时在国际社会颇受重视但尚未引起国内教育学界关注的"全民教育"之概念及其国际努力。正是在此后重读此文时萌生了编辑《教育的使命》一书之念头,并协助由时任教育部副部长的韦钰博士出版"联合国教科文组织教育丛书",而我则开始了自己的"联合国教科文组织文献研究"。今天重读《全民教育的国际努力》之短文,尽管其仅仅提供的是一种动态信息而非学术性研究,但仍倍感亲切。此处辑入的《实现全民教育 迎接全球挑战——访联合国教科文组织副总干事鲍尔博士》一文,系在鲍尔博士为《教育的使命》一书所写序文的基础上,经其同意以专访形式首先在《外国教育资料》(现更名为《全球教育展望》)杂志上予以发表,这也成为该杂志"专家访谈"栏目的开篇之作。鲍尔博士在此次专访中以"全民教育"为核心概念,串联起20世纪90年代颇受国际社会关注的"改善环境、应对人口增长、确保可持续发展"三大全球性挑战,并对教育尤其是全民教育在应对挑战中的作用作出阐释——"不仅仅是一种权利,而且还是一种极为重要的必需"。"学会共存"(learn to live together)的直接提出并开始为人们所熟悉,源于以德洛尔(Jacques Delors)为主席的国际21世纪教育委员会在1996年向联合国教科文组织提交的《教育——财富蕴藏其中》报告。该报告提出了"学会求知""学会做事""学会生存"和"学会共存"等"教育的四个支柱",并认为前三个支柱是"学会共存"的"基本因素"。学会共存意味着"教育应使每个人都能够通过对世界的进一步认识来了解自己和了解他人……教育不但应致力于使个人意识到他的根基,从而有助于他确定自己在这个世界中的位置,而且应致力于使他学会尊重其他文化……对其他文化的了解可以使人们产生双重意识:不但意识到自己文化的独特性,而且意识到人类共同遗产的存在"。而2001年9月5—8日,主题为"全民教育与学会共存"的第47届国际教育大会把联合国教科文组织近年来对"学会共存"的倡导推向一个新的高潮。本专题辑入的《"学会共存"——国际社会关注的教育新理念》一文对"学会共存"产生的历史根基和时代背景以及实现"学会共存"的教育途径进行了较为充分的阐述,有助于对这一国际教育新理念的理解和认识。《一部教育政策发展史——〈国际教育大会60年建议书〉序文》一文由笔者主译的《全球教育发展的历史轨迹——国际教育大会60年建议书》一书的译者前言和几篇序文组成，对该书的形成过程及其特点作了简要说明，认为"这是一部国际教育政策发展史，一部由'国际教育大会'自1934年提出的第1号建议至1996年第80号建议（宣言）组成的历史，是对国际教育发展的世纪回顾"，其内容特点具有广泛性、延续性、时代性、国际性和完整性。这一60年建议书的汇集，颇受联合国教科文组织及其国际教育局的关注和赞誉："像华东师范大学所作的这种努力，将正在发生的教育国际辩论之信息传递给大家并促进这种辩论的指导意义，不仅值得称道，而且甚为及时。""这一出版物可以看作是对60多年来教育政策演进的一种叙述。"

在网络技术之发达远不如今天的20世纪90年代，如果没有国际友人的支持、帮助和鼓励，我要完成这一系列研究是完全不可能的。仅在《教育的使命》一书的资料收集过程中，就有联合国教科文组织各部门的近10人与我通讯联络，提供资料。前有教科文组织副总干事鲍尔博士为《教育的使命》撰写序文，后有国际教育局的前后两位执行局长为《全球教育发展的历史轨迹》撰写中文版序文。谨对这些国际友人的帮助表示感谢！

正是在不经意间写就的《全民教育的国际努力》短文，却成就了我与"联合国教科文组织文献研究"的不解之缘，其研究发展脉络如下图所示：

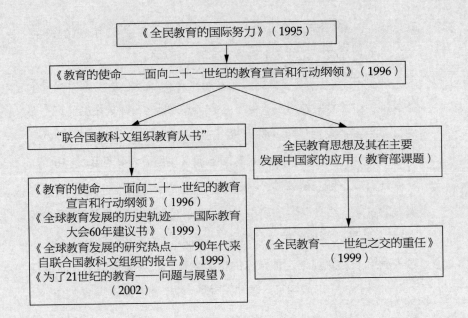

最后还须说明一下的是，原本列入出版计划且已略作准备的《全球化与基础教育课程改革——来自国际教育局地区性会议的报告》一书，却因"念想"太多和其他事情而遭耽搁，未能出版，至今想来仍倍感遗憾。

全民教育的国际努力

1990年3月,由联合国开发署、联合国教科文组织、联合国儿童基金会和世界银行共同发起,在泰国宗迪恩召开了世界全民教育大会,并发表了宗迪恩宣言和行动纲领,要求世界各国在2000年前扫除文盲并使全体儿童接受五年的基础学校教育,从而在世界范围揭开了全民教育的序幕。自此以来,国际社会已从道义上和物质上为实现全民教育的目标作出了空前必要的努力。首先,联合国将1990年定为"国际扫盲年"并发表了致力于扫盲教育和运动的《乌兰巴托宣言》。尔后举行的一系列最重要的国际会议都将全民教育作为主要议题之一,或者专门为全民教育而召开。如1990年9月在联合国总部召开的世界儿童首脑会议在其《儿童生存、保护和发展世界宣言》及实施该宣言的行动纲领中都专门论述了全民教育之目的,认为在目前一亿儿童(其中三分之二为女童)未接受任何基础教育的情况下,"基础教育和全民扫盲的规定是可以为世界儿童发展作出的最为重要的贡献之一",并提出了为实现全民教育目标而必须采取的五条具体措施。它们是:(1)扩充幼儿早期发展的活动;(2)普及基础教育,包括至少让80%的学龄儿童小学毕业或达到相应的学习成绩,尤其注意减少目前存在于男女儿童之间的差距;(3)减少一半的成人文盲,尤其是女性文盲;(4)职业培训和为就业作准备;(5)通过所有的渠道包括现代的和传统的交流手段,增强知识、技能和价值的获得,以改善儿童及其家庭的生活质量。

联合国教科文组织、联合国儿童基金会以及联合国人口基金会联合发起,于1993年12月在印度首都新德里召开了九个人口大国全民教育首脑会议。世界70%多的文盲和50%多的失学儿童集聚在这九个人口大国，因而全民教育的任务在这些国家显得尤为艰巨，而"这次首脑会议是在这九个国家推动教育事业的一次独特的机会"。出席会议的九国领导人在《德里宣言》中庄严声明："我们，九个人口众多的世界发展中国家的领导人在此重申：我们保证以最大的努力和决心去实现世界全民教育大会和世界儿童首脑会议在1990年提出的目标，普及初等教育并扩大儿童、青年和成人的学习机会，以满足我们人民的基本的学习要求。我们充分意识到，我们九国的人民共计占世界人口的一半以上，因而我们的努力取得成功是全球实现全民教育目标的关键所在。"宣言最后还呼吁"各国社会与我们一起重申承担实现全民教育目标的责任，并积极努力在2000年或尽可能提前实现这一目标"。

1994年6月由联合国教科文组织和西班牙政府联合主办、在西班牙萨拉曼卡召开的世界特殊需要教育大会通过了《萨拉曼卡宣言》及其行动框架，提出了"全纳学校"这一崭新的"全纳观点"，并郑重申明"每一个儿童都有受教育的权利，也必须给予机会使其达到并保持一个可接受的水平；每一个儿童都有独特的特性、兴趣、能力和学习的需要"。儿童的特殊教育需要为"全民教育的努力提出了一种更深刻的影响"。出席此次会议的代表来自88个国家和25个国际组织。

1994年9月5日至13日，由联合国牵头并有150多个国家的代表参加的国际人口与发展大会在埃及首都开罗召开。会议的行动计划在教育方面特别强调了普及初等学校教育和扫除文盲的必要性以及职业培训和消除男女性别不平等的必要性，特别关注基础教育、人口和社会发展三者之间相互依赖的关系，并呼吁各国确保尽可能快地实现初等教育普及，在2015年前切实关注教育质量的提高和采取有力措施防止学生尤其是女童的辍学。联合国教科文组织1994年底出版的《全民教育的现状和趋势》以此关系为主题，专门讨论了"人口动态对基础教育的影响""基础教育对人口动态的影响"以及"基础教育、人口和发展之间的相互影响"三大内容，可以说是开罗会议讨论的主题之一的继续。

此外，1995年3月在丹麦哥本哈根召开的社会发展世界首脑会议，以及9月在中国北京召开的第四届世界妇女大会，都将把全民教育作为主题之一而予以讨论。

联合国教科文组织作为全民教育的主要发起组织之一，除了参与各次重要的国际会议外，还积极出版发行有关的图书杂志。目前的主要出版物有："使全民教育有效革新丛书"，该丛书自 1993 年问世以来已出版了五本小册子，分别论述了智利、孟加拉、印度、马里以及拉美的特立尼达和多巴哥共和国五国在实现全民教育方面作出的具有创新性的努力。已连续两年（1993 年和 1994 年）出版的《全民教育的现状和趋势》，侧重从一些综合的指标反映发展中国家全民教育方面的情况，如 1993 年该书通过净入学率、至四年级的升级率、师生比、识字率和男女识字之差等指标就基础教育对 87 个发展中国家作了排序；而 1994 年该书则以"教育、人口和发展"为主题，着重讨论了三者之间的相互关系和影响，因而涉及了除教育外的其他一些指标体系，如人口出生率、估计寿命、五岁以下之死亡率、初次结婚之年龄、女性就业之百分比、人均 GNP 等。作为季刊发行的《2000 年全民教育》通讯及时反映世界各地有关全民教育的最新动态、会议信息、文献出版等，每期都有一个主题内容，如 1993 年和 1994 年各期的主题依次为："媒介工具""难民教育""女童和妇女教育""全民教育论坛""拉丁美洲的全民教育""特殊教育的新观点""教育、人口和发展"以及"支持非洲的积极性"等。

（本文原发表于《中国教育报》1995 年 2 月 17 日第 2 版）

实现全民教育 迎接全球挑战
——访联合国教科文组织副总干事鲍尔博士

科林·N.鲍尔博士是联合国教科文组织负责教育事务的副总干事,具有国际教育战略眼光,经常来华进行工作访问和视察并多次参加各种教育会议,对我国的教育发展和改革给予高度的评价。鲍尔博士最近撰写了《教育的使命》一文,着重阐述"全民教育"这一全球性课题。鲍尔博士不仅首肯本刊以专访形式予以发表,而且称这是他的"一种荣誉"。

赵中建: 在世纪末的今天,我们越来越看到我们的世界面临着种种挑战或者说是困境,尤其是环境、人口和发展的挑战。90年代初一系列重大国际教育会议及与教育主题相关会议的召开就说明了这些挑战的严重程度。

鲍尔博士: 是的。20世纪即将过去,20世纪将作为人类掌握自身命运的时代而被载入史册。在早先的几个世纪中,人们同他们所发现的那个世界打交道。但在我们这个世纪中,我们必须同我们所形成的这个世界打交道。这是一种优势抑或是一种不利条件?我认为这取决于我们自己,尤其取决于我们使全民教育成为实际现实(practical reality)之行动的有效性,而不仅仅是一种口号。

改善环境、应对人口增长、确保可持续发展是三种巨大的挑战。如果我们准备迎接这些挑战,我们显然就需要培养世界公民(world citizens)。世界公民对此既要有充分的了解,也要充分负责地尽早采取行动。

首先,让我们看一下环境的问题。仅谈论"自然环境"确实已不再准确,因为自然过程已极大地受到人类干预的影响。当然,自文明开始以来,人类一直为能控制自然而斗争。人们从古代中国的江河流域——文明的摇篮——可以清楚地看到这一点，人们在这里重新构画了一幅壮丽的蓝图以便更好地满足经济和社会的需要。但是人类力量的影响，在今天比历史上的任何时候显得更微妙而且范围更大。确实，我们对环境的影响经常与我们的初衷相距甚远。例如，全球变暖，并不是任何单一行动的结果，而是增多了的工业活动以及对矿物燃料日益依赖的结果。矿物燃料维系着这些工业活动，但其中所涉及的化学过程是捉摸不定的而且仍未被充分地了解，它们的后果可能是严重的。确实，随着海平面的上升，地球的表层可能会得到改变：一些国家或许会完全消失，而许多其他国家将被水淹。

改善环境而不仅仅是维持环境，是用词上的明智选择。在世界上许多大城市，维持目前的状况是要导致公众健康的灾难。我们必须不仅仅停止对环境的犯罪，还必须设法（只要可能）消除已经造成的伤害以便恢复原状。

至于人口问题，挑战的程度同样是巨大的。婴儿死亡率的显著下降和预期寿命的延长带来的是世界人口的剧增。世界人口在 1950 年估计为 25 亿，但据预测到 2000 年将达到 63 亿。这些数据促使人们思考一下，世界人口每小时增加 10000 余人，每天增加 250000 人，每年增加 1 亿人。人们不必成为危言耸听者就能看到，我们星球有限的空间和资源不可能长期维系着目前这样的人口增长率。如果我们考虑的挑战不仅仅是维持生活而是集中注意在所能提供的生活的质量，这种状况就会更显麻烦。我们的目标决不是建造一种能维持最多数量的人的居所，而是向每一个人不断提供丰富且有报偿的生活，一种不仅能满足生存所需的物质要求而且能满足精神和艺术需求的生活，而精神和艺术的需求最终又使生活更有意义更有价值。

就可持续发展而言，它是一个难点，意味着我们作规划不是为了一年甚或十年，而必须无终止地为了整个世界。当然，我们必须寻求改善了的技术和新的行动手段，但技术必须不应被认为是某种解围之神（deus exmachina），即它可使我们摆脱或许是由我们造成的困境。简而言之，我们必须承受环境的脆弱性和人口增长的压力，必须设想并构造一种不仅是可持续的而且是可预见的并能实现的生活方式。我们怎样来迎接这些巨大的挑战呢？

赵中建： 那么在迎接这一全球性的挑战中，教育，尤其是基础教育，究竟能发挥什么样的作用？或者说如何来发挥它的作用？

鲍尔博士： 首先可以明确的是，教育是现代社会进步和变革的动力，这是一个简单而又深刻的真理。我们的全球社会所不能浪费的一种资源，就是人类的智力、创造力和想象力。我们的世界几乎不能承受近10亿的成人文盲和1亿多年龄在6~11岁的失学儿童这一现状。如果我们要找到足以解决这些令我们困惑的严重问题的各种方法，我们就必须动员每一个人并使他们具有充分的意识。从这一角度来看，全民教育就不仅仅是一种权利，而且还是一种极为重要的必需。

教育以某种融合才能和知识的工厂形式服务于社会。如果没有综合的教育制度，以及成为过去几十年标志的科学和技术的进步就不可能得以实现。尽管一些才能超群的个人起着领导的作用，但由一些行为古怪的天才在阁楼中和地下室里创造科学进步的日子早已不复存在。在现代社会，科学和技术是迫切需要成千上万个各种天才的宽广领域，因此就需要教育系统来培养明天的科学家和技术专家。由于科学和技本推进着知识的前沿，教育必须紧步跟上。提及科学和技术的惊人进步时自然会使人们想到研究机构和大学，但我们必须牢记，造就明天的科学家的这一"生产线"延伸至小学和幼儿园。这样，解决这类问题的方法在一定程度上依赖于更好地理解新知识，依赖于一个国家从最高点到最基础的教育制度的有效性。

然而，教育并不仅仅通过或者说并不主要通过增进知识使我们解决社会和经济问题。许多个世纪以来，我们的教育制度以及作为整体的社会是以排斥原则（principle of exclusion）为基础的。教育是为少数人服务的，而愚昧则是大多数人的事。随着通讯和交通发展，我们既有能力支付教育又有能力维持教育，这已成为现实。在一种非常确切的意义上，我们大家在全球村中互为邻居。无论我们是否愿意如此，我们不可避免地要分享各自的欢乐和痛苦。在将一种强制的关系转变为一种共同体的意识的过程中，教育是可供我们自由支配的为数不多的手段之一。

如果我们不增强对我们生活在一个全球共同体中——即我们分担责任并共

享相同的命运——这一事实的意识，我们社会所面临的许多问题就可能无法得到解决。需要的不仅仅是一些新的方法和新的了解，还必须有——的的确确是最重要的——应用可获得方法的共同的目标意识和努力。这种相互负责的意识对我们共同的幸福至关重要，如何才能使它得到宣传和发展呢？

发展这种全球共同体的意识难道不是基础教育最重要的作用吗？是的，"共同体"在基础教育中不是一个共同的科目。但我们都知道，学校所教的和学生所学的东西之间通常存在着相当的差异。学校教授阅读、写作、数学、基础科学以及其他许多科目。但是除了一系列科目外，学生还要学习的是，他们是社会的参与者。在年幼阶段，儿童对社会或社区的意识或许主要局限于村庄或邻居，但是参与的观念——参与或承担一部分集体的责任——一旦获得，这种观念就会扩展至县、地区、国家以及最终至全球社会。

正是在这一意义上，我看到了基础教育的作用——作为加入具有共同关心问题和责任的社会的一种仪式，而且正因为此，我才如此看重基础教育的重要性。学校和成人识字中心是所有社会中最具普遍性的机构，它们通常是最初进入学习世界的场所。学校和成人识字中心向学习者提供无穷的自我改善和社会进步的可能性，这种观念是基本一致的。为了带来变革，人们必须首先相信，变革确实是可能的，我们的世界不是凝固的，而是不断处于进步之中。对于一个以所有人的参与为基础的社会来说，全民教育是一个前提条件。如果没有参与，没有参与所引起的一致和相互负责的意识，事实将证明我们的社会与我们将面临的巨大挑战是不相符合的。

赵中建： 在80年代末以来的世界发展中，包括中国在内的许多国家都在实行经济体制的转轨，它对教育产生了重大影响。在这种新的形势下，基础教育仍能发挥其应有的作用吗？

鲍尔博士： 我认为在教育制度中尤其在涉及基础教育的培训中，引进一定程度的市场导向不仅是必要的，而且也是不可避免的。但幸运的是，在为工作而教育和为生活而教育之间并不存在内在的矛盾。良好的基础教育不仅仅是为更广泛的生活目的而作的最好准备，它同样是为劳动世界而进行的最好教育。阅读、计算和交往的能力是有效参与现代经济的先决条件。在我的国家（澳大利亚）以及世界其他国家，雇主们对学校制度日益提出的要求不是专门化的职业培训，而是牢固的基本技能。正是这些技能以及在获得这些技能的过程中所形成的态度，成为未来的所有教育和培训的基础。因此，在重视对所有人提供高质量的教育时，我们既对市场经济的有效性也对社会的生活质量作出了贡献。正是这一原因，那些致力于经济迅速增长的国家正给予教育以更多的投入。在竞争日益激烈和日益以知识为基础的全球经济中，全民的高质量基础教育是终身学习和工作的基础，而先进的技能和新的专业领域需要建立在这一基础上。

起中建：全民教育自1990年由世界全民教育大会正式提出至今已有多年。那么，普及初等教育和扫除成人文盲这一全民教育的最根本目标在世界范围内已在多大的程度上得到了实现？

鲍尔博士：全民教育多年来一直是联合国教科文组织优先项目中的优先。如果不是这样，情况又会如何？在我们这一知识的时代，教育对于有效地参与社会是绝对必要的条件。我们正在做什么？

我很高兴地说，全民教育正在逐渐成为一种全球的现实。当教科文组织第一次收集20世纪50年代文盲的统计资料时，每五个成人中有两人是文盲。但40年后的今天，每五个成人中约有一人为文盲。在这40年中，进入中小学就读的儿童人数已经增加了四倍，从50年代初的约2.5亿儿童上升至今天的近10亿儿童。这一进步应归功于各国政府和非政府组织的努力，归功于使这一进步成为可能的成千上万甘于奉献的教育工作者的努力。我应该指出，中国在这一面向全民教育的运动中一直走在前面。在过去的40年中，中国的整个教育制度确实得到了重建，而教育又重建了中国的社会。

当然，仅仅指出这种进步是远远不够的，据估计在发展中国家仍然还有1.29亿儿童甚至未上过小学。尽管这种状况正在慢慢得到改善，但发展中国家的教育制度对女童的服务尤为落后：女童的入学率占全部入学人数的比例在小学阶段为45%，中等教育阶段为42%，在第三级即大学阶段为38%。这是一种既非常不幸又相当危险的状况。为了降低生育率并最终减少人口的压力，教育女童和妇女是我们所拥有的最有力的手段。教育一位母亲也就是确保她的家庭的教育。这是我们扫除文盲及其代代相传的恶性循坏所拥有的最有效的手段，是留给后世各代的一种识字和教育的遗产。因此，改善女童和妇女的教育，必须依然是国际社会的一项优先项目，而中国在这一领域中正在取得显著的进步。

实现全民教育目标依然是一项巨大的挑战。这是我们对实现既公平又可持续的发展这一更大挑战作出的最好也是唯一有效的回应。总之，全民教育是一项已经来临的事业。

（本文原发表于《外国教育资料》1996年第3期）

"学会共存"
——国际社会关注的教育新理念

一 | 引言

2001年9月5—8日，以"全民教育与学会共存"为主题的第47届国际教育大会在国际教育局总部日内瓦召开，从而把联合国教科文组织近年来对"学会共存"[1]的倡导推向一个新的高潮。

"学会共存"的直接提出并开始为人们所熟悉，源于以德洛尔为主席的国际21世纪教育委员会在1996年向联合国教科文组织提交的《教育——财富蕴藏其中》报告。[2]该报告提出了"学会求知""学会做事""学会生存"和"学会共存"等"教育的四个支柱"，并认为前三个支柱是"学会共存"的基本因素。学会共存意味着"教育应使每个人都能够通过对世界的进一步认识来了解自己和了解他人……教育不但应致力于使个人意识到他的根基，从而有助于他确定自己在这个世界中的位置，而且应致力于使他学会尊重其他文化……对其他文化的了解可以使人们产生双重意识：不但意识到自己文化的独特性，而且意识到人类共同遗产的存在"。其途径在于本着尊重多元性、相互理解与和平之价值观的精神，在开展共同项目和学习管理冲突的过程中，增进对他人及其历史、传统和精神价值的了解以及对相互依存问题的认识，从而实现学会共存的目的。

二 | 学会共存的历史根基和时代背景

"学会共存"理念的产生,既有它的历史根基,又有它的时代背景。早在1925年,当第一次世界大战及其所造成破坏的苦涩记忆依然徘徊在人们的脑际时,另一个冲突的阴影却已在地平线上闪烁。建立一个便于人们更紧密地接触及和平共处的教育服务机构的需要,比以往任何时候都显得更为迫切。国际教育局就是在这种对和平的希望与对战争的恐惧相互交织的背景下诞生的。[3] 国际教育局和联合国教科文组织召集组织的国际教育大会成为以后讨论和发展国际理解教育的主要论坛。国际理解教育、和平文化、学会共存,既是"学会共存"这一国际教育新理念的发展脉络,基本上又属于同义语。

学会共存的形成与发展

国际教育大会在其通过的大会建议中,多次直接涉及国际理解教育的主题,如1948年第11届会议通过的《青年的国际理解精神的培养和有关国际组织的教学》第24号建议书,1949年第12届会议通过的《作为发展国际理解工具的地理教学》第26号建议书,1968年第31届会议通过的《作为学校课程和生活之组成部分的国际理解教育》第64号建议书,1994年第44届会议通过的《国际理解教育的总结与展望》的宣言(第79号)等。[4] 这些建议书和宣言的基本内容或特点,就是希望通过各级教育和各科教学,使学生学会对他人和其他文化的欣赏、尊重、理解和宽容,以促进国际团结与合作。请看如下引文:

● 当前教育的主要目的之一,是使儿童和青少年作好准备,能有意识地积极参与建设一个多元、和平、安全及人人享有更完满生活这一共同目标的世界社会。

● 所有教学应有助于学生认识和理解国际团结。

● 所有教育机构的生活安排,应有助于培养学生的责任感和社会合作精神,这是各国人民之间更好地相互理解所必需的。

● 由于这种教学是新颖且复杂的,要求头脑的知悉和心灵的感悟,因而教师本人要有国际理解的精神并受到专门的培训,以使其胜任作为整个教育必不可少的这部分的教学,不论这种教学是直接的还是间接的。

——引自第 24 号建议书

● 认为《世界人权宣言》倡导了教育"应促进所有国家、种族或宗教团体之间的理解、宽容和友谊,并应促进联合国为维持和平而采取行动",并认为世界上许多地方的人民正目睹和经受着苦难和屈辱是由于违背人权所造成的。

● 认为联合国《促进青年和平理想及人们相互尊重和理解的宣言》肯定了"所有的教育手段,包括父母或家庭给予的重要指导以及旨在为青年人提供的教育和信息,都应培养青年人具有和平、人道、自由和国际团结以及所有其他能使各国人民相互理解的观念,让他们熟悉联合国维持和平和促进国际理解与合作的职责。

● 认为有必要把这些原则转变为实际行动,突出人的道德价值和他在尊重人的尊严的基础上为更美好的生活而奋斗的权利。

● 认为国际理解教育的目的不仅仅是传授知识,而且应致力于发展有利于国际理解和尊重人权的态度和行为。

● 教育应增进国际团结和对世界各国人民及民族之间相互依存的理解。教育应指出在处理世界问题上国际合作的必要性,应阐明所有的国家,不论它们在政治制度或生活方式上有何不同,都应有义务和兴趣为这一目标而合作。

● 中小学课程中的大多数科目为国际理解的教学提供了机会……学校应提供这样一种氛围,即学校内的任何成员都能获得对所有人予以公正、无私、宽容、尊重的素质。

● 国际理解教育应作为学校学习的有机组成部分而予以计划和落实,每一学科都应通过有效的方式促进形成这一持续有效、协调发展的系统。

——引自第 64 号建议书

和平文化的创建,始自 1974 年联合国教科文组织第 18 届大会通过的《关于教育促进国际理解、合作与和平及教育与人权和基本自由相联系的建议》，即著名的"1974年建议"。教科文组织以后多次召开了类似主题的会议，而1989年在亚穆苏克罗召开的人们思想中的和平国际大会（International Conference on Peace in the Minds of Men），提出了一个新的目标，即发展一种以所有文化所认可的价值观为基础的"和平文化"（culture of peace），以便"成功地实现从战争文化向和平文化的过渡"（联合国教科文组织前总干事马约尔语）。此后，有关和平文化的思想在1994年国际教育大会第44届会议上得到充分的讨论。会议以"国际理解教育的总结与展望"为主题，讨论的中心内容是"为和平、人权和民主的教育"，希望"通过全民教育促进和平、人权和民主的文化……为相互理解和宽容而教育"，并通过了"为和平、人权和民主"的大会宣言和教育综合行动。

和平文化是一种广泛的、多层面的和总的概念。它"意味着要有各种文化、意识形态和信仰之间的相互尊重和相互接受的精神。和平文化是信念的集合体，是一种道德，一种个人和集体的精神状态，是一种为人处世和作出反应的方式"。"和平文化是体现并依据以下各点的一整套伦理价值、美学价值、风俗习惯、对他人的态度、行为和生活方式；尊重生命，尊重人，尊重人的尊严和权利；摒除暴力；承认男女权利平等；热爱民主、自由、正义、团结、宽容，接受民族间和国家间、种族、宗教、文化、社会群体之间及个人之间的差异和谅解的原则。"（马约尔语）[5]因此，如果教育根植于全球的民主的文化之中，教育是可以确保和平的；而通过教育，可以改变过去那种"只教权力史而不教知识史，只教战争史而不教文化史"的局面。为此，联合国教科文组织在重新界定教育使命的基础时，毫不犹豫地提出了为最终实现真正的世界公民的目标而必须予以强调的如下方面：（1）培养和平、人权和民主的具体实施过程中所依赖的价值观念；（2）不能再只是强调认知学习，还要强调情感和行为学习；（3）学做世界公民，是以把共同的价值观念和知识应用于实践为基础的。[6]

正是在国际理解教育与和平文化概念的基础上，学会共存作为教育的一个"支柱"而被国际21世纪教育委员会正式提出，从而成为21世纪国际教育的新理念，成为联合国教科文组织未来的优先领域之一。

学会共存形成的时代背景

第二次世界大战的爆发导致了人们理想的破灭，但随着战争的结束，人类的信仰在那些希望通过教育实现和平的人们的心中再次升起。基于对教育在争取和平和维护世界和平过程中的重要作用的认识，联合国教科文组织在 1946 年得以成立，并在其首届全体大会上确立了国际理解教育的构想。教科文组织的组织法对它的道德使命作了这样的描述："既然战争起始于人的思想，所以必须在人们的思想中树立起保卫和平的信念。"教科文组织在其发起的各种项目中，奠定了国际理解教育的基础，而这一理想的轮廓在 1948 年日渐清晰，是年召开的国际教育大会通过了充分体现国际理解教育理念的《青年的国际理解精神的培养和有关国际组织的教学》建议，而以后国际教育大会又多次将国际理解教育或与国际理解教育相关的内容定为会议主题。

和平文化得到积极倡导的年代，正是世界发生剧变的年代。"柏林墙推倒了，集权主义退却了，地理政治地图重新画过了，新技术诞生了。然而与此同时，穷国与富国之间的差距拉大了，贫穷在大城市蔓延，战争的幽灵也已出现。"[7] "1989 年苏联的解体翻开了历史的一页；但是反常的是在过去几十年的冷战结束后，世界却变得更加复杂和不安定，而且可能更加危险。过去，可能是冷战长期掩盖了国与国之间、民族与民族之间和宗教团体之间的各种潜在的紧张关系。而如今，这些紧张关系均将重新暴露出来，成为动荡的起因或公开冲突的原因……这是 20 世纪末的特点之一，它打乱了世界的意识，并要求全世界进行深刻的反思。"[8] 为此，出席国际教育大会第 44 届会议的代表们认为要：（1）深深关注暴力、种族歧视、仇外情绪、寻衅的民族主义以及违反人权的现象，关注宗教的不宽容和以各种形式出现的恐怖主义，并关注日益扩大的富国与穷国之间的差距。这些现象威胁着各国和国际的和平与民主的巩固，而且还阻碍着发展；（2）相信教育政策必须有助于增进个人之间及种族、社会、文化和宗教群体与主权国家之间的理解、团结和宽容；（3）相信教育应该促进尊重人权和积极承担维护人类权利并有助于建设一种和平与民主之文化的知识、价值观、态度和技能等。[9]

全球化已经成为我们这个时代的最典型特征，而学会共存则是伴随全球化而产生的一种新的教育理念。全球化首先反映在经济领域，它形成了一个世界范围的、以金融市场为龙头的经济市场。一些人指出了全球化潜在的积极作用，如市场开放无国界、贸易的扩大、资本的增加等，因而他们大力鼓吹和倡导全球化。另一些人则强调了伴随全球化而来的风险，如市场崩溃、经济主导政治、贫富差距的日益扩大、"市场社会"取代"市场经济"、国家在公共政策领域中调节作用的弱化等，因而全球化也遭到一些力量和人士的强烈反对，不久前发生在热那亚八国首脑会议的抗议活动使近年来西方反对全球化浪潮达到顶峰。

全球化给国际社会和各国人民带来的不仅仅是经济上的影响，而且也给人类带来了不同文化、传统、伦理等方面的矛盾和冲突，反映出世界面临着文化统一性的威胁，威胁着文化的多样性，其结果还将导致人们在崇尚自己文化独特性和民族性的同时，产生对其他文化的不可避免的排斥和拒绝。正是在这样的时代背景下，学会共存开始广泛受到国际社会的重视，人们希冀通过教育来达到"学会共存"。1999年在印度新德里召开的"全球化与共同生存"的地区性研讨会，就是这种重视的具体体现，而国际教育局在此研讨会之后在世界各地区多次召开的各类研讨会，就是希望通过学校的课程改革来促进这一目标的实现。[10]

三 | 实现"学会共存"的教育途径

无论是从学会共存产生的时代背景还是从其历史发展（国际理解教育—和平文化—学会共存）看，学会共存主要是指在全球化的过程中学会与他人及其文化共同生存。在这一学习的过程中，人们不但要意识到自己文化的独特性，而且要意识到人类共同遗产的存在，尤其要增进对他人及其历史、传统和精神价值的了解以及对相互依存问题的认识，尊重文化多元，促进相互理解，崇尚和平价值。这是国际社会对学会共存已经形成的一种共识。当我们把学会共存落实于具体的日常活动中时，就是要学会人与人之间的相互理解、相互尊重和相互宽容。在人类同样面临环境恶化、人口激增、资源短缺等重大问题的今天，我们认为学会共存这一理念还应该包含有学会与自然共存的涵义，因为一些民族矛盾和局部战争在一定程度上正是由于人类的生存环境恶化而导致的。"人类应与自然和谐一致，可持续地发展并为后代提供良好的生存发展空间；人类应珍惜共有的资源环境，有偿地向大自然索取……人类为此应变革现有的生活和消费方式，与自然重修旧好，建立新的'全球伙伴关系'——人与自然和谐统一，人类之间和平共处。"[11]

通过教育实现"学会共存"——与人共存和与自然共存，这是国际社会对教育寄予的厚望，这是 21 世纪教育的必然走势。就"与人共存"而言，主要有以下几方面。

教育应帮助增进人们对世界和各国人民的了解，帮助青年人形成相互欣赏和尊重的精神态度，来观察别的文化、种族和生活方式。教育应明确环境与生活方式和生活标准之间的关系，教育在对不同事物包括对不同的政治、经济和社会体制进行客观评价时，还应介绍存在于世界各国人民生活和意识中的共同价值观、抱负和需要。

教育必须发展承认并接受存在于个人、男女、民族和文化之中的价值观的能力，并发展同他人进行交流、分享和合作的能力。多元化社会和多样化世界的公民，应能承认他们对形势和问题的解释植根于他们个人的生活、他们社会的历史以及他们的文化传统；其结果是没有一个人或群体掌握了解决问题的唯一答案，而且对每一个问题或许都有不止一种的解决方式。因此，人们应当相互理解，相互尊重，并以完全平等的地位进行磋商，以期寻求一种共同的基础。

为了能更好地满足现代社会的要求并对 21 世纪的挑战作出回应，学校必须面向社会、经济和文化环境，成为一个富有成果的对话场所，并将其视野扩大到世界上的各种文化中，不论是区域性文化、国家文化或地方文化。除了发展学生的智力、观察力、批判性推理能力和问题解决能力外，学校还应使他们在智力和分析能力以及情感、精神和道德素质之间达到一种平衡。

教学应特别关注：建设和平的各种条件；不同形式的冲突及冲突的原因和后果；人权的伦理、宗教和哲学基础，人权的渊源、发展的方式以及人权如何被转变为国家准则和国际准则，如体现在《世界人权宣言》和《儿童权利公约》中的准则；民主的基础及各种体制模式；种族歧视问题以及反对性别歧视和所有其他形式的歧视、排斥的历史。应特别注意文化、发展的问题和每一个民族的历史以及联合国和国际机构的作用。必须设置有关和平、人权和民主的教育，但这种教育不能局限于专门的科目和知识。整个教育必须传递这类信息，而学校的氛围必须与民主原则的应用相和谐。同样，课程改革应该强调知识、理解并尊重他人的文化，并应将全球相互依存的问题同地方行动联系起来。

不同学科的课程和大纲应有足够的灵活性，以使不同学科之间有可能紧密联系。在有些基础学科，如母语、民族文学、数学、自然科学和现代语言，即使课程内未对国际理解作出专门的规定，国际理解的精神同样可以在每个合适的场合得到发展；另一些学科，如历史和地理，则为国际理解教育提供了一种尤为有利的框架；还有一些学科，如道德和公民教育以及包括音乐、舞蹈和体育在内的艺术，应该为与国际理解直接有关的学习和活动提供大量的机会。

就"与自然共存"来说，人类渴望保护和改善自身的环境，从而使自己在地球上的生活质量大大提高，其关键是对自然的国际理解和共识，以及防止和解决世界的环境问题。主要的危险是已经枯竭的、被污染了的环境，而主要的目标是为了实现与环境相和谐的可持续的经济和社会发展。而且，人口问题与环境问题是紧密相连的，自然资源的短缺和生态环境的恶化，已经成为全球性制约人类生存和发展的首要前提，这是人口的爆炸式增长和人类无节制的活动所造成的。因此，进行环境教育和人口教育或进行可持续发展的教育，对于学会与自然共存就显得十分重要。

应该将教育（包括非正规教育）、公众意识和培训确认为人类和社会据此能够最充分地发挥其潜力的一种过程。教育对于促进可持续发展及提高人们解决环境和发展问题的能力极为重要。应该教育公民尊重文化遗产，保护环境并采取有利于可持续发展的生产和消费方式。

通过环境教育，使个体和社区不仅意识到环境的生物、物理和化学组成之间的相互影响，而且意识到社会—文化环境，从而能采取个体和集体的行动，以便解决地方的和国际的环境问题以及当前的和未来的环境问题。

环境教育，应恰当地理解为是一种全面的终身教育，一种能对瞬息万变的世界中的各种变化作出反应的教育。环境教育应使个人理解当代世界的主要问题并向他们提供在改善生活和保护环境方面发挥积极作用所必需的技能、态度和价值观，使每个人都为生活作好准备。环境教育采用一种以广泛的跨学科为基础的整体性方法，培养人们以一种全面的观点来认识自然环境与人工环境之间的密切依赖性。环境教育有助于显示今天的行动与明天的结果之间存有的永久联系，并证明各国社会之间的相互依存性以及全人类团结的必要性。

人口教育、环境教育和国际教育，尽管来自不同的角度，却休戚相关，共同对同一全球问题作出教育的回应：提高生活质量并改善人类与自然的关系以及人与人之间的关系。即使不同区域和不同国家的强调重点和优先项目或许不同，但这些教育行动却发现各区域和国家之间的相互依赖性以及人类的协调行动和国际团结的必要性。

国际教育局在其《教育革新与信息》中报道 2001 年 9 月召开的以"全民教育与学会共存"为主题的国际教育大会时，编制了一个在学校教育中促进学会共存的框架图，这里将其译出以作为本文的结束。[12]

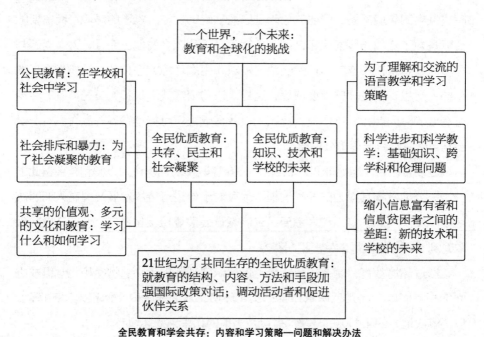

全民教育和学会共存：内容和学习策略—问题和解决办法

/ 注释 /

[1] 关于"learn to live together"的翻译,已有"学会共同生活""学会共处"等译法(分别见 Learning: the Treasure Within 一书的两本中译本《教育——财富蕴藏其中》和《学习——内在的财富》)。但依笔者之见,译为"学会共存"更为妥帖,更符合该词语的全部含义。
[2] 联合国教科文组织总部中文科,《教育——财富蕴藏其中》,教育科学出版社,1996年,第31页。
[3] 赵中建,《全球教育发展的研究热点——90年代来自联合国教科文组织的报告》,教育科学出版社,1999年,第329页。
[4] 赵中建,《全球教育发展的历史轨迹——国际教育大会60年建议书》,教育科学出版社,1999年,第508页。
[5] 赵中建,《教育的使命——面向二十一世纪的教育宣言和行动纲领》,教育科学出版社,1996年,第186页。
[6] 同[3],第335页。
[7] 同[3],第332页。
[8] 同[2],第32页。
[9] 同[4],第509页。
[10] 同[5],第184页。
[11] 同[5],第79页。
[12] 赵中建,《全民教育与学会共存——内容与学习策略—问题与解决办法》,《全球教育展望》2001年第8期。

(本文原发表于《教育参考》2001年第10期)

一部教育政策发展史
——《国际教育大会 60 年建议书》序文

说到教育史研究，一般主要分为教育制度史和教育思想史两大类。因而从教育史的著述而言，主要也可分为这两大类以及同时包含教育制度史和思想史内容的通史或断代史著作，如《中国教育通史》《外国教育通史》，又如《中国古代教育史》《外国近代教育史》等，而其他的各类教育史著述，可以说主要是从中派生出来的。今天奉献给大家的，则是一部教育政策发展史，一部由联合国教科文组织和国际教育局召集的国际教育大会自 1934 年提出第 1 号建议至 1996 年第 80 号建议（宣言）组成的历史，是对国际教育发展的世纪回顾。

国际教育局是位于瑞士日内瓦的一个国际组织，在 1925 年最初成立时仅是个私立机构。1929 年 7 月，因为各国政府签署章程，从而开始了教育领域的国际合作，并使国际教育局成为一个独立的国际性政府间组织，由皮亚杰（Jean Piaget）出任首任局长。1947 年的一份协议使得国际教育局同联合国教科文组织开始进行有效合作，包括联合召开国际教育大会。1968 年两个组织签署了一份新的协议，从而使国际教育局从 1969 年起成为教科文组织的组成部分，但仍以国际教育局的名义享受着学术和职能方面的广泛自治。

国际教育大会系国际教育局的一项主要工作，从 1934 年的第三届会议起，每届会议都向各国教育部提出希望采取措施的建议。最初的每届会议一般都提出三项建议，以后减至两项，到 1970 年后，基本上是每届会议通过一项建议，但 1994 年的第 44 届和 1996 年的第 45 届会议则以"宣言"取代"建议"的形式，向世人展示了与会各国在教育努力方面的承诺和决心。

《国际教育大会 60 年建议书》的全名为《全球教育发展的历史轨迹——国际教育大会 60 年建议书》，反映的是一种国际教育政策的发展，其基本特点主要包括：

第一，内容的广泛性。《国际教育大会 60 年建议书》基本上反映了除高等教育以外的教育领域的方方面面，如学前教育、初等教育、中等教育、特殊教育以及义务教育和扫盲教育，如一般课程的准备和各专门学科的教育，包括现代和古典语言、外语、自然科学、数学、地理、体育、艺术、心理学、书法、阅读、手工艺等，如教师教育以及教师的聘用、在职教育和教师地位，如教育财政、规划、督导、学校建筑、学校用餐、学校环境等。

第二，内容的延续性。国际教育大会通过的各项建议书具有很大的相关性和延续性，如 1934 年第 1 号建议为"义务学校教育和毕业离校年龄的提高"，1951 年通过的第 32 号建议再次涉及这一主题，为"义务教育及其年限的延长"。关于国际理解教育的就有"青年的国际理解精神的培养和有关国际组织的教学"（第 24 号）、"作为发展国际理解工具的地理教学"（第 26 号）、"作为学校课程和学校生活之组成部分的国际理解教育"（第 64 号）和"国际理解教育的总结与展望"（第 79 号）。如就单一主题而言，或许"教师"是涉及最多的，包括其培训、地位、工资待遇、招聘，先后包括有"小学教师的专业培训"（第 4 号建议）、"中学教师的专业培训（第 5 号）、"中小学教师培训中的心理学教学"（第 12 号）、"小学教师的工资"（第 13 号）、"中学教师的工资"（第 16 号）、"教师的国际相互交流"（第 29 号）、"小学教师的培训"（第 36 号）、"小学教师的地位"（第 37 号）、"中学教师的培训"（第 38 号）、"中学教师的地位"（第 39 号）、"小学师资培训人员的培训"（第 45 号）、"在职小学教师的再培训"（第 55 号）、"教师专业的变化及其对专业准备和在职培训的影响"（第 69 号）、"加强教师在多变世界中的作用之教育"（第 80 号）等。

第三，内容的时代性。国际教育大会通过的建议书，基本上反映的是当时国际教育社会所普遍关注的教育问题。1990 年第 42 届会议通过了关于"扫盲：90 年代的行动政策、战略与计划"的第 77 号建议，与 1990 年被联合国确定为"国际扫盲年"和同年 3 月在泰国宗迪恩召开的"世界全民教育大会"以及大会通过的《世界全民教育宣言》密切相关。全民教育的基本目标就是满足全体儿童、青年和成人的基本学习需要，包括基本的学习手段（如读写、口头表达、演算和问题解决）和基本的学习内容（如知识、技能、价值观念和态度），其具体目标是"到 2000 年普及并完成初等教育（或任何被认为是'基础'的更高层次的教育）"以及"到 2000 年将成人文盲率（各国自定适当的年龄组）减少至 1990 年水平的一半，并要特别重视妇女扫盲以明显地减少男女文盲率之间的差异"。第 42 届会议将主题确定为扫盲教育并通过与此相关的第 77 号建议，就是为了回应当时全球都在关注的全民教育。

第四，内容的国际性。由于国际教育大会是由联合国教科文组织和国际教育局召集的，且会议讨论的主题为与会各国当时所共同关心的教育问题，因而使得会议通过的建议书具有相当的国际性。这是由某个国家或某个教育组织所组织召开的国际性教育会议所无法比拟的，也是迄今为止任何一本教育史著作所无法做到的。

第五，内容的完整性。《国际教育大会 60 年建议书》的英文版《国际教育大会建议书》(International Conference on Education: Recommendations) 最初是国际教育局在 1944 年出版了其第一版，共包含了大会从 1934 年至 1939 年通过的 18 份建议。该书出版其第三版时（约 1962 年）已把纳入的建议书增加到 51 份，并由著名心理学家皮亚杰为此撰写了第三版序。1969 年出版的是该书的第四版，这时已将建议书增至 65 份，并由著名比较教育专家罗塞洛（Pedro Rossello）撰写了说明性的序文《历史性注解》。教科文组织 1979 年出版该书第五版时，纳入的最后一份建议书是 1977 年国际教育大会第 36 届会议通过的第 71 号建议书。这是英文版的最后一个版本。中文版的《国际教育大会 60 年建议书》除选用了第五版的全部内容外，还将自 1979 年第 37 届会议至 1996 年第 45 届会议通过的建议书（或宣言）一并纳入其中，从而成为目前该书最为完整的版本，堪称为"全本"。

更有意义的是，国际教育局前任局长、《教育展望》杂志主编特德斯科（Jacques Hallak）和现任执行局长、教科文组织副总干事阿洛克（Juan Carlos Tedesco）先后为中文版的《国际教育大会 60 年建议书》写了序。今将《国际教育大会 60 年建议书》的各篇序文之译文先期发表于此，以飨读者。

中文版新序言

（雅克·阿洛克，教科文组织副总干事、国际教育局执行局长）

作为国际教育局的执行局长，我很荣幸为国际教育大会（最初为国际公共教育大会）在1934—1996年期间通过的建议书和宣言之中文版的现序再添上几句话。

国际教育局成立于1925年，它很为自己作为第一个政府间教育组织的历史而感到自豪，为自己在本世纪教育发展过程中促进国际政治对话与合作方面所发挥的领导作用而感到自豪。由于参与该组织的各国政府一直在不断提高教育质量的同时，寻求建立最终确保所有儿童都能接受最起码教育的准则和标准，国际教育局为此而提供了一个持久的辩论论坛（forum for debate），以探讨人们普遍关心的教育问题。从1947年起，国际教育大会所辩论的主题，被联合国教科文组织成员国用来作为提出建议（suggestions）的基础，并在此基础上最终形成建议书（Recommendations）。

这些建议书从一种国际的角度反映了本世纪大部分时间内教育发展中的优先关注之事。正因为如此，尽管参与辩论的不同国家之间在资源和发展水平方面存在着极大的差异，建议书仍是对教育的政治辩论之演进及对不断探寻教育设施（educational provision）之普遍标准的一种令人瞩目的总的看法。这些建议书涉及教育的管理问题和教学问题。随着人们不断寻求解决一些基本问题的新方法，使得这些问题一再地显现出来，如学前教育、初等教育和中等教育的组织结构、教师教育和教师地位、主要学科的教育内容、教育在促进人的尊严以及促进各国及各国人民之间的理解、宽容、和平与合作方面的作用等。这些建议书主要关注正规初等和中等阶段的教育体制，这也反映了国际教育局所关心的主要领域。

皮亚杰在其为《国际教育大会建议书》（1934—1960年）第一次正式出版的版本所写的前言中，把建议书称作是"公共教育的国际宪章或规则，一种教育学说"，并认为它们"是一种有价值的鼓舞和指南的来源"。正如国际教育大会第45届会议的建议书前言所指出的，建议书可被看作是"适合于各国具体国情的共同指南"。人们确实希望这些建议书在过去的几十年中指导过各国政府，并将继续指导教育的决策和激发人们对紧迫的教育问题进行公共辩论，从而给所有国家带来更大的教育进程的民主化。

教育作为一项基本人权,仍应明确成为所有政府的优先之事,成为所有国家的社会各界的关心之事。尽管人们仍在继续寻找能确保提高教育体制之质量的各种方法,以迎接我们这一复杂多变世界的多重挑战和要求,但在许多国家的相当一部分人口中,儿童的最基本教育需要尚未得到满足。为了有效地扩大教育范围并尽早实现各份建议书多年来所提出的目标,应加强所有国家之间和各国政府及其为之服务的社会之间的合作。这种合作似乎显得比以往任何时候都更为迫切。人们日益认识到,对教育政策之形成的公共辩论和参与,对于教育体制的改进和提高是至关重要的。这样,教育才能更令人满意地满足全民的需要。像华东师范大学这样所做的努力,将正在发生的教育国际辩论之信息传递给大家并促进这种辩论的指导意义,不仅值得称道,而且甚为及时。

中文版序言

(胡安·卡洛斯·特德斯科,国际教育局前任局长、《教育展望》主编)

国际教育局十分高兴,由于上海华东师范大学国际与比较教育研究所的创意,第一次以中文形式向读者展示由国际教育大会通过的所有建议书和宣言的全本。这样,这一出版物可以看作是对60多年来教育政策演进的一种叙述。

对国际教育大会讨论之主题的匆匆一览,即可看到在大会的整个历史中,有关初等和基础教育以及教师地位、工作条件和培训的问题吸引着——而且将继续吸引——各国教育部长们的特别关注。在这一方面,提及如下一点是恰当的:1996年的国际教育大会第45届会议再次检查了关于教师的问题,而2000年的下一届会议将分析各国和国际社会扫除文盲和促进全民教育的10年努力之成果。

但除了这些可被称作"持续的挑战"之外,整个世界在过去几十年中发生了更为迅速的变化,这给教育带来了新的挑战。全球经济的发展趋势、日益扩大的社会不平等、不断增长的社会多元文化的特征、变化迅速的价值体系等,就是其中的一些变化。逐步升级的暴力是由不断增强的种族紧张关系和其他的冲突缘由所造成的,而这使得建立一种和平文化及推动宽容和相互理解成为一项紧迫之事，成为一种必需。日益增多的处于危险之中的青年，是另一颇受关注的方面，他们时常与社会相分离且面临着失业。所有这些方面在国际教育大会的近几届会议所通过的建议书和宣言中都得到了反映。

由于国际教育大会的建议书和宣言有时是在一些激烈的辩论后通过的，并且反映了世界大多数国家的教育部长们之间的一种妥协，因而它们并不对联合国教科文组织的成员国产生制约作用。尽管如此，这些建议书和宣言仍对各国教育政策和立法的形成产生了重要影响。仅仅由于国际教育大会持续了如此长的时间这一事实本身，就证明了大会对决策者和教育社会是有价值的。

这一版本还叙述了国际教育局工作的一个重要方面，即促进决策者同其他合作伙伴之间的政治对话。这一点，连同教育信息与文献以及比较研究，构成了国际教育局活动的三个主要方面。为了与教育和世界的迅速变化保持一致，国际教育局不断地处于变革之中，努力对建设一个"全球村"（援引国际21世纪教育委员会最近出版的报告）作出其贡献。在这一未来的学习化社会中，知识和信息在发展战略中将发挥至关重要的作用。国际教育局在履行其所有能力领域的职能中，最注意文化的独特性，最关心道德的、伦理的和公民的价值观念以及和平与宽容。国际教育局是由教育家所创立并为教育者和学习者所创立，它仍然信奉自己的缘起和基本使命。这些缘起和使命是国际教育局杰出的创始人及其后继者所确立的，其中包括1996年刚庆祝过100年诞辰的让·皮亚杰这一创始人。

第五版序言

由国际公共教育大会（自1970年起易名为国际教育大会）通过的《国际教育大会建议书》第五版，是在国际教育局委员会（the Council of IBE）的建议下编辑的。它包括了在1934年至1977年期间所通过的71份建议书。

为了准确地理解《国际教育大会建议书》，在1970年去世前一直任国际教育局局长助理的罗塞洛（Pedro Rossello）准备了一篇回顾国际教育局发展中的主要事件的"历史性注解"。这一历史性注解，连同由皮亚杰在1960年为《国际教育大会建议书》第三版所写的序言，在本版中一并刊出。尽管做索引的方法近来发展得更为复杂，但1958年集辑的建议书中的索引已是一种修订了的形式，显示了《国际教育大会建议书》最初编撰的理解能力。

在过去的10年中，作为联合国教科文组织内的一个比较教育中心，国际教育局一直在完成其创始人在半个世纪前就设想的目的。由联合国教科文组织总干事召集作为教科文组织会员国和副会员国（Associate Members）政府的会议，国际教育大会继续提出建议书。这些建议书已成为经历过时间公正考验的教育学说。在国际教育局作为一个政府间机构迎来其50周年时，我们对国际教育的概念、政策、科学和实践的发展性性质的认识，使我们希望在期待新世纪开始时，已累积的过去的知识和将被创造的新知识，能够不仅在解决所面临的问题而且在抓住所面临的机遇方面，发挥其重要的作用。

第四版序言　历史性注解
（佩德罗·罗塞洛，国际教育局局长助理）

当前这一版更新汇集了1934年至1960年国际公共教育大会所通过的建议书的1961年版本。在国际教育局并入联合国教科文组织前夕，通过增加1961年至1968年历次会议的建议书文本，这一文集努力呈现国际教育局在该领域的全面成就。

但是在讨论什么无疑是国际教育局的主要成就——致各国教育部的建议书前，或许最好先简要地概括一下国际教育局历史发展的各个阶段。

国际教育局最初是一个私立机构。它是在1925年12月底由卢梭研究所，或者更确切地说由该研究所的创始人克拉帕雷德（Edouard Claparede）教授创办的，所任命的局长是博韦（Pierre Bovet）教授，局长助理是罗敦（Elisabeth Rotten）女士和费里埃（Adolphe Ferriere）先生，秘书长是芭茨（Marie Butts）小姐。

当洛克菲勒基金会向卢梭研究所捐赠5000美元钱款时，研究所不失时机地用这12000瑞士法郎的钱款创建了国际教育局。卢梭研究所这样做，实际上是放弃了由福雷埃尔先生任主席的第三届道德教育大会（Third Congress on Moral Education，1922年在日内瓦召开）通过的决定，即议论中的国际教育局总部应设在海牙。

这 12000 瑞士法郎的捐赠无疑只是一种催化剂。但是一些乐观主义者曾经认为在全球如果找不到 100 万名自愿的教育家是不可思议的，即他们每人向这一国际教育局贡献五个瑞士法郎的教育家。在他们看来，拥有 500 万瑞士法郎年预算的国际教育局就不会遇到什么物力资源短缺的问题。但不幸的是，这种乐观主义的观点并未得到证实，因为其成员人数未超过 400 人——这一印象太深刻了！另一个幻想是：世界教育协会联盟已决定在日内瓦召开其 1927 年的年会。协会联盟的主席正努力筹集大笔钱款。由于协会联盟期望能筹集到数百万瑞士法郎，联盟若拒绝帮助刚成立的国际教育局，这似乎是不可理解的。未来的发展在这里又一次证实了其反面。联盟的年会如期举行，但财政结果则远离其期望。

国际教育局在其第一阶段虽遇到许多困难，但作为一个信息中心它已开始工作，并向许多国家的教育家提供了教育文献。然而，财政支持的缺乏使得教育局不可能以其创始人所设想的方式继续它的活动。人们认识到，国际教育局不得不放弃其绝对的自由（absolute freedom），换言之，教育局不能再仅仅依靠个人或私立机构的帮助。也就是在这时，形成了以政府为基础重组国际教育局的想法，组建一个新的领导班子。皮亚杰教授被任命为教育局局长，罗塞洛（Pedro Rossello）先生为局长助理，芭茨小姐为秘书长。

国际教育局发展的第二个阶段以 1929 年 7 月 29 日签署的新章程为起点，开始得非常庄重。在历史上第一次，各国政府的代表签署了他们将在教育领域进行合作的文件。国际教育局的新成员是：波兰教育部、厄瓜多尔政府、日内瓦共和国州教育部和卢梭研究所。卢梭研究所是唯一成为国际教育局成员的私立组织。就可能成为国际教育局成员的官方机构或公立机构而言，新章程第四条规定："以下所列机构应被承认为国际教育局的成员，即每年至少支付 10000 瑞士法郎的任何政府、公立机构或国际组织，经过委员会（the Council）的批准，均可成为成员。"

日内瓦共和国与州作为瑞士最初在国际教育局中唯一成员的地位，源于每个州在教育领域拥有自治权，但数年后则为瑞士联邦（Swiss Confederation）所取代。

章程第二条规定了国际教育局的目的是："作为一个信息中心，服务于与教育有关的所有事务。教育局旨在促进国际合作，并在国家的、政治的和宗教的问题方面保持一种完全中立的地位。作为一个信息和调查的机构，国际教育局将严格遵循一种科学的和客观的精神行事。其活动将是两方面的：收集与公立和私立教育相关的信息；从事实验或统计研究并使其结果为教育界人士所熟悉。"

在第二个阶段的 10 年中，即在第二次世界大战前的 10 年中，尽管其经费预算十分有限，但国际教育局仍极为积极地开展其工作，并逐渐拥有了新的成员国家，从而表明自己是一个服务于教育、服务于各国人民之间相互理解的国际机构。国际教育局主要关心与各国教育部的关系，而这些关系以国际公共教育大会的具体形式得以体现。这种召开大会的想法似乎是国际教育局委员会成员的年度夏季会议（annual summer session）的自然扩充。成员们认为，除了每个成员国的三位代表以及非成员国代表的参加外，邀请一些代表报告各自国家一年来教育发展的主要特点会是非常有意义的。1932 年和 1933 年举办了这样的会议，但只是到 1934 年，国际公共教育大会才采取了延续至 1968 年举行会议的形式。会上讨论有关教育发展的国家报告，而这些国家报告尔后成为一种一般性研究并浓缩成一种综合性的统计文献。

尽管这些国家报告一直被批评成过于乐观主义，但不能确定某些夸张就不是建设性的，因为它们在各国之间推动了一种竞赛和仿效。虽然并不是所有的大会参加者都是教育家——许多国家是由在伯尔尼或日内瓦的外交家做代表的，但这些身为父母亲的非专家代表，通常能够提供一种其他会议有时候所缺少的现实主义的成分。各国教育部所提交的国家报告成为 1933 年起出版的《国际教育年鉴》的基础。

这里，对一些国家特别要提及的是 1937 年建成的公共教育永久展览会（Permanent Exhibition of Public Education）。这些国家可以在展览会上展示其教育发展的某些方面。这一展览会现在拥有 38 个国家安排的展台。

对政府关系的重视不应导致对某些活动的忽略，尽管有些活动可能不太重要。正是这些活动使得国际教育局能同教育世界保持联系。在连续六年的暑期中，各国教师都会聚在日内瓦，参加"如何使人们了解国际联盟并发展国际合作之精神"的假期课程。自美国倡议并受到美国基金资助而在第一期暑期班就开办的儿童文学班,是为了通过儿童读物来发展国际合作的精神。这一儿童文学班出版了各种研究成果并得到各国专家的合作。国际教育局的第一份定期出版物是有关教育新闻和文学目录的《简报》(Bulletin)。《简报》在国际教育局成立之初就已编辑发行,并维持一年四期的定期发行,其印数和页码都在增加。国际教育局图书馆则逐渐收集了有关比较教育、法律文本、学校教科书、儿童读物和教育杂志的书刊。

第二次世界大战的爆发并不能阻止国际教育局的存在。尽管由于国际教育局与外界的联系几乎完全中断,它的大多数日常活动不得不停顿下来,但教育局仍然成立了"智力援助战俘服务社"(Service of Intellectual Assistance to Prisoners of War),无区别地对所有希望利用拘押期来继续其学业或提高其知识的战俘提供服务。作为位于日内瓦的战俘和拘留人员阅读事务咨询委员会的成员,并由于获得许多捐赠物品,智力援助战俘服务社在1939年至1945年期间共向战俘营中的战俘分发了5000多万册图书。二战后,国际教育局怀着极大的热诚和兴趣,注视着联合国教科文组织的创建。教科文组织邀请各国政府不仅在教育领域而且还在科学和文化领域进行合作。

联合国教科文组织和国际教育局在1947年2月28日签署了一项临时性协议,以便在两者之间建立必要的行动协调。一个由教科文组织和教育局各出三位代表组成的联合委员会担负起确保这两个机构间有效合作的责任。这项协议包含有联合召开国际公共教育大会、联合出版研究成果和教育年鉴、交流文件等条款。这项协议在1952年2月28日得到确认和扩充,并在此合作的基础上,国际教育局在50年代至60年代继续执行着其大致框架和已经定下的计划。

作为国际教育局委员会主动谈判的结果,联合国教科文组织和国际教育局在1968年签署了一项新的协议。这项后经两组织的领导机构批准的新协议标志着一个重要阶段的开始。这项协议注意到国际教育局的活动符合联合国教科文组织的活动框架以及将国际教育局章程赋予教育局的职能转入教科文组织。

成立于日内瓦的国际教育局,已成为联合国教科文组织的组成部分并且是比较教育的国际中心,但仍以国际教育局的名义享受着学术和职能方面的广泛自治。

根据经联合国教科文组织大会批准的国际教育局章程的规定,教育局成立一个由教科文组织大会指定的21个成员国代表组成的委员会。该委员会的一项特定任务是"依据教育局局长的建议制定一般计划的草案和教育局的预算"。

这些体现了保证合理性和持续性双重愿望的协议和章程，具体规定了将由联合国教科文组织召集并组织国际公共教育大会的各次会议。

为了呈示这本国际公共教育大会自1934年以来所通过的建议书集辑，指出如下一点是重要的，即在教育领域通过建议书在当时是一种大胆的革新。教育家们十分怀疑政府对教育领域的干预，而政府本身对这一方面的国际行动则表现得小心翼翼。国际智力合作委员会（International Commission for Intellectual Cooperation）的一个成员曾这样写道：国际联盟从未关心过教育！

无论如何，由于在多数人看来建议书已相当有力，似乎就无须再制定一些公约了。国际劳工组织（International Labour Office）第一任主任托马斯（Albert Thomas）是国际教育局自其成立以来最忠实的朋友之一，他就曾告诫不要签署公约，因为各国只是在长期谈判后才执行这些公约的。托马斯此外还认为，在教育领域最好是提出咨询而不是试图强加。

因此，建议书的思想同教育的自由以及实验的观念相联系，而实验对于一种思想的逐渐形成是至关重要的。而且，由于各种教育会议得出的结论往往基于主观的观点，因而并不能代表大多数人的看法。为了避免这种太频繁出现的趋势，似乎需要对为制定建议书而选择的主题进行国际征询。提供给大会的建议书草案就是以这类国际征询的结果为基础的。在大会前写就的专题性文件已明确表明了各国之间的趋同点，这样大会就能集中讨论存在的分歧点。

既然政府在回答征询时提及的所有解决办法都包括进建议书草案，因而在征询基础上提出建议书草案的实践，排除了在尔后的讨论中出现意料之外的因素。最初，我们发现这一程序很难做，因为一些代表更愿意即兴讨论。建议书草案在任何情况下都具有利用多样化形势的长处，这种多样化不仅存在于国与国之间，而且还存在于单一国家尤其是联邦制国家中。为了尊重这种多样化，各国提出了不同的解决办法。除了1940年至1945年世界大战期间未举行过会议和1964年会议中断其工作外，从1934年直至1968年，国际教育大会遵循着上述工作程序共通过了65份建议书，每年二至三份。

建议书草案的主题选择有两个标准：第一，引起尽可能多的代表团的兴趣——为此目的前一年对国家报告的讨论提供了有价值的指引；第二，处理的是有关教育管理和教育学内容的问题。从第 21 号建议书起，由于每次会议由联合国教科文组织和国际教育局联合召集，大会主题由联合国教科文组织—国际教育局联合委员会（Unesco IBE Joint Commission）根据其成员国的建议而作出选择。

一些主题曾在同样的名称下或以稍有不同的方式被多次列入议程。小学教师和中学教师的培训及其报酬就是这方面的两个例子。这两份建议书又导致了有关教师地位的建议书的通过。这是一份在国际劳工组织和联合国教科文组织密切合作下完成并由一次特别的政府间会议通过的建议书。

就建议书内容而言，人们可以看到，随着文本越来越长，建议书日渐采取一种专题性文件的形式，更经常讨论的是某一主要问题的一个特定方面，而不是作为整体的某个主题。

除了最近几次的建议书外，所选择的主题基本上涉及初等教育和中等教育。这并不是偶然的机会。国际教育局尽管一直努力避免重复，但它感到在这一方面更为得心应手。至于职业教育，国际教育局认为国际劳工组织更具有物力和人力资源来有效地处理这一方面的教育。类似的看法也适用于国际大学协会（International Association of Universities）成立后的高等教育领域。对此惯例只有一个例外，那就是国际教育大会通过的有关"增加科学和技术人员的招聘和培训设施的措施"的建议书（第 49 号）。

思考教育问题之间的相互关系并从整体上看待教育制度，已成为日渐发展的趋势。这似乎注定要去除上述这些或多或少的人为分隔，而且这些在某个特定时刻限制了国际公共教育大会各项活动的分工考虑，已不再适用了。

从 1947 年起，作为自联合国教科文组织和国际教育局联合组织会议的结果，与国际合作相联系的问题得以引入。这并不意味着国际教育局以往忽略和平的问题，但教育局在此又一次感到应由其他机构来考虑这一领域内的国际合作。

但是，仍然有一些建议书涉及了这一方面的主题，如"在青年中发展国际理解及有关国际组织的教学"（1948 年）、"作为发展国际理解工具的地理教学"（1949 年）、"教师的国际相互交流（1950 年）和"作为学校课程和生活之组成部分的国际理解教育"（1968年）。

尽管并不总是清楚地知道某一建议书是归于教育组织领域还是教学领域，但根据建议书是更多地涉及管理和组织的问题还是涉及教育本质的问题，而将建议书分归两类不同的组别还是有意义的。以下所列就是这种分类的尝试，依次列出每份建议书的号数、发表年份和名称。

关于管理性质的建议书

第1号，1934年	义务学校教育和毕业离校年龄的提高	第34号，1952年	妇女教育
		第36号，1953年	小学教师的培训
		第37号，1953年	小学教师的地位
第2号，1934年	中等学校的入学	第38号，1954年	中学教师的培训
		第39号，1954年	中学教师的地位
第3号，1934年	公共教育领域的经济紧缩	第40号，1955年	教育财政
第4号，1935年	小学教师的专业培训	第42号，1956年	学校督导
第5号，1935年	中学教师的专业培训	第44号，1957年	校舍的扩建
第6号，1935年	公共教育委员会	第45号，1957年	小学师资培训人员的培训
第7号，1936年	特殊学校的组织	第47号，1958年	农村地区教育的设施
第8号，1936年	农村教育的组织	第49号，1959年	增加科学和技术人员的招聘和培训设施的措施
第9号，1936年	学校建筑立法	第51号，1960年	弱智儿童的特殊教育的组织
第10号，1937年	学校督导		
第13号，1938年	小学教师的工资	第52号，1961年	单一教师的初等学校组织
第16号，1939年	中学教师的工资	第53号，1961年	学前教育组织
第17号，1939年	学前教育的组织	第54号，1962年	教育规划
第19号，1946年	中等教育的机会均等	第55号，1962年	在职小学教师的再培训
第21号，1947年	学校设施的免费提供	第56号，1963号	教育和职业指导的组织
第29号，1950年	教师的国际相互交流	第57号，1963年	克服小学师资短缺的努力
第32号，1951年	义务教育及其年限的延长	第61号，1966年	国外教师
第33号，1951年	学校用餐和校服	第62号，1967年	中学师资的短缺

（注：共有38份建议书属于管理性质或与教育管理相联系。）

主要涉及教育本质的建议书

第11号，1937年	现代语言教学	第30号，1950年	中学的手工艺教学
第12号，1937年	中小学师资培训中的心理学教学	第31号，1950年	小学中的数学入门
第14号，1938年	古典语言教学	第35号，1952年	中学的自然科学教学
第15号，1938年	学校教科书的编写、使用和选择	第41号，1955年	中小学艺术教学
第18号，1939年	中学地理教学	第43号，1956年	中学数学教学
第20号，1946年	中小学中的卫生教学（健康教育）	第46号，1958年	初等学校课程的准备和发布
第22号，1947年	中学体育	第48号，1959年	小学教科书的准备、选择和使用
第23号，1948年	书法教学	第50号，1960年	普通中等学校课程的准备和发布
第24号，1948年	青年的国际理解精神的培养和有关国际组织的教学	第58号，1965年	扫盲和成人教育
		第59号，1965年	中学现代外语教学
第25号，1948年	教育中心理服务的发展	第60号，1966年	教育研究的组织
第26号，1949年	作为发展国际理解工具的地理教学	第63号，1967年	小学健康教育
		第64号，1968年	作为学校课程和学校生活之组成
第27号，1949年	小学中自然科学的引入	第65号，1968年	部分的国际理解教育学校环境研究
第28号，1949年	阅读教学		

[注：如上27份建议书涉及基本上属于教育本质的问题，特别是有关具体学科（地理学、手工艺、现代语言等）教学的问题。]

很难知道这些建议书所发挥的影响力，因为它们的实施完全取决于各国政府的取舍。然而，各成员国提供的有关实施建议书所采取步骤的信息似乎表明，这些建议书不仅对教育立法甚至对教育实践都产生一定的影响，尽管影响的程度可能不同，但肯定是真实的。这样说并不过分：仔细阅读这些建议书会留下这样的印象，即建议书所体现的教育思想已很好地经历了时间的公正考验。当然，一些建议书所基于的环境已不复存在，但与那些负责教育事务的人士所面临的问题范围相比较，建议书所涉及的广泛的教育问题和管理问题从整体上说则依然存在。当建议书不再能提供解决问题的方法时，它们至少还能从问题的不同方面并根据具体的现实，有时是非常现代的术语来探讨和陈述这些问题。

有些建议书，如涉及特殊教育、教育规划或扫盲教育的建议书，开辟了全新的展望。

就建议书本身而论，它们除了其目前的重要性外，通常还有另外的重要意义，即它们见证了35年来对教育的反思，它们为这一特别令人兴奋的时期提供了一幅广阔的全景，因为教育世界在这一时期已经意识到国际合作的新展望。

第三版序言

（让·皮亚杰，国际教育局局长）

从1934年至1939年第二次世界大战开始，每年在日内瓦召开的国际公共教育大会所通过的建议书第一版，是1944年由国际教育局出版的。

国际教育局在战争年代虽继续其工作，但直至1946年3月以前已不可能再召开另一届公共教育大会了。从1947年起，根据联合国教科文组织和国际教育局之间的协议，国际公共教育大会由这两个机构联合组织召开。

书中的建议共包括有1000多个条款，从而组成了公共教育的国际宪章或规则，一种范围广泛、意义重大的教育学说。建议书不应被看作是种公约（conventions），也不能简单地认为是由私人会议所表达的愿望，它们是由各国政府正式的官方代表所通过的。

而且，建议书是经过仔细的事先征询和各国教育部详尽报告的陈述后予以通过的，因而体现了对于教育发展来说这些不仅是理想的而且是构思良好的可实践的建议。

我们因此敢于请担负重任的当局和个人关注这51份建议书。我们相信，这些建议书，连同它们所依据的征询，将证明自己是一种有价值的鼓舞和指南的来源。

（本文原发表于《外国教育资料》1999年第4期）

附录 联合国教科文组织文献研究著述之目录

一 发表之论文

1. 《全民教育的国际努力》,《中国教育报》1995 年 2 月 17 日第 2 版。
2. 《理解·宽容·二十一世纪的教育》,《高等师范教育研究》1995 年第 2 期。
3. 《教育的使命》,《教育参考》(译文)1995 年第 6 期。
4. 《实现全民教育,迎接全球挑战——访联合国教科文组织副总干事鲍尔博士》,《外国教育资料》1996 年第 3 期。
5. 《国际教育大会第 45 届会议的建议》,《外国教育资料》1997 年第 6 期。
6. 《"国际师范教育发展的里程碑"——第 45 届国际教育大会简介》,《高等师范教育研究》1997 年第 2 期。
7. 《全民教育:一个全球性的课题》,《比较教育研究》1997 年第 2 期。
8. 《召开在即的"世界高等教育大会"》,《上海高教研究》1998 年第 8 期。
9. 《21 世纪世界高等教育的展望及其行动框架——'98 世界高等教育大会概述》,《上海高教研究》1998 年第 12 期。
10. 《从宗迪恩到安曼:世界全民教育的进展与展望》,《外国教育资料》1999 年第 3 期。
11. 《一部教育政策发展史——〈国际教育大会 60 年建议书〉序文》,《外国教育资料》1999 年第 4 期。
12. 《全民教育与学会共存——内容与学习策略—问题与解决办法》,《全球教育展望》2001 年第 8 期。
13. 《21 世纪教育的紧张、危险和挑战》,《教育参考》2001 年第 9 期。
14. 《"学会共存"——国际社会关注的教育新理念》,《教育参考》2001 年第 10 期。
15. 《"学会共存"——促进理解、尊重和宽容的教育新理念》,《教师之友》2002 年第 1 期。
16. 《实现全民基础教育与构建知识社会——从联合国教科文组织的"中期战略"看教育的国际发展》,《全球教育展望》2002 年第 5 期。
17. 《从国际理解教育到全球胜任力教育》,《上海教育科研》2019 年第 7 期。

二 书中之章节

1. 全民教育,张瑞璠、王承绪主编:《中外教育比较史纲》(现代卷),山东教育出版社,

1997 年。
2. 全民教育的国际努力，中国教育报国际部编：《打开世界教育之窗》，人民教育出版社，1998 年。

三 | 出版之著作

1. 赵中建编：《教育的使命——面向二十一世纪的教育宣言和行动纲领》，教育科学出版社，1996 年。
2. 赵中建主译：《全球教育发展的历史轨迹——国际教育大会 60 年建议书》，教育科学出版社，1999 年。
3. 赵中建选编：《全球教育发展的研究热点——90 年代来自联合国教科文组织的报告》，教育科学出版社，1999 年。
4. 赵中建著：《全民教育——世纪之交的重任》，四川教育出版社，1999 年。
5. 联合国教科文组织编，王晓辉、赵中建等译：《为了 21 世纪的教育——问题与展望》，教育科学出版社，2002 年。

教育质量管理及学校领导与管理研究

专题四

引 言

正如在自序中所言，我从 1995 年最初的"应用全面质量管理，树立教育服务的观念"到 1998 年的"应用 ISO9000 思想，建立学校质量管理体系"，再到 2000 年的"应用质量奖标准，促进学校进行自我评估"，这些"应用"的内容具体包括如下。

全面质量管理原是企业界的一种管理思想和管理实践，它高度重视人力资源的开发和利用，强调在尊重人的价值的前提下，注重战略规划、全员参与、团队精神、协调工作等。按照国际标准化组织（ISO）的界说，全面质量管理是指"一个组织以质量为中心，以全员参与为基础而达到长期成功的管理途径，其目的在于让顾客满意和本组织所有成员及社会受益"。从国际比较的角度看，全面质量管理是 20 世纪 90 年代以来国外教育领域为提高教育教学质量而移植进学校的一种颇为有效的管理思想，在美国更由于"学校重建"运动和波多里奇国家质量奖被引入教育界而受人关注。当以"消费者中心"和"质量的持续提高"为核心观念的全面质量管理思想推广至学校领域后，教育被看作是一种"服务"，而学生则是学校教育最主要的"服务对象"，学校的各项工作就构成了一种服务链，一环服务一环，最终由教师将一种优质的教育服务提供给学生。应该指出的是，教育就是一种"服务"的观点在 90 年代还尚难以被教育界所接受，颇有"创新"之意。

全面质量管理在学校中的具体落实又与建立一种完善的质量管理

体系相联系，因为建立质量管理体系有助于使学校的管理工作走向规范从而促进教育质量的提高。美国管理大师费根堡姆（Feigenbaum）在其《全面质量管理》一书中明确认为"质量体系是全面质量管理的基础"。每个组织、每所学校都客观存在着组织结构、程序、过程和资源，不论它是否按某一标准建立和运行，不论它是不是正式的和成文的，它实际上都是一种质量体系的客观存在。而所谓建立质量体系，实际上就是按照某一标准的要求来规范现有的质量体系，使之满足质量管理和为顾客提供信任的需要。而ISO9000质量管理体系或许是一种可以为学校建立符合自身需要和特点的质量体系所遵循的标准，从而为学校提高管理工作的质量并在此基础上为努力提高教育教学的质量打下扎实而牢固的基础。

学校如何通过自我评估以不断改善并提高自己的教育质量，一直是人们关注的热点问题。世界各国开始利用某种质量奖的形式对学校进行评估，如美国名为"马尔科姆·波多里奇国家质量奖"（Malcolm Baldrige National Quality Award）的评奖标准。波多里奇国家质量奖原为推进企业的质量管理而在1988年设立，10年后的1998年经克林顿总统签署法令而从1999年起正式向教育界开放，即美国的任何一个学区或一所中小学、高等院校或其附属机构，都有权申请这一美国最高等级的质量奖。这一质量奖标准首先体现着一种优异的观点，其次特别强调消费者理念，再次强调以学习为中心的教育，要求把重点放在学习及满足学生的需要上。我为此专门写过《从企业界走进教育界——美国国家质量奖〈绩效优异教育标准〉述评》，对此予以较为充分的阐述。

在美国宾夕法尼亚大学教育研究生院及联邦教育政策研究中心为期一年的研究，促使我将教育全面质量管理的研究视角延伸至整个学校管理领域。当时美国多样的学校管理变革对我很有启发，促使我在回国后的某个时段有机会将理论研究同带教一线校长的实践结合起来，从而形成自己"以研究为基础"的校长专业发展的认识维度。

本专题辑入的《教育全面质量管理——一种全新的教育管理思想》是发表于《中国教育报》的一篇短文,对教育全面质量管理思想作了简明扼要的介绍和阐述,而未被辑入之《学校教育全面质量管理初论》和《高等教育全面质量管理的概念框架》则可成为进一步阅读之素材。《ISO9000 质量体系认证适用于学校教育吗?——关于教育领域引进质量体系认证的思考》一文在对 ISO9000 质量管理体系作简要介绍后,对"建立 ISO9000 体系是否能直接提高教育教学质量"和"学校是否需要或必须进行体系认证"问题作出了笔者的回答和判断,并明确提出"建立学校质量管理体系与实施全面质量管理"的建议。

校本管理、公校私营、学校重组、特许学校、上级接管等,都是 20 世纪 80 年代以来美国教育管理改革中的各种具体举措,其目的无不在于提高教育的质量和效益,笔者对此均有专文论述。此处辑入的是发表于《教育研究》的《近年来美国学校管理改革述评》一文,对"校本管理""特许学校"和"公立学校私营管理"进行了阐述和分析。《从教育管理译著的出版看校长专业发展》则通过教育管理译著的出版分析学校领导与管理领域的改革和发展以及这些改革和发展对校长专业素养及其专业发展的新要求,而《略论校长专业成长的理论素养》则简要阐述笔者带教校长的点滴体会。这里我想到美国哈佛大学在时隔 74 年后于 2009 年首设"教育领导博士"学位课程,"我们的目标不是培养适应现存体制的领导者,更在于培养能够领导体制变革的领导者。我们相信这一新的博士学位将成为推动这一变革的催化剂。它使我们实现造就新一代教育领导者的目标。他们将聚焦于学生的学习,他们知道如何将这一聚焦融入较大范围的体制变革",曾任哈佛大学教育学院院长麦兴特尼(Kathleen McCartney)教授这样阐述了设立这一博士学位的意义。这一学位课程的最大特点之一,就是其课程计划是由哈佛大学教育学院、商学院和肯尼迪政府管理学院共同实施的,这在一定程度上说明校长的专业素养与以往相比较需要有较大的变化。

教育全面质量管理
——一种全新的教育管理思想

提高教育质量是 20 世纪 80 年代以来世界教育改革的中心主题之一。从哪些方面寻求最合适的方式或途径来推进改革和提高质量,是各国教育界近 10 余年来一直致力研究和实践的。作为学校管理方面的改革,推行全面质量管理是西方主要发达国家自 90 年代初开始的,并有日渐扩大之趋势。

一

全面质量管理原是企业界的一种管理思想和管理实践,是企业质量管理发展进程中的第三个阶段。如从管理模式的发展而言,全面质量管理是从以泰勒制为代表的"机械模式"及尔后以标准化管理为基本特点的"生物模式"发展而来的"社会模式"。它高度重视人力资源的开发和利用,强调在尊重人的价值的前提下,注重战略规划、全员参与、团队精神、协调工作等,但它并不否定生物模式中标准化管理的作用,而是客观地将它作为全面质量管理的一种手段。全面质量管理,按照国际标准化组织(ISO)的界说,是指"一个组织以质量为中心,以全员参与为基础,目的在于通过让顾客满意和本组织所有成员及社会受益而达到长期成功的途径"。或如美国著名质量管理专家费根堡姆所言:"全面质量管理是为了能够在最经济的水平上并考虑充分满足用户要求的条件下进行市场研究、设计、生产和服务,把企业各部门的研制质量、维持质量和提高质量的活动构成一体的有效体系。"

在全面质量管理看来，质量主要是"满足消费者的规定的和潜在的需要"，而且"质量不仅仅是指产品和服务，还包括过程、环境和人员"。当教育领域引进全面质量管理时，有关质量的界说同样得以引入。这里的"规定的需要"，主要可包括政府的教育法令法规和文件条例等，包括学校课程设置的要求和具体的教学大纲的要求；而"潜在的需要"则是指那些未明确提出但却实际存在或现实尚未显露而在未来将会显现的需要。"过程、环境和人员"在教育的全面质量管理中显得尤为重要，因为教育的过程、环境和教学人员将保证满足需要的实现。

联合国教科文组织早在1972年的《学会生存——教育世界的今天和明天》中就曾指出，"最近的各种实验表明：许多工业体系中的新管理程序，都可以实际应用于教育，不仅在全国范围可以这样做（如监督整个教育体系运行的方式），而且在一个教育机构内部也可以这样做"。全面质量管理或许是这一方面最为典型的移植和应用。

二

在学校教育中引入全面质量管理并能成功地予以实施，首先必须接受全面质量管理思想的两个核心观念，即"消费者中心"和"持续的质量提高"的观念。全面质量管理的基本观点认为，一个组织（学校也是一种组织）的重要外部功能就是向消费者提供优良的产品和周到的服务，强调尊重消费者的利益和要求并置消费者于整个管理体系的最重要位置。在全面质量管理推广至学校领域时，就有必要视教育为一种"服务"，视学生及其家长和社会为"消费者"，而学校的教师和教辅人员则作为"内部消费者"而存在。学校中内部消费者之间和谐而密切的关系是满足外部消费者需要的保证。

当我们承认学校必须提供满足消费者（并非仅仅指学生）需要的服务时，在强调管理的重要性方面就要有一个重心的转移，即学校在确定自己的发展规划和工作时必须充分考虑到消费者的需要。全面质量管理引入学校的目的就在于保证和改进对学生及其他消费者的服务，因而形成一种服务的关系就成为一种必须，一种必然。首先，从学校内部关系看，行政、人事、财务、后勤等部门都要为教学第一线提供服务，而教师则成为直接向消费者提供服务的供应者。由于学生是学校教育的第一类消费者，是任何学校存在的理由，是学校信誉的决定因素，因而学生的需要应成为学校开展工作、谋求发展的重心和焦点。其次，从学校与外部的关系看，在消费者至上已成为一种广泛的社会趋势的情况下，就学生有权获得学校提供良好的服务来说，学校也应考虑到学生发展的种种需要；而且，学校还必须满足作为外部消费者同时也是办学经费和其他资源供应者的家长、雇主、政府和社会的需要。这时，学校工作实际上就形成了一种消费者和供应者的关系网。

三

一所学校实施全面质量管理的真正目的在于实现"持续的质量提高"。这一质量提高可从如下几方面理解：其一，质量提高是通过提高活动和过程的效益和效率，不断减少质量损失从而为组织和顾客提供更多的收益。其二，质量提高是一个组织长期的、坚持不懈的奋斗目标。持续的质量提高可持续地提高组织内各项工作和各个过程的效率，从而使组织获得长期的质量效益。持续的质量提高还可提高过程输出的质量，使顾客不断获得由于组织持续的质量提高所带来的价值的增值。其三，质量提高的具体措施主要是预防措施和纠正措施。积极主动地采取预防措施可最大限度地提高过程的效率，其作用远远优于纠正措施。而纠正措施只是采取预防措施不足的一种体现。其四，在质量提高的工作中，必须以客观的数据资料为基础，通过科学合理的分析，制定相应的决策。所以，正确使用有关的管理工具和技术就成为质量提高成功与否的关键。

四

随着教育质量观的不断扩充，素质教育的质量已不仅仅是指学生的学习成绩或认知水平，还应包括学生通过学校教育所获得的作为一个社会形态的人应具备的各种其他素质的合格程度，尤其是他们工作态度、合作和竞争意识、敬业精神、道德修养、环境适应能力和心理承受能力的提高。或者如英国标准协会（BSI）在为学校申请ISO9000国际标准体系资格认证的指南中，对教育领域中的产品所作的如下界说，即产品是"指每一位学生的能力、知识、理解力和个人发展不断地得到提高"。这种"不断地得到提高"所要求的，就是学校必须坚持以追求教育质量为目标，强调教育质量的持续提高，强调教育的不断"增值"。

五

全面质量管理具有明显的全面性特点，具体到学校管理领域，体现在它涉及学校里的所有活动，关系到学校中的所有人，贯穿于学校工作的始终，也就是：

其一，坚持质量管理的全面性，首先要关注全体学生的全面发展，而这又需学校以课堂教学为中心，对教学、管理和后勤等工作进行全面管理。

其二，坚持质量管理的全员性，强调学校中的每一位干部、教师和辅助人员乃至学生，都须关心质量管理。这里很重要的一点是，学校中的每一个部门都要有服务意识，为提高教育质量而服务。

其三，坚持质量管理的全程性，主要是抓住教育教学过程的每一个环节，达到预先确定的各个环节的质量标准，并对所有教育教学环节的质量及各环节之间的"接口"进行管理，保证围绕着教育目标循序渐进地开展教育教学活动。保证了教育质量的过程管理，也就保证了高质量教育的实现。

学校实施全面质量管理，最重要的首先就是实现观念的转变，树立起前述的服务观、顾客观、质量观。其次是建立起文件化的管理体系，就是说用文件的形式将学校包括质量方针和组织结构的管理职责、质量体系，教育教学过程的控制、预防和纠正措施，质量记录的控制及教职员工的培训等规定下来。最后是进行全面质量管理的培训。由于全面质量管理重视全员的参与，因此学校的所有人员都须接受有关全面质量管理的培训，了解其理论和技术，尤其是管理技术和工具的使用。当然，学校领导的决心和承诺对于学校能否接受全面质量管理和能否持之以恒地实施全面质量管理至关重要。

（本文原发表于《中国教育报》1998年11月14日第4版）

ISO9000 质量体系认证适用于学校教育吗？
——关于教育领域引进质量体系认证的思考

近来人们会不时地从各种渠道看到或听到这样的新闻报道或信息：某某学校通过了 ISO9001 或 ISO9002 质量体系认证，或某某学校正在积极建立 ISO9000 质量管理体系以准备通过认证；一些学校的校长也不时会收到来自咨询机构的"提供建立 ISO9000 质量管理体系的顾问咨询"的询问或推荐；更有大型教育集团"将分批组织和指导所属学校通过 ISO9000 标准质量体系系列认证"。而且，我国迄今已有一些幼儿园、普通中小学、职业学校、高等学校、成人高等学校等各级各类（公立或民办）学校通过了国内或国外认证机构进行的质量体系认证，并获得相应的 ISO9001 或 ISO9002 的资格证书。种种迹象表明，ISO9000 质量管理体系认证似有"大举进军"教育领域的趋势。

一 | ISO9000 质量体系简介

今天，人们都知道"ISO9000"这个名字，但对于这一质量体系的基本内容及其作用等，教育界的人士或许并非十分清楚。因此，在讨论有无必要在教育界引入 ISO9000 质量体系认证之前，似乎有必要先对这一质量体系作一简要的分析介绍。

ISO9000 质量体系的形成

ISO 始建于 1946 年，现总部设在日内瓦，是"国际标准化组织"（International Standardization Organization）英文首字母的缩写。ISO9000 是国际标准化组织颁布的 ISO9004 五个标准的总称，即所谓的"ISO9000 系列标准"。成立于 1979 年的国际标准化组织质量管理和质量保证技术委员会（ISO/TC176），专门负责这一系列标准的制定。技术委员会在总结各国质量管理和质量保证之经验的基础上，经过各国质量管理专家多年的协调努力，于 1986 年 6 月正式颁布了 ISO8402《质量——术语》标准，首先为在世界范围内统一质量术语、澄清概念发挥了重要作用，ISO9000 族（family）的如下五个标准则是由国际标准化组织在 1987 年 3 月正式公布的：

ISO9000：1987 年，《质量管理和质量保证标准——选择和使用指南》；

ISO9001：1987 年，《质量体系——设计、开发、生产、安装的质量保证模式》；

ISO9002：1987 年，《质量体系——生产和安装的质量保证模式》；

ISO9003：1987 年，《质量体系——最终检验和试验的质量保证模式》；

ISO9004：1987 年，《质量管理和质量体系要素——指南》。

其中，ISO9001 至 ISO9003 体系标准主要是以英国的 BS5750 标准为基础，并参照其他国家的标准而制定的，由英国负责；ISO9004 标准的起草制定工作主要由美国负责。上述五个标准按其作用大致可分为三类：ISO9004 为质量管理标准；ISO9000 是系列标准的选择使用路线图；而 ISO9001、ISO9002 和 ISO9003 则是质量保证标准，即我们时常所见的资格认证标准。

质量管理和质量保证技术委员会从 1990 年起着手上述标准的修订工作，以适应当今国际贸易发展的需要，满足各方使用者的要求。这一修订后的新标准由国际标准化组织在 1994 年 7 月 1 日正式颁布，简称 94 版标准。目前社会上所普遍使用的 ISO9000 系列标准，就是这 94 版标准。

ISO9000 系列标准的颁布，使得世界主要工业发达国家的质量管理和质量保证的原则、方法和程序，在国际标准的基础上得到了统一，标志着质量管理和质量保证在规范化和程序化方面进入了新的时期。而在国际标准化组织颁布的近万个标准中，从来没有任何一个标准像 ISO9000 系列标准那样产生着如此强烈、广泛、持久的影响，这主要是因为它适应了国际贸易发展的需要，满足了质量方面对国际标准化的需求及广泛采用第三方（third party）质量体系认证的需要。我国是在 1989 年开始等效采用 ISO9000 系列标准（等效采用是指我国的标准与国际标准在技术内容上基本不变，但有小的差异，而且在形式编排上也有所差异），1992 年又正式等同采用了这一系列标准（等同采用就是将 ISO9000 系列标准的中文译本直接作为国家标准，在技术内容和结构上不作或稍作编辑性修改），并依据此标准开展了质量体系的认证工作。1994 年，我国及时等同转化了修订后的 ISO9000 系列标准（94 版）。

ISO9000 质量体系的基本要素

目前用于企业或公司（更确切地说是"组织"）进行质量体系认证的，是 ISO9001、ISO9002 和 ISO9003 等三个标准，而其中应用范围最广的是 ISO9001 和 ISO9002，通常称之为"质量保证模式"。94 版的质量保证模式共包含有 20 个要素，它们依次是：管理职责；质量体系；合同评审；设计控制；文件和资料控制；采购；顾客提供产品的控制；产品标识和可追溯性；过程控制；检验和试验；检验、测量和试验设备的控制；检验和试验状态；不合格品的控制；纠正和预防措施；搬运、储存、包装、防护和交付；质量记录的控制；内部质量审核；培训；服务；统计技术。表 1 显示的是我国一所学校为认证而建立质量体系时将这 20 个要素应用于学校教育服务质量体系时的一份对照表。

表 1　ISO9000 标准要素与学校质量体系要点之对照

ISO9000 标准要素	中小学教育服务质量体系要点（仅学校特点部分）
管理职责	管理职责
质量体系	质量体系
合同评审	招生简章、招生计划的控制
设计控制	特色教学方案的控制

续表

ISO9000标准要素	中小学教育服务质量体系要点（仅学校特点部分）
文件和资料控制	教育体系文件和资料的控制
采购	教师聘用、教材、教学设施、教具等物资和分包服务的采购
顾客提供产品的控制	学生个人物品的管理（寄宿制学校）
产品标识和可追溯性	学生个人档案、教育服务人员和设施等标识
过程控制	教育服务过程各环节控制
检验和试验	学生入学评价；教育服务过程度量检查、测验；考试的教学质量分析
检验、测量和试验设备的控制	实验室的计量测试设备、仪器的控制；教育质量设定标准的控制
检验和试验状态	教学和学生评价记录；质量检查记录
不合格品的控制	不合格的教育服务的控制
纠正和预防措施	纠正和预防措施
搬运、储存、包装、防护和交付	学生健康、安全、住宿、接送、环境绿化、保洁的控制
质量记录的控制	质量记录的控制
内部质量审核	内部质量审核
培训	教职员工培训和上岗考核
服务	学生毕业后的质量跟踪调查及同家长的联络
统计技术	教育服务过程中的统计技术的应用

ISO9001和ISO9002的区别仅在于前者包含有"设计控制"要素，而后者不包含有这一要素，二者之间并无优劣之分。一般而言，服务性行业或并无产品设计之需要或任务的生产性企业，如百货公司、出租车行业或建筑行业等，以ISO9002体系认证为多。需要明确指出的是，ISO9000认证只是一种质量管理体系认证，即证明一个被通过认证的企业（组织）所建立的质量管理体系及其运行，是符合这一国际化标准的，而不是证明该企业（组织）的产品或服务

符合国际化标准。

ISO9000 质量体系的作用及其认证动力

ISO9000 质量体系认证意义或者说作用，从企业本身来讲主要包括如下几个方面。

首先，增强认证企业在国际和国内市场的竞争能力。是否根据 ISO9000 系列标准建立了质量体系以及是否通过体系认证，已经越来越成为企业质量保证能力和水平的标志。在国际市场上，不少工程项目的招标、重要物资的采购和贸易洽谈都日益把是否取得 ISO9000 认证证书作为招标、参与竞争和合作的前提条件。正因如此，人们常说获得 ISO9000 体系认证就获得了通往国际市场的"通行证"。在国内市场，一个大型企业，如汽车公司要求凡希望成为其零部件供应单位的企业必须通过 ISO9000 体系认证，或者说某一大型超市为保证其商品的质量而要求向其提供商品的生产企业或农场均需通过 ISO9000 体系认证，而后者为了成为前者的供应商就不得不进行体系认证。

其次，健全企业的质量管理体系。不少实践证明，一个企业（或组织）可以借助质量体系认证作为动力来进一步健全自己的质量管理体系，改善内部管理，提高企业素质。特别对于一些新的企业或管理上缺乏设计和存在诸多漏洞或薄弱环节的企业，可以通过贯彻 ISO9000 标准并通过认证来加强管理，提高人员素质，进行质量体系建设。特别是通过第三方的认证，可以发现存在的问题，及时采取纠正措施，改进质量体系，从而取得更好的经济效益。

再次，提高企业的知名度。企业通过质量体系认证，就获得了一种具有权威性的社会承认，可以提高企业的知名度，并从而增强市场的竞争能力。因为，一方面，认证机构有责任每年在公开的刊物上公布认证企业的名录，如英国标准协会（BSI）的质量保证部每年出版一本《认证企业名录》，许多大公司将其作为一种"购物指南"，以便从中选择适合自己的合格供应方，因而这种《企业认证名录》客观上起到了促销的作用；另一方面，企业本身可通过各种方式宣传自己质量体系认证注册的情况，以扩大自身的影响，促成产品的销售。

一个企业或组织是否需要进行质量体系认证，取决于"外部推动"或"内部需求"。"外部推动"一般指企业的认证主要来自企业外部的要求,如一个企业要成为另一企业的供应商而后者又提出体系认证的要求,或某产品要进入某种市场,而该市场则要求凡进入该市场的企业必须具有质量体系认证证书等。此外,某个系统的上级领导部门出于某种需要,要求系统内的相关企业单位必须建立质量体系并进行认证,也可看作是一种"外部推动"。"内部需求"主要是指认证的企业为了改善自己的管理体系以提高管理效率,或者为提高自己的社会知名度以扩大自己的影响并进一步开拓市场,而进行质量体系建设并予以认证的。

ISO9001:2000 年新版

94 版标准在经过六年的实施后,经过较大幅度的修订,于 1999 年 11 月通过了 ISO9001 的国际标准草案稿,2000 年第四季度出版了作为国际标准(IS)的新版 ISO9001。改版后的 ISO9000 标准更科学、更合理、更适用、更通用。与 94 版相比,2000 年新版标准首先来了一次结构上的变化,即将原来的 ISO9001、ISO9002 和 ISO9003 三个标准合并为单一的 ISO9001 标准。其次是该标准在总结各国质量管理实践经验的基础上提出了如下八项基本原则:

- 以顾客为中心。组织依存于其顾客,因此,组织应理解顾客当前的和未来的需求,满足顾客要求并争取超越顾客期望。

- 领导作用。领导将本组织的宗旨、方向和内部环境统一起来,并营造使员工能够充分参与实现组织目标的环境。

- 全员参与。各级人员都是组织之本。只有他们的充分参与,才能使他们的才干为组织带来最大的利益。

- 过程方法。将相关的资源和活动作为过程进行管理,可以更高效地得到期望的效果。

- 管理的系统方法。针对给定的目标,识别、理解并管理一个个由相互关联的过程所组成的体系,有助于提高组织的有效性和效率。

- 持续改进。持续改进是组织的一个永恒的目标。

- 基于事实的决策方法。对信息和资料的逻辑分析和直觉判断是有效决策的基础。

- 互利的供方关系。通过互利的关系,增进组织及其供方创造价值的能力。

再次是改版后的 ISO9001 标准的具体内容,除了质量管理体系外,主要包括了管理职责、资源管理、产品实现及测量、分析和改造等四大部分。而 94 版标准中的 20 个要素,则基本涵盖在这四大部分具体内容之中。图 1 以过程方法的模式,将这四大部分描述成一个概念性图解,以增强对四大部分关系的理解。

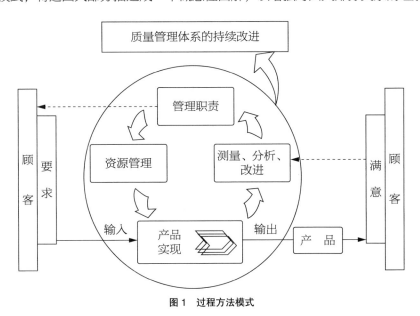

图 1 过程方法模式

文件化的 ISO9000 质量体系

按照 ISO9000 标准的界说,质量体系是指"为实施质量管理所需的组织结构、程序、过程和资源"。每一个组织都客观存在着组织结构、程序、过程和资源,不论它是否按某一标准建立和运行,不论它是不是正式的和成文的,它实际上都是一种质量体系的客观存在。所谓建立质量体系,实际上就是按某一标准的要求来规范现有的质量体系,使之满足质量管理和为顾客提供信任的需要。建立 ISO9000 质量体系,就是按照 ISO9000 标准所规定的要求,建立起一套文件化的质量管理体系并使之运行。除了按照标准所规定的要求外,一个组织质量体系的建立还必须结合本组织的具体目标、产品和过程及其具体实践来综合考虑，要以组织的质量方针和质量目标的展开及实施为依据。体系认证，最主要的就是审核文件化的质量体系的建立及其在组织中的实际运行。

ISO9000标准要求的文件化的质量管理体系主要包括三个层次的文件：一是质量手册；二是体系程序文件；三是其他质量文件（工作指导书、报告、表格等）。质量手册是"阐明一个组织的质量方针并描述其质量体系的文件"，是一个组织质量体系文件化的结果，是质量体系运行的依据。其内容主要包括或涉及：对质量方针的阐述，与质量有关的组织结构，影响质量的管理、执行、验证或评审工作的人员职责、权限和相互关系，质量体系要素的描述，手册本身的管理办法等。体系程序文件为执行质量活动规定了具体的方法，处于质量体系文件结构的第二层，因此起到了承上启下的作用。对上它是质量手册的展开和具体化，使得质量手册中原则性和纲领性的要求得以展开和落实；对下它引出相应的支持性文件，包括工作指导书和记录表格等。其他质量文件（有时又直接称为工作指导书）是指那些详细的作业文件，在质量体系的文件结构中位于第三层，是体系程序文件的进一步展开和细化。一般又统称为支持性或支撑性文件，具体包括工作指导书、报告、表格等，通常以规范、工艺、操作规程、技术标准、图纸、记录表格等形式出现。这类文件在质量体系中所占数量最多、涉及面广，针对与质量有关的各项活动规定了具体的技术要求和实施细节，是一个组织质量体系运行的基础。图2显示了上述三类文件的层次关系。

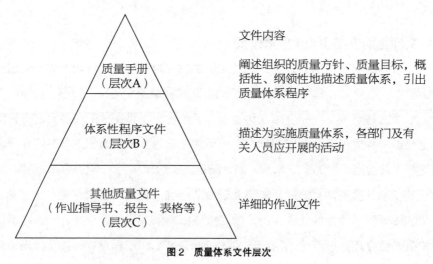

图2　质量体系文件层次

二 | 质量体系认证适用于学校教育吗？

随着我国教育改革的不断深入，如何确保教育教学的高质量已经成为人们关心的焦点。正是在这样的教育改革背景下，ISO9000 质量管理体系及其认证引起了教育界人士的广泛关注，而不断增多的各级民办学校为了提高自己的知名度和扩大生源更是青睐于这一体系认证，从而促进了对 ISO9000 质量体系认证的热情。那么，教育界，或者具体地说每一所学校，是否需要去进行质量体系认证呢？或者说质量体系认证适用于学校教育吗？

建立 ISO9000 体系是否能直接提高教育教学质量？

由于质量体系严格而明确地规范了一个组织（学校就是一个组织）内影响质量的管理、执行、验证或评审工作的各类人员的职责、权限和相互关系，而且建立了这一质量体系的组织在管理工作中也严格按质量体系所要求的做了，因此可以说该组织的管理工作应该是规范的，从管理角度说是有效的，或者说这一质量体系符合了 ISO9000 这一国际标准。但是在教育领域，提高了学校管理工作质量的效率，为教学第一线的教师提供了所必需的服务，尽管从理论上讲这会有助于提高教育教学质量，但是这种提高并不是必然的，因为学校教育的服务对象是各具个性、充满活力、先前的学业准备和个人体验不尽相同的学生，因此他们的需求也会呈现多样化。而且，学校的产品不像企业那样如此单一和无生命力，按照英国标准协会（BSI）的界说，学校教育的产品是指"每位学生的能力、知识、理解力和个人身心发展的不断提高"。因此建立质量体系可以有助于使学校中的各项分工更为明确，管理职责落实到人，管理工作更为科学和更有成效。但由于企业的生产或一般服务性行业的服务与学校所进行的"生产"或提供的"服务"之间存在着相当大的差异性，还由于教师的专业发展水平及其敬业精神和执教经验是教育教学成功的一个十分重要的因素，更由于既是学校教育服务对象又是学校产品即"学生的能力、知识、理解力和个人身心发展的不断提高"（对此界定我们可以根据实情予以修订）之载体的学生本身存在差异性和不同的需求，改进了的质量管理体系虽然可以直接帮助提高企业生产的质量，但却不能由此而认为改进了的质量管理体系就可以直接帮助提高学校的教育教学质量。

学校是否需要或必须进行体系认证？

从国际的情况看，世界上确有一些国家如英国、新加坡、以色列等都有一些学校获得过 ISO9000 的质量体系认证证书，也看到报道说美国有公立学校学区正在建立 ISO9000 质量体系以准备通过 ISO9000 体系认证。但毕竟这样的学校还是极少数。如前所述，质量体系认证的动力或来自"外部推动"或来自"内部需求"。我国目前航海类院校进行体系认证的比较多，如大连海事大学、上海海运学院、青岛远洋船员学院、集美大学航海学院、舟山航海学校等都先后通过体系资格认证。航海类院校之所以进行认证，主要是因为国际海事组织从维护海上人身、财产安全和保护海洋环境的愿望出发，在 1995 年修订了《1978 年海员培训、发证和值班标准国际公约》并对公约各缔约国政府的发证机构和教育培训机构明确提出了建立质量体系的要求，以保证其教育培训和发证的质量。我国交通部为此在 1997 年颁发了《中华人民共和国船员教育和培训质量管理规则》，规定航海院校必须建立船员教育和培训的质量管理体系，并接受主管机构的外部审核。因此，我国航海院校建立质量标准体系从某种意义上说是国际公约和政府有关行业部门的一项强制性要求。我们可以把这种认证看作是一种"外部推动"。同样，北京市一大型教育集团"将分批组织和指导所属学校通过 ISO9000 标准质量体系系列认证"，对该教育集团的"所属学校"来说这种认证要求也可属于一种"外部推动"。但对于目前大多数已进行了质量体系认证的非航海类的学校来说，其体系认证基本上以"内部需求"促成的为多，或为了使其质量管理体系更为健全，或为了提高学校的知名度，而且对于开拓学校的生源市场或许会有一定的促进作用。这样的认证是一种"学校行为"。建立起 ISO9000 的质量体系并不太难（即编写出三个层次的质量手册、体系程序文件和支持性文件），难的是体系建立后的严格实施。因为只要进行认证，即使是学校，也要按照体系所有要素的规定严格执行，但由于学校教育工作的特点使得这种执行显得有点复杂，甚至有些繁琐。此外还需特别指出的是，进行质量体系认证需要花费相当的财力（仅建立质量体系所需的咨询费及体系认证的费用就达 10~20 万元），这还不包括学校参与体系建立所需人工的巨大的隐性费用。而且一次认证的有效期限一般为三年，期满前须由认证机构再进行复审，以确定质量管理体系在运行中是否继续符合 ISO9000 的标准。如不复审，原先的资格认证就会失效，但复审不会是免费的。

建立学校质量体系与实施全面质量管理

既然建立质量管理体系有助于使学校的管理工作走向规范，那么对于学校来说就有建立这种体系的必要。学校建立体系后可以进行认证也可以不去认证，而不进行认证就可不受认证所需的规定之约束，因此对于绝大多数不受"外部推动"的学校来说，依笔者的观点，可以根据 ISO9000 质量保证体系的基本思想及引入质量保证体系中最适用于学校教育的要素条目（同时摈除不十分适用于学校教育的要素条目），并根据教育领域的特点，来建立符合学校自身需要和特点的质量管理体系，从而为学校提高管理工作的质量并在此基础上为努力提高教育教学的质量打下扎实而牢固的基础。在建立这种文件化的质量管理体系的同时，学校可以考虑同时引入全面质量管理（Total Quality Management，TQM）的思想。全面质量管理原是企业界的一种管理思想和管理实践，它高度重视人力资源的开发和利用，强调在尊重人的价值的前提下，注重战略规划、全员参与、团队精神、协调工作等。按照国际标准化组织（ISO）的界说，全面质量管理是指"一个组织以质量为中心，以全员参与为基础而达到长期成功的管理途径，其目的在于让顾客满意和本组织所有成员及社会受益"。从国际比较的角度看，全面质量管理是 90 年代以来国外教育领域为提高教育教学质量而移植进学校的一种颇为有效的管理思想，在美国更由于"学校重建"运动和波多里奇国家质量奖被引入教育界而受人关注。以"消费者中心"和"质量的持续提高"为核心观念的全面质量管理思想，认为一个组织的重要外部功能就是向消费者提供优质的产品和周到的服务，强调尊重消费者的利益和要求并置消费者于整个管理体系的最重要位置。在全面质量管理推广至学校领域后，教育被看作是一种"服务",而学生则是学校教育最重要的"服务对象"。学校的各项工作就构成了一种服务链,一环服务一环,最终由教师将一种优质的教育服务提供给学生。从教育全面质量管理的本质和内涵看,它可以成为今日学校实现素质教育目标的一种十分有效的途径,而它的具体落实又与一种完善的管理体系分不开。因此我们认为,依据ISO9000的思想来建立符合学校实际的质量管理体系,同时引入教育全面质量管理的思想并付诸实践,有助于学校建立起一种质量保障体系并真正形成"以学生发展为本"的教育。图3显示了建立质量管理体系和实施全面质量管理之间的密切关系。

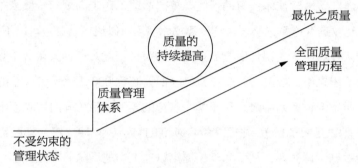

图3　质量管理体系与全面质量管理之关系

由于质量体系认证对于绝大多数学校来说只是一种"学校行为",因此学校在准备进行质量体系认证前,似应首先全面地分析和考虑认证的利弊得失,谨慎对待!

（本文原发表于《上海教育》2001年第11期）

近年来美国学校管理改革述评

近 10 多年来在美国颇为流行且受人重视的校本管理、特许学校和公校私营等改革举措使美国基础教育的管理体制逐步从单一走向多元，笔者对此略作评述，以期使我们从一个侧面加深对美国教育整体改革的了解，汲取可供我用的域外经验。

一 | 校本管理

校本管理的界说及其实施

校本管理，主要就是强调教育管理重心的下移，把中小学作为决策的主体。这种管理重心下移的思想在美国有着较长的历史，到了 20 世纪 80 年代的教育改革运动中更成为研究和实践的主要内容之一。有关校本管理的各种研究在 20 世纪 80 年代后期开始大量出现，其界说在不同文献中也各不相同，美国教育部下属的"教育研究办公室"对校本管理的如下界说具有相当的代表性。

校本管理是一项通过将重要的决策权从州和县转移到每一所学校的改进教育的策略。校本管理向校长、教师、学生及其家长提供了控制教育过程的更多权力，让他们负责预算、人事和课程。通过教师、家长和其他社区成员参与这些重要的决策，校本管理可以为儿童创造更为有效的学习环境。[1]

从 20 世纪 80 年代后期起，美国各地的许多学校系统就开始实施校本管理。

早在 1989 年，美国就已有 14 个州推动着校本管理项目，到 1991 年全国有千余个学区在实验着某种形式的校本管理。如在肯塔基州，1990 年通过的立法要求除小部分例外，全州所有学校须在 1996 年 7 月 1 日前实施校本管理模式，而在 1991—1992 学年度，全州 1350 所中小学中已有 420 所学校建立了校本管理委员会。到 20 世纪 90 年代中期，校本管理已成为美国中小学进行教育管理改革的一种主要模式。[2]

学校自主和共同决策

美国校本管理的核心就是把权力从地方学区下放到各个学校，其根本点就是学校自主（又说学校自治）和共同决策，这正如《校本管理研究综述》一文所概括的，"校本管理＝自主＋共同决策"。学校自主主要包括财政、人事和课程三个方面。[3]

财政自主。预算规划和经费控制是校本管理中权力下放的主要方面，尽管理论研究一般认为经费控制通常与学校自主密切相联系，但实际上要真正做到财政自主颇有难度。这种经费方面的绝对自主权只是在 20 世纪 90 年代诞生的特许学校中才真正出现。

人事自主。人事自主是校本管理中一个关键的授权要素，且又是争论较大的方面，与经费使用密切相关。在有关人事自主方面主要包括确定职位和挑选人员。

课程自主。校本管理研究和所建议的实践中的一个明确方面，就是学校设计自己的课程和教学计划，但通常是在学区或州确定的核心课程的框架下编制课程和编写或选择教材的。这实质上是一种以学校为基地进行课程开发的民主决策过程，但显而易见，这在对课程进行严格规定、对教科书有要求以及进行统一考试的学区是难以有效进行的。

校本管理的另一个重要特点是"共同决策"，这里主要是指教师、家长和社区成员（有时也包括学生）参与学校的各项决策，如经费的使用、人员的聘用、课程的编制、教材的选择以及其他各种事务等。"共同决策"往往是由校本管理委员会作出的。在实施校本管理的学校中，一般都成立有这类校本管理委员会，其成员来自各个方面的代表。成立校本管理委员会的目的在于"提供一种改进学校内的教育计划和条件的合作手段"。加利福尼亚州教育当局在关于成立校本管理委员会的一份文件中指出，委员会的职责包括制订学校的改进计划，持续地检查这一计划的实施，评估学校课程计划的成效，检查并更新学校的改进计划，建立年度学校预算等。也有理论研究认为，校本管理委员会在预算分配、教科书购买、人员的聘用方面起到一种顾问的作用，并通过参与政策发展和重点确定方面给校长以支持。

二 | 特许学校

特许学校（Charter School）是校本管理最集中体现的学校类型，是美国20世纪90年代教育改革中的热门话题，倍受政府和社会民众的关注。从政府角度而言，支持创办特许学校，主要在于给家长为其子女选择合适的公立学校的权利，并在改革公立教育的进程中提供一种选择模式和形成的氛围。作为一种新型的公立学校，特许学校主要由公共教育经费支持，由教师团体、社区组织、企业集团或教师个人申请开办并管理，在相当程度上独立于学区的领导和管理。特许学校在享受相当自主权的同时须承担相应的责任。办学者必须提出明确的办学目标并与地方教育当局为此而签订合约，一旦学校不能履行其职责并未达到预先商定的目标时，提供经费资助的政府有权中止合同。

特许学校的发展及其特征

在美国的特许学校发展过程中，由州议会通过有关特许学校的立法至关重要。有了立法，创办特许学校才有法可依。但通过了立法，也并不意味着一定要办特许学校或特许学校就一定会有很大的发展。自明尼苏达州在1991年通过美国第一个特许学校法后，通过此类立法的州的数量开始不断增加，到1999年已有36个州通过了特许学校法。但在已通过立法的36个州中，仍有五个州内没有一所特许学校，两个州至今各只有一所特许学校，三个州各有两所特许学校。当然，在加利福尼亚（1992）和亚利桑那（1994）两州，特许学校数均超过 200 所。[4]

一般认为，美国真正的第一所特许学校是明尼苏达州的两位教师在 1992 年创办的。自此之后，特许学校有了较大的发展，这一发展在近几年尤为明显，如 1996—1997 学年度创办了 178 所，1997—1998 学年度为 289 所，1998—1999 学年度为 401 所，1999—2000 学年度中到 1999 年 9 月已达到 421 所。这样，到 1999 年 9 月，美国运行中的特许学校数总共已达到 1484 所；如果包括根据一份特许状而在不同地方运作的学校办学点在内，这一数字则增加到 1605 所。同时还须指出的是，有些特许学校在运作过程中因种种原因而关闭，这一关闭数在 1998—1999 学年度就达到 27 所，从而使自 1992 年特许学校开办以来关闭的学校数增加到 59 所。

小型和自主（自治）一直被认为是特许学校的主要特征。一般来说，美国中小学的规模本来就不是很大，但特许学校相对于其他公立学校而言，规模更小。在 1998—1999 学年度，特许学校的平均每校学生数仅为 137 人，而全部公立学校的平均学生数是 475 人；学生人数超过 600 人的特许学校仅占特许学校总数的 8%，这一比例在普通公立学校则达到 35%。特许学校相对于一般的公立学校拥有更多的自主权，这在经费使用、教师聘用、课程设置等方面尤为突出。但是，这种自主权在具体操作方面又会有所不同，因为各州的特许学校立法或特许学校授予机构都会在有关方面对这种自主权作出某些规定，如学区或特许学校授予机构在预算、学年安排、学生评估政策和学生招收政策等方面的控制程度仍达到 20% 左右的比例。

与学校自主密切相联系的，是特许学校的绩效责任（accountability）。这一绩效责任是指特许学校在获得相当程度自治的同时，必须对学校的质量提高和学生的学业成绩负有责任。特许学校在履行绩效责任的过程中，一是对教学实践、学生成绩、学生行为、学生到校率、学校任务的完成、学校管理、学校财政及与特许立法规定保持一致等方面实行监控（monitoring），其中监控程度相对较高的方面依次为学校财政、与立法保持一致、学生成绩、学生到校及教学实践等。二是向相关机构或群体提出有关学校进展的报告。在 1998—1999 学年度，绝大多数的特许学校都向学校管理委员会提出报告（占 96%），向授予其特许地位的机构提出报告（占 92%），向学生家长提出报告（占 89%）。三是进行学生评估。特许学校的主要责任之一就是提高学生的学业成绩，为此对学生成绩进行评估就成为办学过程中不可或缺的一项任务。几乎每一所特许学校都使用了标准化评估来衡量学生的学业进步，而且大多数学校还使用了各种非标准化的评估手段。

特许学校的办学成效及其面临的挑战

一所学校的办学成效如何，其衡量指标应该是多样的，而不应仅仅是学生的认知水平和学业成绩。美国特许学校自创办至今的近 10 年中，尽管各所学校都有报告称它们提高了学生的学业成绩和考试分数，但目前还没有一份这一方面的全国性或州一级的研究报告，尤其是还没有以定量的数据支持为基础的报告。

越来越多的研究认为，学生对所在学校的满意与否在相当程度上会影响到他们对学习的兴趣和学业成绩的提高。而特许学校首先就是创造一种有利于学习的环境，在相当程度上考虑到学生的需要并予以满足，成为学生尤其是那些以往具有不利教育体验的学生的安全港和避难所。位于印第安纳州的哈德森研究所（Hudson Institute）从 1995 年夏季开始进行了一项"行动中的特许学校"（Charter Schools in Action）研究项目，对 10 个州内共招收有 1.6 万名学生的 50 所特许学校进行了实地调查，访问了学生、家长、教师、社区居民、州的决策者及特许学校的其他支持者，并对学生、家长和教师三个群体进行了问卷调查。[5]

正因为学业成绩不是衡量学校成功与否的唯一标志，因此哈德森研究所的调查将学生对特许学校的喜欢和不喜欢及家长对学校的满意程度作为研究的主要内容之一。结果显示，特许学校学生在对学校各项活动的喜欢方面及家长对特许学校的满意方面均呈现出积极的回应。此外，教师对工作环境和工作条件的满意程度，又在相当程度上决定着他们能否全心致力于教学工作。对特许学校教师的调查结果也表明：93.2% 的教师对学校的办学理念非常满意和一定程度上满意；94.4% 的教师对同伴教师表示满意；90.9% 的教师对学校规模感到满意；教师对学生的满意程度也达到 91.3%；尽管对学校管理者的满意程度相对较低，但也达到了 85.4% 的比例。当问及这些教师是否计划继续在特许学校任教时，82% 的回答是肯定的，15.3% 的教师表示还不能确定，而明确表示希望到其他地方任教的教师仅为 2.7%。因此也可以说，特许学校在办学的许多方面（尤其是非学业成绩方面）具有积极的成效。

美国特许学校尽管发展很快并显示出相当的生命力，但困难和挑战与此并存。1998 年《卡潘》"特许学校运动"专号刊登有一篇专门探讨特许学校运动所面临的内部和外部诸项挑战的论文，表明特许学校的进一步发展并非易事。2000 年出版的《特许学校状况》列出了特许学校发展过程中的种种"实施的挑战"，并认为经费问题仍列特许学校所面临的各种困难之首位。特许学校如何尽快地提高教育质量或者说学生的学业成绩，或许是另一个重要的挑战，因为如果学校在若干年中未能实现它们原先承诺要实现提高学生成绩的目标，那它们就可能会失去"特许"的地位。但正如上所述，迄今还没有以实际数据为基础的、有关特许学校学生学业成绩提高的全国性研究报告，而这对特别注重改革实效的今日美国教育是至关重要的。[6]

三 | 公立学校私营管理

"营利教育"（for-profit education）是当前美国"争论最热烈的教育问题"之一。这一争论主要集中于 20 世纪 90 年代教育改革中出现的一种新的学校管理形式，即公立学校私营管理（private management of public schools，以下简称公校私营）。著名的《商业周刊》和《教育周刊》都曾以专题报道的形式讨论这一主题。[7]

这里所说的营利教育、营利学校不是指传统的私立学校或教会学校，而是指由营利性的私营公司管理的公立学校及其教育，而在这些学校中就读的学生仍享受其他公立学校中学生所享受的待遇。美国公校私营目前主要包括两个方面：一是一些称作营利教育管理组织（for-profit education management organization，简称 EMO）的各种私营公司，它们自己创办并管理特许学校，或接受其他特许学校的委托来管理这些学校；二是通过与地方学区的教育主管部门签订承包合同，来管理传统的公立学校的形式，这一形式原先因"教育选择公司"管理马里兰州巴尔的摩市的公立学校而出名，但目前尤以总部位于纽约的爱迪生学校公司（以下简称爱迪生公司）为其主要代表。而公校私营的讨论主要是指第二种形式。

公校私营的前期实践和近期发展

在美国，由私营管理公司通过承包方式管理公立学校并对学校事务负责，是 90 年代开始出现的一种改革思路和实践。原位于明尼苏达州的"教育选择公司"在 1990 年 6 月与佛罗里达州达德县学校委员会签订了管理该县南点小学的合同，开创了美国公校私营的先河。该公司在 1992 年 7 月又签订了管理巴尔的摩市 12 所公立学校为期五年的合同，并在 1994 年 7 月与康涅狄格州哈特福德市教育委员会签订了连续五年管理该学区全部 32 所学校的合同。一时间，公校私营问题成为美国教育媒体的关注热点，成为教育理论界新的研究内容。但很快发生的事情是：达德县在 1995 年未再续签先前的管理南点小学的合同；哈特福德市教育委员会在签订合同几个月后发现自己与选择公司在合同条文上有很多分歧，遂即将委托管理的学校数从 32 所减为 6 所，并在尔后的争论未果后于 1996 年初索性取消了全部合同；1995 年 12 月，巴尔的摩市学校委员会在马里兰大学对选择公司的管理结果进行了一次独立评价后投票表决，提前一年半中止执行与教育选择公司签订的管理合同。这一"被广泛看作是公校私营管理的重要的实验案例"从而夭折于成长之中。尽管教育选择公司在学校管理经营上的失败可以归结为多种原因，但最为重要的，是学生的学业成绩并未因学校实行私营管理而得到提高，而提高学生的学业成绩是美国公校私营改革最重要的促动因素。

教育选择公司公校私营的初期实践虽未获得成功，但却使得这种管理形式在美国的教育改革中生了根，并在近几年中有了一定的发展。在美国目前约 530 万名就读于从幼儿园到高中的学生中，有 10 万多名儿童在约 200 所由私营公司管理的公立学校中学习，约占到全部学生的 0.2%。爱迪生公司的创始人和执行总裁维特勒（Christopher Whittle）宣称，在20年后，"20%到30%的美国公立学校将由营利性公司创办"。尽管这种预测可能过于乐观，但撰写《它们正迅速扩展》一文的作者是这样认为的："如果即使这种宣称只有一半能成为现实，它都将极大地重塑美国的教育。多年的改革努力在强求着公立学校进行变革，但这种变革已经进入冰河期。如果营利学校成为一种可行的选择，那它们就能第一次给家长以真正的学校选择，并加速这种发展的速度。"[8]

不同观点看营利教育

在美国当前有关公校私营或营利教育的争论中，主要的问题是：是提高学生成绩还是赢利，抑或两者兼而有之？大致存在着两种观点：一是以教育界（也包括部分企业界人士）为主要代表的持怀疑态度的观点；另一是以经济或企业界为代表的持积极态度的观点。

怀疑营利教育的观点认为：首先，营利教育与美国公立教育的本质目的是不一致的。公立教育必须向每一个人提供平等的机会，而私营机构参与公立教育这样的领域会存在一种内在的矛盾，因为市场中必须履行的责任是赢利。其次，公校私营不同于其他的教育产业部分，它并不能赢利。著名教育经济学家莱文教授就对教育管理公司能够在公立教育中获得成功表示怀疑。他认为，如果创办较多数量的学校能够产生利润，早就有人这么做了，"规模经济学完全远离教育"。

但对营利教育持积极态度的人士则认为，公校私营可以在公立教育领域中引入一种竞争机制。今天的教育领域就像是美国当年的医疗领域，而今天的医疗领域已成为一种动力很强的赢利产业，"教育也将是这样的产业"。人们参与这一领域固然需要赢利，但重要的是"使命驱动"（mission driven），即关心教育和改革教育。现为"胜利学校公司"副总裁的海耶尔（Erik Heyer）毕业于哈佛大学商学院并在投资领域工作过，他说他确实遇到过很想在教育领域寻求赢利机会的人，但其数量"不超过50%"。就连莱文教授也认为，"一些创办营利学校的人士有着非常强的教育责任感，但有些人可能没有"[9]。

不论在理论上对营利教育的看法和争论如何，营利教育与私营管理公司的问世及其发展，实际上已经对美国的学校教育产生了较大的影响。而在这样一场新型公立学校（营利学校）与传统公立学校进行的教育竞赛中，"儿童是最大的赢家"，爱迪生公司总裁在接受《商业周刊》记者采访时如是说。

四 | 几点结论性思考

美国教育改革的上述各项举措，从管理的角度挑战了当前的美国公立教育，打破了美国公立教育系统长期以来缺乏活力的局面，给公立学校带来了竞争的压力，并将有利于改善现行的公立教育系统。尽管各项举措各具特点，但至少有一些共同的特点或产生一些相同的影响。

第一，反映了市场主义和现代企业管理思想对教育领域的影响。美国是一个市场主义最为彻底的国家，一些目前风靡的企业管理思想也都产生于美国的学术界或企业界，如全面质量管理、企业重组、学习型组织等，而这些管理思想对于 80 年代以来美国经济的振兴产生了极为重要的影响。美国经济界在 80 年代后期尤其经过管理改革而得到了强劲的复苏和发展，因此拯救过美国经济的一些做法被认为同样适用于已进行多年改革但无巨大成效的教育领域，而相当数量的学生成绩持续低下学校或失败学校的存在又为这种"移植"提供了合适的土壤。在大量企业界人士对教育改革的关心和资助下，这些管理思想在教育领域中的移植和应用很快成为现实，如学校应该成为一个最基本的决策单位来实行学校自主和共同决策，如把教育看作是一种服务，认为学校应该视学生和家长为消费者，应该尽力满足他们的需要或增加他们的满意度等。公校私营，更是企业管理思想直接应用于教育领域的典型。创办这类管理公司的总裁们，大多来自企业界。在美国教育改革进入 90 年代后，一个十分明显的趋势是，经济界和企业界对教育领域的影响愈益加重，因此学校管理改革中出现上述一系列改革措施就不足为怪了，但现在就断言这些管理改革必然会带来教育质量的提高尚为时过早，因为事实还未证实这一点。

第二，改变了人们对传统公立教育的认识。美国的中小学系统原来主要以公立学校为主，辅之以约占 10％学生总数的私立学校和教会主办的学校。但这一构成随着80年代以来教育改革的不断深入,尤其是学校管理方面的改革,已经有了很大的改变。在1998—1999学年度,全部中小学学龄人口中,4200万学生就读于传统公立学校系统,约占学生总数的80%;590万就读于传统的私立学校或教会学校,约占11%;100万的学生在家接受教育,称作home schooling,占学生总数的2%;另有31万就读于特许学校或参加教育券计划的学生,他们目前仅占学生总数的1%;此外还有占学生总数6%的学生(330万)参加了各种开放式的入学计划。教育券计划的实施、特许学校的开办、其他各种开放式计划的推行以及公校私营的实践,正在改变着美国传统的公立学校系统,尽管传统公立学校系统仍是中小学教育的最主要形式。[10]

第三,更为实际和重要的结果是,这些教育管理改革引发了一种迫使公立学校系统自身积极进行改革的竞争。教育管理改革方面的一系列举措使得学生开始分流,即一部分学生离开传统的公立学校。当进入特许学校和由营利公司管理的学校的学生越多,传统公立学校系统所能获得的教育经费就损失越多。这正是问题之所在。特许学校和营利教育正在促使传统的公立学校系统积极主动地改变自己以适应新的挑战和需要。例如在密歇根州的兰辛学区,为了留住学生(该州已有10%的学生被特许学校和跨学区选择计划吸引走),学区内的公立学校已经开始实施全日制幼儿园教育,在中学实行荣誉课程计划并与密歇根州立大学合办一所社区学校。同样在亚利桑那州的梅萨学区,在已经损失1200名学生的情况下,公立学校系统开始推行一种早期幼儿园计划,并开办了一所选择性高中。

此外,这种竞争促使公立学校系统努力进行各种各样的改革项目以提高教育质量。例如,由联邦政府提供资助且为各公立学校积极响应的学校整体改革模式运动,目前正以很大的规模发展着,并在影响和改善着现行的公立学校。这类学校改革模式至少有20多种,且都是以科学研究为基础的。例如,最初实践于1990年的"核心知识课程"改革模式,到1999—2000学年度,实施该改革模式的学校数就达到968所;实践于1987年的"人人成功"改革模式,目前实施该模式的学校已达到1500所;实施于1986年的"加速器学校"改革模式,已在1220所学校中得到实验和推广。[11] 积极实践学校改革模式,是传统公立学校提高教育质量、回应管理改革之挑战的一种有效做法。

第四，引发了学校校长和教育管理人员该由何种人员来做更为合适的争论。随着80年代以来美国企业界日益关注教育改革，企业的一些管理思想被相继引入学校管理实践以及私营管理公司介入学校管理事务，使得谁来出任学区或中小学的教育领导，成为大家普遍关心的问题。《教育周刊》也为此而在2000年1月刊发长文讨论谁更合适做教育领导的问题：教育家或非教育家如企业经理。[12] 事实是，传统上由教育家出任教育领导的局面在美国已经被打破。

华盛顿大学的古德兰德（Goodland）教授认为："今天的优秀领导不应是我们在80年代所谈论的教学领导的校长。那纯属无稽之谈。首先，校长不必因为是好教师而被选做校长。"IBM总裁路易斯（Louis）在1999年9—10月的美国第三届教育首脑会议上说："我们需要把校长看作是经理和领袖。如果他们正确行使其职责，他们应能够控制预算，作出人事决定，进行课程革新和制定学校日程。"克林顿政府教育部负责教育研究的助理部长肯特（Kent）先生在谈到学区教育局长的人选时说："看看芝加哥、底特律、圣地亚哥和西雅图，这些学区更愿意到教育界之外去找领导人，来管理几十亿美元的机构。而且它们并不幻想学校系统出来的某些人就必然具有管理好这些事情的经验或背景或为此而作好了准备。"

/ 注释 /

[1] Office of Education Research, *School-Based Management, Consumer Guide*, January 1993.
[2] Joseph Murphy & Lynn G.Beck, *School-Based Management as School Reforms*, California: Corwin Press, Inc., 1995.
[3] Jane L.David, Synthesis of Research on School-Based Management, *Educational Leadership*, May 1989.
[4] National Study of Charter Schools, *The State of Charter Schools: 2000*, (Fourth-Year Report), Washington, DC: U.S.Department of Education, 2000.本文中主要来自该报告的数据不再一一列出。
[5] Hudson Institute, *Charter Schools in Action Project: Final Report, 1997*, Indianapolis, IN: Hudson Institute, 1997. 本文主要引自这一研究报告的数据不一一注明。
[6] Bruno V.Manno et al., How Charter Schools Are Different: Lessons and Implications from a National Study, *Phi Delta Kappan*, March 1998.
[7] Mark Walsh, Balitimore Vote Ends City's Contract with EAI, *Education Week*, December 6, 1995；Peter Schraq, 'F' Is For Fizzle: The Faltering School Privatization Movement, *The American Prospect*, Issue

26, May-June1996.
- [8] William C.Symonds et al.They're Spreading Fast.Can Private Companies Do A Better Job of Educating America's Kids? *Business Week Online*, February 7, 2000.
- [9] Lynn Schnaiberg, Entrepreneurs Hoping to Do Good, Make Money, *Education Week*, December 1, 1999.
- [10] Education Commission of the States, *The School-choice Movement Is Changing the Landscape of Public Education, The Progress of Education Reform 1999—2001*, Volume1, May 1999.
- [11] American Institutes for Research, *An Educators' Guide to Schoolwide Reform*, Virginia: Educational Research Service, 1999.
- [12] Lynn Olson, New Thinking on What Makes a Leader, *Education Week*, January 19, 2000.

（本文原发表于《教育研究》2001年第5期）

从教育管理译著的出版看校长专业发展

近年来,随着教师专业发展之研究的不断深入和现代学校制度之概念的提出及其实践,校长专业发展这一概念愈益受到人们的关注。人们从不同的角度探讨校长的专业成长和专业发展,而本文试图通过对近年来出版的略有新意的教育管理著作(包括译著)作一粗略的梳理,来展示校长专业发展所需的智识纬度和实践视角。

一 | 教育管理译著举例

约从2002年起,一些英文教育管理著作纷纷被译成中文予以出版,其中略为知名的教育管理译丛译著如下所列。

"教育管理前沿译丛",冯大鸣主编,上海教育出版社从2002年起开始出版,迄今已含:

- 郑燕祥著,陈国萍译:《学校效能与校本管理:一种发展的机制》(2002)
- [美]埃德温·M·布里奇斯、菲利普·海林杰著,冯大鸣主译:《以问题为本的学习在领导发展中的作用》(2002)
- [美]托马斯·J·萨乔万尼著,冯大鸣译:《道德领导:抵及学校改善的核心》(2002)
- [美]戴维·W·约翰逊、罗杰·T·约翰逊著,唐宗清等译:《领导合作型学校》(2003)

- [美]托马斯·J·萨乔万尼著,张虹译:《校长学:一种反思性实践观》(2004)
- [澳]布赖恩·J·卡德威尔、吉姆·M·斯宾克斯著,胡东芳等译:《超越自我管理学校》(2005)
- [美]E·马克·汉森著,冯大鸣等译:《教育管理与组织行为》(2005)

"学校管理新趋向译丛",储宏启主编,重庆大学出版社从2003年起开始出版,包括:

- [美]约翰·雷等著,张新平主译:《学校经营管理:一种规划的趋向》(2003)
- [美]唐·倍根、唐纳德·R·格莱叶著,周海涛主译:《学校与社区关系》(2003)
- [美]罗纳德·W·瑞布著,储宏启等译:《教育人力资源管理:一种管理的趋向》(2003)
- [美]杰拉尔德·C·厄本恩著,黄葳、龙君伟主译:《校长论:有效学校的创新型领导》(2004)

"基础教育改革与发展译丛:学校经营与管理系列",中国轻工业出版社,主要包括:

- [英]Lan G.Evans著,王烽、周玲译:《学校营销——从理论到实践》(2005)
- [美]Wayne K.Hoy & John Tarter著,廖申展译:《学校决策者——解决实践问题的案例》(2005)
- [美]Christopher A.Simon,徐玲等译:《学校运营——从行政型与学习型组织视角分析》(2005)
- [美]L.David Weller Jr.& Sylvia Wellwer,杨英等译:《学校人力资源领导——中小学校长手册》(2005)
- [美]C.William Garner著,孙志军等译:《学校财政——战略规划和管

理》(2005)

● [美] L.Dean Webb & M.Scott Norton 著, 徐富明等译:《教育中的人力资源管理——人事问题与需求》(2005)

我们还应提及的译著包括:

● [美] Fred C.Lunenburg & Allan C.Ornstein 著, 孙志军等译:《教育管理学:理论与实践》, 列入"基础教育改革与发展译丛:教育教学管理系列", 中国轻工业出版社(2003)

● [美] 威廉·G·坎宁安、保拉·A·科尔代罗著, 赵中建主译:《教育管理:基于问题的方法》, 列入朱永新主编的"教育科学精品教材译丛", 江苏教育出版社(2002)

● [美] Allan A.Glatthorn 著, 单文经等译:《校长的课程领导》, 列入钟启泉、赵中建主编的"当代教育理论译丛", 华东师范大学出版社(2003)

● [美] Edward Sallis 著, 何瑞薇译:《全面质量教育》, 列入钟启泉、赵中建主编的"当代教育理论译丛", 华东师范大学出版社(2005)

● [美] 艾伦·R·奥登、劳伦斯·O·匹克斯著, 杨君昌等译:《学校理财——政策透视》, 列入"金算盘·现代理财译丛", 上海财经大学出版社(2003)

二 | 教育管理主题探讨

仅仅从如上所列译著的书名中, 我们就可看到如下主题, 如校本管理、人力资源管理、学校财政、学习型组织、学校文化、校长论(学)、课程领导、道德领导、学校营销、教育全面质量管理、学校经营、学校与社区等。限于篇幅, 这里我们仅对若干主题略作展开。

学校经营

随着我国社会主义市场经济发展的不断深入和完善, "经营"一词的使用频率也在不断得到增强，其使用范围更是日益广泛，从工商企业界不断向外扩展，应用于各种服务性行业，甚至应用于政府管理。今天，"经营"一词同样走进了教育界，走进了学校。美国学者约翰·雷（Ray J.R.）等人合著的《学校经营管理：一种规划的趋向》，或许就是国内较早使用学校经营管理译名的著作，但该书着重探讨的是教育财政和学校财务问题，强调了"规划"这一观念，"在于它凸显了各项管理功能是如何从合乎逻辑的、有序的规划观念发展而来的思想"（中文版前言）。尽管此书名为"学校经营管理"，但未能使读者明确经营管理的内涵。这里试图对此作一分析。

"经营"与"管理"在英文上往往为management，经常被视为同义词使用，缺乏公认而明确的界说与区分，因此人们一般认为两者没有显著差别。"经营"，在基本的概念上同于"管理"，其重点在于强调如何使组织创造价值与财富，如何增加生产力，同时追求组织的最大边际效益。学校管理，已经从强调"事务性"的静态管理（如教务管理、总务管理、人事管理），逐渐地转变为"人际""资源"与"技术"等的动态经营（如强调实践运用、资源分配、信息管理、专业发展、人际关系等）。"以经营的理念来办理学校，其目的在于强调学校是一个动态组织，也是一个开放的系统，其必须适应社会环境的变迁，更必须在达成绩效之外，引导前瞻性的发展策略，一方面增进学校效能，另一方面则开创新局，促动社会成长。因此，目前学校经营在概念的范围上涵盖了学校管理。"[1]"学校经营意指学校经营者采用管理学的知识与技术，整合学校成员的人力，透过行政程序运用各项资源与策略，达成学校经营目标，增进学校组织效能，促成学校组织的变革与发展，以回应社会变迁及学校的需求。"[2]

国内学者对学校经营问题的研究颇为零散，张学敏和潘燕两人的《从管理到经营——构建学校经营理论的探索》一文则对我国的已有研究现状作了大致的分析。[3]

校本管理

校本管理是20世纪70年代后期开始出现于美、英、澳等西方国家的教育改革中，以改善中央或上级集权决策方式无法有效处理教育问题与提高学生学业成绩的困境。作为一项重要的改革举措或运动，校本管理在西方主要发达国家的学术界都引起过广泛的学术关注，并不同程度地得到实验和实践，其中尤以美国为代表。

近一二十年来，曾经被誉为"科学"的科层制的组织结构受到质疑。一种新的管理理念是：把科层制中上位控制的权力向下转移，把分解了的任务和责任重新整合，让直接操作者具有决策权，组织结构上从直线型走向扁平型，决策中心更加贴近外部需求。校本管理就是这种盛行于管理界和企业界的管理理念在教育管理中的具体应用。在各国中小学的教育管理体系中，科层结构是其明显的特征，决策是由上级部门作出的，而中小学校只是一个个具体的操作单位。即使在地方分权的美国，长期以来是地方学区掌握着学校教育实际的管理权，或者说"地方控制"是美国中小学教育管理的基本特征。作为学区教育行政当局的地方教育委员会负责学区内各中小学的经费分配、人员聘用和课程设置等。尤其自1983年《国家在危急中：教育改革势在必行》这一教育报告问世以来，这种属于科层结构的"地方控制"的教育管理体制受到了质疑，因为"权力集中的科层体制是许多城市教育问题的根源……教育科层体制是改进城市教育质量的主要障碍"[4]，人们因此要求教育管理权力的进一步下移。

校本管理，主要就是强调教育管理权和重心的下移，把中小学作为决策的主体，运用分权、授权、协作、团队等组织行为学的原理和技术，来构筑学校与外部（上级主管部门、社区等）及学校内部（校长、教师、学生等）的新型关系。到了20世纪80年代的教育改革运动中，校本管理更是成为研究和实践的主要内容之一。"校本管理已经成为一项重要的教育改革。无数的委员会、工作小组、组织和个人都在推动这一改革。许多州和县正在讨论建构或重组各种校本管理措施。"[5]

这里援引隶属于美国教育部的原教育研究办公室在1993年发布的一份《消费者指南》中对校本管理的界说：校本管理是一项通过将决策权从州和县转移到每一所学校的改进教育的策略。校本管理向校长、教师、学生及其家长提供了控制教育过程的更多权利，让他们负责预算、人事和课程。通过教师、家长和其他社区成员参与这些重要的决定，校本管理可以为儿童创造更为有效的学习环境。[6]

从上所述的界说中可以看到，校本管理概念基本上包含有这样一些要素：（1）学校管理的决策权应该从上级行政管理部门下移到学校；（2）那些最接近决策的实践、最易受决策结果影响或对决策执行负有基本责任的人士，应是决策的制定者和参与者；（3）学校教师在校本管理中将成为重要的参与者；（4）学校将在财政、人事和课程等方面获得更多的权力。曾为美国湾区研究团体（Bay Area Research Group）主任的戴维（Jane L.David）于1989年在其《校本管理研究综述》的论文中对校本管理进行了极为简洁的概括[7]，认为"校本管理＝自主＋共同决策"（SBM=Autonomy+Shared Decision Making），这一学校自主主要包括财政、人事和课程三个方面的自主，亦即我们所说的财权、人事权和课程权。而共同决策往往是由校本管理委员会作出的，主要是指教师、家长和社区成员（有时也包括学生）参与学校的各项决策，如经费的使用、人员的聘用、课程的编制、教材的选择以及其他各种事务等。

人力资源管理

在上述译著中，有三本使用了"人力资源"这一名称，分别是《教育人力资源管理：一种管理的趋向》《教育中的人力资源管理——人事问题与需求》和《学校人力资源领导——中小学校长手册》。这在一定程度上表明，在企业管理中甚为流行的人力资源管理概念至少在美国已被广泛地应用于教育领域。其中颇能说明问题的是罗纳德·W·瑞布的《教育人力资源管理：一种管理的趋向》，它是在其《教育人事管理》（第五版）的基础上修订而成的。瑞布解释他之所以将第六版的书名改为"教育人力资源管理"，是"因为我想强调教育儿童这一使命中人的重要作用。人不单单是教育中的一种资源，而且堪称是最重要的资源。当然，经营学校也需要消耗资金和物质等其他资源，但是学校的成功主要依赖于寻找、聘用和保持合格的管理者及教职员工"。瑞布进而将人力资源管理确切地定义为"一种旨在实现教育使命——教育儿童和年轻人——的社会过程"，并略为详尽地用一个范式和四项原则来解释这一定义。他所指的范式是批评性反思范式，原则是服务性原则、社会契约原则、人际关系原则和共同协商原则。同样,由江苏教育出版社出版的《教育管理中的人力资源功能(第八版)》(菲利普·扬、威廉·B·卡斯泰特著,赵中建主译)也是由最初的《教育管理中的人事功能》改编而来。

随着学校自主权的日益扩大和校本培训观念的深入人心,学校人员(以教师为主)的招聘、选任、培训、晋升、评价、绩效考核、奖励、教师压力及其舒解(压力管理)等工作,正在逐渐下移到学校层面,而所有这些需要学校人力资源管理为其提供理论支持和制度支持,如有的学校在其组织架构中正式设立学校人力资源管理部,以全面负责学校教职员工作为人力资源的开发和利用。

学校财政

在我国,以往办学校一般很少会去考虑办学的成本和效益,但在市场经济日益发展和不断完善的今天,办学校同样必须关注成本和效益,这对于公立学校和民办学校都是必需的。同样,在以往的办学体制下,学校财政问题似乎不是校长需要考虑的问题,因为公立学校往往是一个全额拨款单位,学校无需自主筹款,仅承担较小的财政责任,因为学校财政隶属于政府财政的框架下。但自"20世纪90年代以来,发生在教育领域的一些变革使得人们开始重视学校财政问题。这些变革的主要方面是市场机制引入教育,学校的筹资趋向于多元化;同时人们越来越关心投入学校的公共基金'到底做什么用了?',也即对效率和责任的关注"[8]。尤其是随着学校的经费来源不再仅仅是政府财政拨款的情况下,学习和了解财务知识和成本管理知识,对于校长就显得十分重要,因而上述所提及的《学校财政——战略规划和管理》一书,其书名似乎更应直译为"学校领导者的教育财政",以表明其专为学校领导者所写。相比较而言,学校财政方面的研究仍是一个十分薄弱的领域,因此仅就翻译工作而言,还应作出更多的努力。

除了上述讨论的主题外,如下一些主题似乎也值得予以深入探讨,如伴随着我国中小学课程改革的深入,校长的"课程领导"应该如何进行;关注生命教育,弘扬民族精神,需要我们从不同的纬度来看待学校的德育工作,而这又与校长的"道德领导"十分相关;为了确保教育服务理念的落实和学校教育质量的持续提高,全面质量管理如何在学校中加以实践,也是一个值得关注的话题；等等。这些需要另文予以探讨。

三 ｜ 校长专业发展

上述译著所论述和研究的内容，对于我们正确理解校长专业发展是有益处的。德国汉斯·塞德尔基金会专家曼弗雷德·海因里希在由上海师资培训中心与德国汉斯·赛德尔基金会联合举办的"校长专业发展中德研讨会"（2005年10月22—23日于上海举行）的贺词中指出[9]：

我们首先应该认识到：学校取得的成果——正如企业一样，主要取决于肯努力的、被安排在合适工作岗位上的员工们的成绩，而这需要领导者做到：会分配任务，能肯定人，以高度的集体责任感投入工作，有全局意识，谋求稳定，营造良好工作气氛，能听取他人意见，制定明确目标，作出清楚的、使人信服的决定——并非每位领导都能胜任专业化的领导任务。

由此我们认为，今日与校长专业发展相关的理论知识和实践活动已经与以往有较大的差异，或者说有了更为明显的拓展，而我国一些学者和校长对这种拓展在一定程度上已经有了较为清晰的认识，并努力进行着理论研究和实践探索，这或许能从已经出版的一些著作中管中窥豹，例如：

北京大学出版社于2003年起出版的"21世纪学校领导丛书"，包括《校长职业化释要》《校长职业化与教育创新》《学校管理的人本意蕴》和《建设卓越学校——领导层·管理层·教师的职业发展》。

教育科学出版社于2002年起出版的"学校管理自我诊断丛书"（季苹主编），包括《学校管理诊断》《学校文化自我诊断》和《学校发展自我诊断》。

开明出版社在2005年出版的"现代校长丛书"（中国教育报校长周刊部编），这是主要由一线校长撰写的、原刊登在《中国教育报》的文章汇集，包括《校长角色与校长发展》《现代学校制度与治校方略》《校长叙事》和《校长引领与教师专业成长》。

广东高等教育出版社从2002年起出版的"校本管理研究丛书"（黄崴主编），

含有《校本管理：理念与策略》《校本组织：结构与功能》《校本人事：开发与管理》《校本教师：培训与发展》《校本评价：效率与公平》《校本战略：现实与理想》《校本领导：科学与艺术》《校本决策：集权与参与》和《校本课程：开发与管理》。

华东师范大学出版社从 2003 年起出版的"学校管理新视野丛书"（赵中建主编），含有《学校文化》《教育财务与成本管理》《学校管理体系与 ISO9000 标准》《学校经营》等。

对应于上述相关译著的出版，由我国学者所著所编的这些著作的出版，丰富了我国校长专业发展的课程学习资源，有利于将联合国教科文组织早在 1972 年就阐述的如下观点应用于实践："最近的各种实验表明：许多工业体系中的新管理程序都可以实际地应用于教育，不仅在全国范围可以这样做（如监督整个教育体系运行的方式），而且在一个教育机构内部也可以这样做。"[10]

/ 注释 /

[1] 赵中建，《学校经营》，华东师范大学出版社，2006 年。
[2] 张庆勋，《学校经营企业化之挑战与展望》，《国教天地》1999 年第 2 期，第 132 页。
[3] 张学敏、潘燕，《从管理到经营：构建学校经营理论的探索》，《教育与经济》2004 年第 4 期。
[4] Mirel, Jeffrey, *Shifting Control to Local Schools: The Experience of Selected American Cities* (Paper presented at the 4th International Conference on Chinese Education for the 21st Century, August 15—20, 1994.
[5] Murphy, Joseph & Back, Lynn G., *School-Based Management as School Reform*. California: Corwin Press, Inc, 1995.
[6] Office of Educational Research, *Consumer Guide*, Number 4, January, 1993.
[7] David, Jane L., Synthesis of Research on School-Based Management, *Educational Leadership*, May, 1989.
[8] William Garner 著，孙志军等译，《学校财政——战略规划和管理》，中国轻工业出版社，2005 年。
[9] 海因里希，《在"校长专业发展"论坛上的贺辞》，《上海师范大学学报（哲学社会科学·基础教育版）》2005 年 10 月增刊，第 3 页。
[10] 联合国教科文组织国际教育委员会，《学会生存——教育世界的今天和明天》，教育科学出版社，1996 年，第 165 页。

（本文原发表于《全球教育展望》2006 年第 2 期）

略论校长专业成长的
理论素养

一

记得早在 1995 年 6 月，我在由《亚洲资源》和《世界经理人文摘》主办的"如何获取'ISO9000 认证'研讨会"上第一次接触到企业中的全面质量管理理论和 ISO9000 管理体系标准，感受到这些理论可能会对我们的学校教育改革尤其是管理改革产生巨大的冲击。从那以后，我就一直努力学习现代企业管理思想和理论，如全面质量管理，从中领略到"消费者中心"和"质量的持续提高"之观点对于树立教育服务观念和正确看待教育质量的重要意义；如 ISO9000 质量管理体系标准，从中意识到这对于建设和完善学校管理体系的积极意义；如企业战略管理，这正好顺应了当前许多中小学都在做的"学校发展规划"的实践需要；等等。除了理论学习外，我还参与了一些企业管理的咨询工作，并在上海的一些中小学实践了现代企业管理思想和理论。如：

- 应用全面质量管理思想，树立教育服务理念；
- 应用 CI 设计理论，进行学校形象设计；
- 应用战略管理思想，制订学校发展规划；
- 应用 ISO9000 标准，编制学校质量管理体系；
- 应用企业文化思想，探讨学校文化建设。

其实，联合国教科文组织早在 1972 年出版的《学会生存——教育世界的今天和明天》中就曾指出过："最近的各种实验表明：许多工业体系中的新管理程序都可以实际应用于教育，不仅在全国范围可以这样做（如监督整个教育体系运行的方式），而且在一个教育机构内部也可以这样做。"世界著名质量管理大师朱兰博士在 21 世纪来临之际也作过这样的展望："21 世纪的质量运动的重点将从制造业转移到教育、医疗保健和政府管理……因为这些领域是一个庞大的服务业，而在已往质量原理应用得比较少。"

二

正是在这理论学习和实践探索的过程中，我在 2003 年受上海市教委的邀请，担任专题培训领衔专家，由此开始了我致力于如何更为有效地将现代管理思想应用于一线校长的专业成长的历程，此后又先后受上海市两个区教育局的委托，担任区内校长研修班的指导教师。我努力探索基于现代企业管理思想的学校管理改革思路，试图从学校实际问题出发对校长进行系统培训（即基于问题的学习和培训），并在培训实践中逐步形成了以"学校领导与管理 MBA"为主题和以"观念更新—制度支持—资源开发—课程领导与道德领导—文化培育—学校经营—自评反馈"为模块的培训课程，以期通过这样的培训使受训者尽快掌握校长专业成长过程中所必需的理论素养。

我们的具体培训模块或内容大致如下：

观念更新

在教育改革不断深化的进程中，观念的转变或更新往往是十分重要的。我们的主要培训内容是"教育全面质量管理"。全面质量管理是企业质量管理发展过程的第三个阶段，它高度重视人力资源的开发和利用，强调在尊重人的价值的前提下，注重战略规划、全员参与、团队精神、协调工作等，尤其关注质量的持续提高。这一方面的培训内容涉及如戴明、朱兰、克劳斯比等质量管理大师的思想和理论，涉及全面质量管理的基本原理和方法、质量管理的工具或技术，涉及国内外中小学运用全面质量管理于实践的经验等，以期最终能够"应用全面质量管理思想，树立教育服务的观念"。

制度支持

这一模块主要包括学校战略管理和管理制度建设两大部分。

（1）学校发展战略管理。在我国各地争创"示范性、实验性学校"的过程中，学校发展战略已经成为必不可少的一环，但总体而言，基层学校在实施学校发展规划时缺乏相应的战略管理的理论和知识作指导。在英国的"国家校长职业资格"培训中，"学校的战略方向和发展"是重要的组成部分，如学校发展规划、战略愿景、愿景实现、课程决策等都是其中的内容。这一部分的主要目的是使校长或其他学校管理者掌握编制学校发展规划的理论和方法。

（2）学校管理体系建设与 ISO9000 标准。"质量体系是全面质量管理的基础"，全面质量管理"服务"思想在学校中的具体落实有赖于一套完善的质量管理体系，而"程序化是有效管理的前提"。如何使学校的管理更为科学，建立和编制指导学校实际工作的管理手册，或许是今天的校长必须予以考虑的。目前很多学校开始关注企业界通行的 ISO9000 质量保证体系，有的更是将其付诸实际。从理论和实践的角度看，学校可以借鉴这一质量管理标准来建立学校的质量管理体系，但如何更为有效地使这一保证体系更适用于学校，则是需要加以学习和研究的。

资源开发

资源开发主要涉及学校人力资源管理和校本财政与学校财务。

（1）学校人力资源管理。随着学校自主权的日益扩大和校本培训观念的深入人心，学校人员（以教师为主）的招聘、选任、培训、晋升、评价、绩效考核、奖励、教师压力及其舒解（压力管理）等工作，正在逐渐下移到学校层面。学校中以往的人事管理和教师队伍建设均可纳入这一模块。

（2）学校财务与成本管理。以往办学校一般很少会去考虑办学的成本和效益，但随着教育体制改革不断深入的今天，办学校同样必须关注成本和效益，这对于公立学校和民办学校都是必需的。尤其是随着学校的经费来源不再仅仅是政府的财政拨款的情况下，学习和了解财务知识和成本管理知识，如预算编制、资金运作、成本管理、薪酬设计等，对于校长就显得十分重要。

课程领导与道德领导

（1）学校课程领导。在我国，课程领导是因为需要在新的国家、地方和学校三级课程管理体制框架中进行课程改革而出现的话题，已引起多方面的关注并成为课程改革中使用频率越来越高的一个关键词。如何从课程管理走向课程领导，或许是今天学校校长必须予以关注的。

（2）学校道德领导。道德领导是一种在西方国家影响广泛的学校领导思想，应用到我国"以德治校"的实践中，就是把学校组织当作一个学习共同体来看待。在一般管理制度建设的基础上，特别注意依靠文化精神的建设（如价值观、信念、意义、承诺、专业精神、专业追求等），特别强调道德权威对师生员工的引领，并致力于澄清学校共同体行使的理由，包括："我们是干什么的？""为什么干？""学生得到良好服务了吗？""我们的义务是什么？""我们追求的是怎样的理想？"在澄清上述问题并统一思想后，相信共同体成员都能在正确的价值指引下，做正确的事情。显然，在学校道德领导思想之下，文化建设就成了学校工作的重中之重。

文化培育

许多著名企业的发展历程向我们昭示了它们之所以能够成功，最主要的条件并非它们的结构形式或管理技能，而是因为它们拥有自己的组织文化。正是这种组织文化，才使得企业员工能够对企业的经营理念达成共识，才使得企业能够形成自己的独特个性，也才使得企业内部的所有人员能够凝聚在一起。而我们的传统名校也在一遍又一遍地向我们诠释着这样的命题。

借鉴企业文化的研究视角来探讨学校文化的建设，可以在学校发展中更多地考虑其文化内涵的建设和形成，如学校组织中文化的各个层面（深层、中层、表层）或组织文化、制度文化、教师文化和学生文化等。而不再从主要侧重于学校物质层面的建设和学生的社团活动及各种节庆如艺术节、科技节等活动的角度，来考虑学校文化的建设。

学校经营管理

学校经营管理是近年来时见于报端的词语。"经营"一词，在基本的概念上等同于"管理"，但其重点在于强调如何使一个组织创造价值，增强生产力。学校管理，已经从强调由"事务性"的静态管理（如教务管理、总务管理、人事管理），逐渐地转变为"人际""资源"与"技术"等的动态经营（如强调实践运用、资源分配、信息管理、专业发展、人际关系）。"以经营的理念来办理学校，其目的在于强调学校是一个动态组织，也是一个开放的系统，其必须适应社会环境的变迁，更必须在达成绩效之外，引导前瞻性的发展策略，除增进学校效能外，还要开创新局面，促动社会成长。因此，目前学校经营在概念的范围上涵盖了学校管理。""学校经营"究竟应该包含哪些主题或多少主题，或者说学校应该从哪些方面来进行"经营"，这是需要我们去认真、细致、深入且持久地予以探索的。除了上述已经涉及的主题可以看作是"经营"的范围外，我们将一些较难归类的主题统领在"学校经营管理"的标题下，尽管这种归类不是很科学。

目前这一方面的内容主要包括学校危机管理、学校项目管理、学校品牌管理、校长时间管理等。当然，学校战略营销、教育法律实务等似乎也是需要引起关注的。

自评反馈

为求学校教育质量的持续提高，就必须建立学校自我评价模式或机制，以对学校工作进行评价而寻求反馈，这些评价可包括教师自我评估、校长自我评估、学校自我评估、绩效评估等。这里试图在借鉴国际上的各种评价指标，尤其是美国的波多里奇国家质量奖的评奖标准，因为这一质量奖的标准为学校提供了一种全新的自我评价的工具。

（本文原发表于《江苏教育》2007年第17期）

附录 | 教育质量管理及学校领导与管理研究著述之目录

一 | 发表之论文

1. 《高等教育质量管理的一般要素初探》,《外国教育资料》1995 年第 2 期。
2. 《荷兰高等教育质量评估体系分析》,《中国高等教育评估》1995 年第 4 期（合作，为第一作者）。
3. 《一流教育与教育的全面质量管理》,《教育研究信息》1995 年第 7—8 期。
4. 《英国的高等教育质量审核机构》,《中国高等教育评估》1996 年第 1 期（合作，为第二作者）。
5. 《高等教育质量管理中的 SWOT 分析》,《上海大学学报（高教科学管理版）》1996 年第 4 期。
6. 《香港教育质量评估新探索》,《中国教育报》1997 年 3 月 24 日第 4 版。
7. 《学校教育全面质量管理初论》,《教育参考》1997 年第 5 期。
8. 《高等教育全面质量管理的概念框架》,《外国教育资料》1997 年第 5 期。
9. 《戴明的质量管理思想及其在教育中的应用》,《外国教育资料》1998 年第 1 期。
10. 《香港〈学校管理新措施〉述评》,《上海教育科研》1998 年第 4 期。
11. 《美国高等教育全面质量管理——狐狸谷技术学院个案研究》,《外国教育资料》1998 年第 5 期。
12. 《教育全面质量管理——一种全新的教育管理思想》,《中国教育报》1998 年 11 月 14 日第 4 版。
13. 《全面质量管理在高等教育中的应用》,《上海质量》1999 年第 2 期。
14. 《美国学校实施全面质量管理——康涅狄格州新镇学区成功导向学校模式》,《上海教育》1999 年第 7 期。
15. 《美国学校实施全面质量管理——阿拉斯加州埃齐库姆山区中学的实践之述评》,《上海教育》2000 年第 2 期。
16. 《教育可以营利吗？——今日美国公立学校私营管理》,《教育发展研究》2000 年第 5 期。
17. 《美国俄勒冈州立大学实施全面质量管理之研究》,《外国教育资料》2000 年第 4 期。
18. 《美国波多里奇国家质量奖的设立及其发展》,《上海质量》2000 年第 3 期。

19.《从管理角度看美国学校教育改革——校本管理的兴起及其特征》,《河南教育》2000年第7期。

20.《今日美国特许学校》,《教育发展研究》2000年第7、8、9期。

21.《谁来做教育领导——美国近来关于教育领导问题的讨论》,《河南教育》2000年第9期。

22.《学校重组和上级接管》,《上海教育科研》2000年第11期。

23.《向管理要质量——美国中小学实施全面质量管理评述》,《民办教育动态》2000年第12期。

24.《从企业界走进教育界——美国国家质量奖〈绩效优异教育标准〉述评》,《教育发展研究》2001年第1期。

25.《英国沃弗汉普顿大学实施全面质量管理之研究》,《全球教育展望》2001年第2期。

26.《近年来美国学校管理改革述评》,《教育研究》2001年第5期。

27.《ISO9000质量体系认证适用于学校教育吗?——关于教育领域引进质量体系认证的思考》,《上海教育》2001年第11期。

28.《美国"学校重建"中的校本管理和特许学校——与美国学者之间的对话》,《全球教育展望》2001年第6期。

29.《应用现代管理思想,促进教育质量提高》,《教育信息报》2001年11月17日第6版。

30.《面临接管——美国费城学区事件透视》,《上海教育》2002年第1期。

31.《上级接管公立学校——费城学区事件凸现美国教育管理改革热点》,《比较教育研究》2002年第9期。

32.《以企业精神提升教育服务》,《人民政协报(教育在线周刊)》2003年1月22日第3版。

33.《校长,你准备好了吗?》,《上海教育》2003年第7期。

34.《管理创新,校长该做些什么?》,《上海教育》2003年第8期。

35.《简析学校发展战略规划的要件与流程》,《南京晓庄学院学报》2003年第2期(合作,为第二作者)。

36.《学校危机管理——由"非典"事件引发的思考》,《上海教育科研》2003年第8期(合作,为第一作者)。

37.《全面质量管理在学区学校管理中的成功应用——美国得克萨斯州布拉索斯伯特独立学区个案分析》,《民办教育发展研究》2003年第8期(合作,为第一作者)。

38.《权力下移,走向校本——关于创建现代学校制度的思考》,《上海教育财会》2003年第3期。

39.《学校危机管理的体系构建》,《教育信息报》2004年3月2日第3版。

40.《从文化角度看学校图书馆建设》,《全球教育展望》2004年第3期(合作,为第一作者）。
41. 《美国学区管理体制改革的第三里程——特许学区的产生原因、运作特征及经验评析》，《教育发展研究》2004年第4期（合作，为第二作者）。
42. 《关于学校文化类型的认识》，《教育参考》2004年第6期（合作，为第一作者）。
43. 《教育管理体制改革的基本框架》，《教育发展研究》2004年第12期（合作，为第一作者）。
44. 《学校文化与一流学校的建设》，《教育信息报》2004年12月11日第3版。
45. 《我们是这样研究学校文化的》，《上海教育科研》2005年第6期（合作，为第二作者）。
46. 《学校管理创新与校长专业发展》，《上海师范大学学报（哲学社会科学·基础教育版）》2005年10月增刊。
47. 《从教育管理译著的出版看校长专业发展》，《全球教育展望》2006年第2期。
48. 《战略管理与学校发展规划》，《上海教育》2006年第11期。
49. 《追求时尚，学校文化建设的另一维度》，《上海教育科研》2006年第7期。
50. 《学校发展规划框架解析》，《上海教育科研》2006年第8期。
51. 《建设学校制度与设计组织架构》，《上海教育》2007年第13期。
52. 《教育质量之旅》，《基础教育探索与创新》2007年第2期。
53. 《略论校长专业成长的理论素养》，《江苏教育》2007年第17期。
54. 《学校建筑研究的理论问题与实践挑战》，《全球教育展望》2008年第3期（合作，为第一作者）。
55. 《哈佛大学怎样培养"教育领导"》，《中国教育报》2009年10月20日第4版。
56. 《革新学校建筑设计：建构新的研究视角》，《全球教育展望》2012年第9期（合作，为第二作者）。
57. 《创建"三纵三横"模式，促进学校健康发展》，《江苏教育研究》2014年第32期。

二 ｜ 书中之章节

1. 从"转制"学校看中国基础教育体制的变革，丁钢主编：《中国教育：专题与评论》，教育科学出版社，2001年。
2. 学校自主与参与式管理——关于校本管理的若干思考，冯大鸣主编：《沟通与分享：中西教育管理领衔学者的世纪汇谈》，上海教育出版社，2002年。
3. 学校管理创新——应用企业精神于学校管理实践，徐小洲、罗伯特·伽纳泰理主编：《多国视野下的教育革新》，浙江大学出版社，2006年。
4. 教师管理制度比较研究，周南照等主编：《教师教育改革与教师专业发展：国际视野与本土实践》，华东师范大学出版社，2007年。
5. 学校文化研究"三态"，郑百伟主编：《学校文化研究的思考与实践》，上海教育出版社，2007年10月。

三 | 出版之著作

1. 赵中建等著：《学校管理体系与ISO9000标准——江阴高中实验学校应用ISO9000实例》，华东师范大学出版社，2003年。
2. 赵中建主译：《教育管理：基于问题的方法》，江苏教育出版社，2002年。
3. 赵中建主编：《学校文化》，华东师范大学出版社，2004年。
4. 赵中建主编：《学校经营》，华东师范大学出版社，2006年。
5. I·菲利普·扬、威廉·B·卡斯泰特著，赵中建等译：《教育管理中的人力资源功能》，江苏教育出版社，2006年。

美国教育政策与基础教育研究

专题五

引 言

谈论当今美国教育改革，人们必提及1983年的《国家在危急中：教育改革势在必行》的报告，因为它开启了美国教育延续至今的一轮改革。20年后的2003年，哈佛大学出版社出版了《改革了的国家？〈国家在危急中〉20年后的美国教育》一书，反思美国教育20年的改革历程。25年后的2008年，美国教育部发表了《一个问责的国家：〈国家在危急中〉之后的25年》报告。这些从一个侧面反映了始自1983年的美国教育改革一直在延续着，它从布什政府到克林顿政府再到小布什政府乃至奥巴马政府。

此次美国教育改革的持续时间之长，涉及范围之广，教育理念之新，实践领域之多，实乃美国教育发展历史之首次。从教育首脑会议到全国教育目标，从克林顿政府的《2000年目标：美国教育法》到小布什政府的《不让一个儿童落后法》，再到奥巴马政府的《每一个学生都成功法》，从学校重建运动到全国课程标准，从教师专业发展到学校整体改革模式，从特许学校到公校私营，从学校重组到上级接管，从绩效责任到能力建设，从TIMSS研究到PISA研究……真的令人目不暇接。特别需要指出的是，这些改革政策和实践，更多涉及的是作为整体的美国公立基础教育领域。

这里辑入的《政—企—教联手，共创教育的未来——美国第三届教育首脑会议评述》《从教育蓝图到教育立法——美国〈不让一个儿童落后法〉评述》和《清晰的目标，艰难的历程——美国〈每一个学生都成功法〉简析》三文以及未辑入的《美国需要21世纪的教育革命——克林顿总统2000年国情咨文教育内容述要》实际上反映了美国从克林顿到布什再到奥巴马三任总统（六届政府）的美国联邦教育政策，展示了美国教育改革和发展的路径图，尽管各自有所差异，但提高质量和追求公平则始终贯穿其中。

伴随着80年代美国教育改革的推进，在美国学术界和教育界盛行着均出版于1987年的两本著作，一是艾伦·布鲁姆（Allan Bloom，另译阿兰·布鲁姆）的《走向封闭的美国精神》(The Closing of American Minds)，二是希尔斯（E.D.Hirsch, Jr.）的《文化知识：每个美国人需要知道的东西》(Cultural Literacy: What Every American Needs to Know)。它们均强调"学校应该作为文化生产的场所"，"倾向于向学生提供保存西方文明的基本传统所必需的语言、知识和价值观念"。布鲁姆的思想及其著作《走向封闭的美国精神》着重于高等教育，批判泛滥的虚无主义和精神颓废，强调通过阅读经典来实施通识教育，前者在高等教育领域颇受关注。而希尔斯则聚焦于基础教育，强调在"共享的背景信息"的基础上掌握"文化知识"（cultural literacy，又译文化素养）。希尔斯为将其思想落实于中小学课堂，提出"文化知识课程"，后易名为"核心知识课程"，成立"核心知识基金会"，多次修订出版作为授课大纲的《核心知识序列：一至六年级》，编撰作为教科书的"核心知识丛书"，小学一至六年级各一本，每本中均包括语言、历史（美国史和世界史）、地理、音乐、美术、数学、自然科学以及技术等各科内容。这是《美国的"核心知识"课程改革》之所以辑入之原因，笔者曾就核心知识课程撰写并发表多篇研究论文，并在与希尔斯教授联系通信后获其授权将《核心知识课程的成功之所在》一文翻译成中文并发表在《外国教育资料》1995年第6期。

本专题辑入的《美国基础教育课程改革的动向与启示》和《美国80年代以来教师教育发展政策述评》是两篇概览性的论文，分别对 80 年代以来的基础教育课程和教师教育的各自改革和发展进程进行了较为完整的阐述和分析，并得出笔者自己的若干研究结论或思考。前文在分析美国课程改革的背景、目标要求和理念的前提下，分别阐述了全国课程标准的提出及其作用以及州级课程标准的内容及其评价，并且将课程标准和课堂使用的教科书和考试联系起来。美国教育改革的重心在于提高教育质量和学生学业成绩，而教育质量的提高在相当程度上取决于教师的质量，而教师的质量又在很大程度上受到教师教育的影响，这一简单的逻辑推论促使美国政府、学界和社会各界关注教师教育以及与此相联系的一系列问题。后文则主要通过介绍和分析 80 年代以来发布的有关教师教育的具有里程碑意义的重要报告和事件，来解析美国教师教育改革与发展的政策及教师教育的改革重点。

  概览性的论文犹如一次"文献综述"，对于深入研究至关重要，并有助于认识到哪些方面可以去做些开拓性研究或深入研究，且会具有一定的"创新"价值。例如，我在美访学之际恰逢美国国际技术教育协会推出了《技术素养标准：技术学习之内容》，联想到 1996 年就已经出版的第一份项目报告《面向全体美国人的技术：技术学习的原理与结构》，意识到技术教育是一个有待于挖掘的课程研究领域，遂即撰写了《面向全体美国人的技术——美国〈技术素养标准：技术学习之内容〉述评》和《美国州级技术教育标准研究》，这与我国教育部 2003 年发布《普通高中课程方案（实验）》并增加了一个以前未曾引起普遍关注的学科领域"技术"相吻合。我的这一关注恰好为一位博士生找到与其颇为合适的博士论文选题"普通高中技术教育研究"。又如，我与一位博士生合作发表的《作为一门学科的计算机科学——美国〈K-12 年级计算机科学框架〉评述》（2017）和《美国 K-12 阶段在线教育全国标准评析》（2020）均具有很强的实效性和现实意义，尤其如后文发表之际正是因新冠疫情而使在线授课盛行于我国广大中小学之际，而美国包括《在线教育项目质量全国标准》《在线教育教学质量全国标准》和《在线教育课程质量全国标准》三个标准在内的"K-12阶段在线教育质量全国标准"在2019年11月刚刚发布,从在线教育项目、课程和教学维度上构建了完整的中小学在线教育质量保证体系,这对我们如何确保在线教育质量不无参考价值。这些方面的研究对于学生而言,可能会促使他们继续关注和深入下去,因而也就会具有一定的"可持续性"。

政—企—教联手，共创教育的未来

——美国第三届教育首脑会议评述

一 | 教育首脑会议简介

　　教育首脑会议在美国教育史上是一个创举，始于1989年。1983年《国家在危急中：教育改革势在必行》教育报告的面世，揭开了美国新一轮教育改革的序幕。这次教育改革的时间之长、范围之广、参与面之大、社会影响之深远，在美国教育史上可谓"史无前例"。而教育首脑会议，则是诞生于这次教育改革运动中最引人注目的行动之一。

　　1989年9月27—29日，位于查罗泰斯威尔市的弗吉尼亚大学，迎来了美国历史上第一届教育首脑会议。由时任美国总统的布什和全国州长协会（National Governors' Association）倡议，布什总统和49位州长出席了这届教育首脑会议（克林顿为当时的阿肯色州州长），共商美国教育改革与发展大计。时时代表着美国共和与民主两党利益的州长们，却在确定美国学校教育的全国性目标上达成了共识。首届教育首脑会议的最显著成果，就是提出了六项全国教育目标。这一全国教育目标后来在1991年由布什总统签署的《美国2000年：教育战略》的教育改革文件中得到了正式的表述，并在1994年经美国国会通过的《2000年目标：美国教育法》中被扩充为八项全国教育目标。

　　六年后的1996年3月26—27日，坐洛在纽约市的IBM行政会议中心成为第二届教育首脑会议的举办地。作为美国著名企业的IBM公司与全国州长协会一起，共同举办了这届教育首脑会议。40位州长和同来与会的40多位经济界领袖（各州中著名企业的总裁、董事长、首席执行官）围坐在教育首脑会议的会议桌旁，商讨如何在各州中实现基于标准的教育（standard-base education），并就全国性标准、统一考试、良好的学校纪律、企业录用员工的标准等展开了讨论。会议组织者还邀请时任美国总统的克林顿在首脑会议上作了发言。政企携手，共商教育改革大计，并承诺承担各自对教育改革的责任，成为第二届教育首脑会议的主要特征。

1999年9月30日和10月1日，IBM行政会议中心因第三届教育首脑会议在这里举行而再次引起了教育媒体的关注。此次首脑会议的主办单位除了全国州长协会外，还有成就公司（Achieve Inc. 是一个由各州州长和经济界领袖创办，旨在推动教育标准化改革的组织）、企业圆桌会议（Business Roundtable）、全国商界联盟（National Alliance of Business）、学习第一联盟（Learning First Alliance，该联盟由全国12个最大的教育团体组成，其中包括两个教师工会，即拥有240万会员的全国教育协会和100万会员的美国教师联盟）、大城市学校委员会（Council of Great City Schools）、全国教育目标小组（National Education Goals Panel，它是根据1994年通过的《2000年目标：美国教育法》第二章的规定而成立的，旨在每年就各州和全国实现八项全国建议目标的进展情况提出报告，为实现这些目标而向所有学生提供公正的学习机会来确定所应采取的行动）。此次首脑会议的主题相对于前两届会议的主题而言比较宽泛，主要集中于提高课堂教学质量及与此紧密相关的教师质量的提高和与教师工作努力相联系的奖惩制度或措施。出席第三届教育首脑会议的代表达110多人，其中有23位州长、40多位经济界人士和约45位首次以正式代表身份出席首脑会议的教育行政官员和教育界专家，可谓是一次政—企—教联手的盛会。时任美国总统的克林顿应邀在首脑会议的开幕式上作了发言。此次首脑会议最后通过了一份《行动声明》(Action Statement)。

二 | 第三届会议主要内容

第三届教育首脑会议讨论的主题内容颇多，又都与提高教育质量相关。根据会议议程所定的内容,最主要的是重视教学和提高教师的质量,加强绩效责任制(accountability system,又译"问责制"),促进学校选择和学校多样化等主题。第一届会议确定的是全国教育目标,第二届会议强调了确立标准和对实现标准的进展情况进行评估,这次会议要解决的是如何把这些教育目标和课程标准落实于课堂教学的挑战。因此,教学就成为此次首脑会议中"最重要"的内容,美国《教育周刊》(Education Week)以"教学位于首脑会议议程之首"(teaching tops agenda at summit)为题对此予以了报道。

落实标准于课堂教学,变教育目标为教育实践,都离不开一线教师的努力及其本身的质量。美国教师联盟主席费尔德曼(Sandra Feldman)在会上指出:"部分已经改变的,是各州已经从确定标准转向落实标准、运用标准进行课堂教学,并帮助学生达到标准的要求。如果没有教师和其他教育家的参与和支持,这一点是永远不可能实现的。"全国教师协会主席查斯(Bob Chase)也指出:"我们的责任重大,我们不仅仅要制定标准,我们还要提供能使儿童都达到这些标准的课程计划、各类活动和资源。"会议对教学问题的讨论,更多涉及的是有关教师的问题。例如,如何提高教师的培养和专业发展,从而使教师培训能与州标准密切相关;要吸引有能力的人士从事教师职业,并将教师的收入同他们的教学成就和技能挂钩。会议就教师收入与其教学成就挂钩问题达成共识。在这方面,经济界领袖同意至少帮助10个州将"奖励—业绩激励计划"(pay-for-performance incentive plans)纳入工资结构;教育界领袖同意在专业发展与标准相联系时,建立能为这一发展提供声望的薪金表(salary scale);州长们则保证在教学中建立或扩大"其他路径",只要教师个人证明他们拥有课程内容知识并能帮助学生达到标准。

将物质奖励同教师的工作业绩联系起来,在美国历次教育改革中讨论已久,但真正实施的则为数不多,尤其是受到教育界的反对,但此次首脑会议"对承认技能和业绩差异的工资结构的保证,是显示趋势正在转变的最新标志"。这正如全国教育协会执行主任卡麦伦(Don Cameron)所说:"我们越来越多的成员愿意重新看待这一问题了。"实际上,这种奖励—业绩的联系已开始在美国的一些学区付诸实施了。例如,1999年9月丹佛的教师批准了一项奖励—业绩联系的实验，对那些使学生成绩达到标准的教师给予奖金；宾夕法尼亚州州长已拿出 100 万美元，鼓励各学区推行奖励教师个人优秀业绩的计划；在明尼苏达州的圣保罗，学校委员会已批准了一份工会合同，即补助不再自动地向所有教师发放，相反，需要得到补助的教师必须提出他们已经取得进步的证据，才能加工资；今年 9 月，罗得岛考文垂学区批准了一份允许教师个人因能表明自己工作业绩最佳而获得最高 1000 美元奖励的合同，考文垂学区的教育局长为此而说："我认为，承认最优秀的教学非常重要。当你把奖励和工资与这种承认联系起来时，这种承认才是实在的。"威斯康星大学的麦迪逊教授、美国知名的教育财政专家欧登（Allan Odden）这样评价奖励—业绩联系的做法："我们期望教师知道得越来越多，而为了在这方面获得成功，他们需要一整套的新知识和新技能。而我们可以在工资结构中加强这种要求。"

加强绩效责任（accountability，又译"问责"），是此次首脑会议的又一主题，而它又与奖励—业绩措施有着一定的联系。绩效责任是美国近年来教育改革的重点之一，其最基本的特征是学校要对学生的学业成绩负责。今天，各州绩效责任制的共同特点是更强调包括学生的学业成绩、辍学率和到校率的结果导向的绩效责任制（outcome-oriented accountability system），而不仅仅是关注传统的投入和过程（input and process）的标准和措施。为此，美国许多州都已采用学生需要知道什么的学业标准和评估学习结果的测验，而联邦政府则通过立法和经费补助的方式，要求各州和学区对学生的学业进步负起责任。《教育周刊》1999 年 1 月份发表了有关美国教育状况的特刊，对于各州的绩效责任制进行了调查并提出报告。如下一些数据可以说明绩效责任制目前在美国学校教育中的运作情况：

- 目前有 48 个州对学生施以测验，其中有 36 个州公布每一所学校的年度成绩报告。
- 19 个州根据学生成绩对所有学校评定等级或至少找出学生成绩差的学校；16 个州有权关闭、接管或彻底检查长期失败的学校（failing school）。
- 14 个州依据学生成绩表现对学校提供经费上的奖励。

● 19个州规定学生必须通过州的测验才能从高中毕业；6个州明文规定将使学生的升级与测验结果联系起来。

调查结果还显示，大多数州基本借助测验分数决定奖惩（rewards and sanctions）；大多数惩罚主要针对学校及其表现，而不是个别的教师（但此次首脑会议对奖励—业绩措施的认可和达成共识极有可能改变这一做法）；尽管有19个州现在已找出学生成绩差的学校，但尚未对处置它们达成一致的策略。调查结果还表明，相当一部分教育工作者对绩效责任制仍持反对态度，但学生家长和雇主的看法则正好与此相反。

"绩效责任"已成为美国各州为提高学校教育质量而实施的教育政策，成为今天美国中小学教育改革的趋势之一，因而也引起教育理论界的广泛关注并成为近期的一个研究热点，如设在宾夕法尼亚大学主要受联邦教育部资助的教育政策研究中心（CPRE）发表过多份关于绩效责任的研究报告。

尽管学校应该对教育质量负有更多的责任依然是美国各州政府所特别关心的主题，但各州在采取措施对待失败学校的做法却不尽相同，其中的一种做法就是此次首脑会议予以特别讨论的另一主题，即"学校选择"（school choice）。

在学校选择方面主要有两个讨论议题，一是特许学校（charter schools）；二是教育券（educational vouchers）。特许学校是美国20世纪80年代教育改革的产物。特许学校是由公共教育经费支持，由教师团体、社区组织、企业集团或教师个人申请开办并管理，在相当程度上独立于学区的新型学校。特许学校在享受自主权的同时须承担相应的责任，而办学者必须提出明确的办学目标并与地方政府签订合约。一旦学校不能履行其职责——达到预先商定的目标时，提供经费资助的政府部门有权终止合同。特许学校就是一种供学生及其家长进行选择的公立学校，这正如美国教育部副部长泰洛齐（Gerald V.Tirozzi）在美国众议院就特许学校作证时所说的："特许学校在提高教育的学术性标准，给予教育者更多的自主权，吸引家长和社区参与学校教育，以及在公立教育中扩展机会和提高责任感方面是充满希望的。特许学校是我们全部努力的一部分，它给美国许许多多的家庭带来了全方位地选择公立学校的机会。"由于特许学校自其诞生以来自身所表现出的许多特点，在相当程度上符合今天美国教育改革的要求，给改革公立学校提供了模板，因而成为"学校选择"的方法之一而广受欢迎。

教育券是美国近年来教育改革中讨论颇多但也争论较为激烈的一项措施，即发给学生一定额度的金额，由他们自由选择他们希望去的学校，如私立学校或教会学校。这主要是一项鼓励公立学校提高质量、惩罚失败的措施。美国佛罗里达州已于 1998 年通过了美国第一个教育券计划。教育券的发放根据学校被评定的等级而定，评定标准主要包括学生测验成绩、到校率、毕业率及其他因素等。如果学校被评定为 A 等级，那么学校可以得到每生每年 100 美元的教育券作为奖励；但如果学校四年之内有两年被评定为不合格，则其学生每人每年可以领到约 4000 美元的教育券，用来支付他们自己选择的其他学校如私立学校或教会学校的学费。这种用于教育券的经费并不增加公共教育的经费预算，它只是把原先应该拨给公立学校的经费，转而交由学生直接支付给他们所选择的学校，其目的在于激励公立学校为留住学生并因而获得教育经费而努力提高教育质量。推行此法的佛罗里达州州长布什（Jeb Bush）在首脑会议上认为教育券应该成为鼓励学校提高教育质量计划的必要组成部分。他说："我相信给家长以更多的选择，是促进这里正在讨论的好的思想的催化剂，这就有点像把你的脚放在加速器上。"尽管教育券是"学校选择"的一种做法并得到一部分人士的支持，但这一颇有争议的做法在首脑会议上未能得到全体与会者的认可。相反，会议认为尽管大家可以在公立学校选择问题上团结起来，但"他们未能在支付给私立学校学费的教育券问题上达成共识"。作为一种选择学校的方式，教育券能否像特许学校一样受到各界人士的基本认可并达到较为广泛的实施，还有待时间的检验。

三 | 分析与评论

三次教育首脑会议，在美国教育发展史上都堪称"史无前例"。全国教育首脑会议的召开本身就是一次创举，前所未有。第一届会议由分别代表共和与民主两党利益的 49 位州长共同参加,并在经过激烈争论后就全国教育目标达成共识,尽管这一全国教育目标现在被认为提得"太高了",这是一次政治家的教育首脑会议。第三届首脑会议的与会者也认为美国要实现这一目标还有很长的路要走,甚至在一些教育家看来,这是已弃而不用的教育目标。但这一全国教育目标的提出,在 20 世纪 80 年代以来的教育改革过程中具有鲜明的时代特征。政界领袖和经济界领袖参会共商美国教育改革发展蓝图,使得第二届首脑会议具有鲜明的"政—企联手"的特征,这在美国教育发展史上同样是一种先例。企业界关心教育事业,为教育的发展与改革提供资源,对企业的招工用人提出了更严格的学历资格和学业成绩的要求,这在一定程度上都会对美国学校教育的改革和发展产生一定的影响。1996 年第二届会议后,有 10000 多家企业在其录用员工的过程中检查了学生的高中学业成绩。出席第三届会议的经济界领袖更承诺要将这样的企业数增加到 20000 家。政界(全国州长协会)、经济界(成就公司、企业圆桌会议、全国商界联盟)和教育界(学习第一联盟、大城市学校委员会)等组织共同主办了第三届教育首脑会议,并由州长、经济界领袖、教育行政官员和教育界领袖共同与会,从而又使得这次会议不同于前两次会议。教育界人士与会以及教育家、州长和经济界领袖之间的合作,是前两届首脑会议所缺乏的。企业圆桌会议教育项目主任苏珊(Susan Traiman)指出:"教育界联合起来这是第一次,而这是 1989 年和 1996 年的首脑会议所没有的。"此次首脑会议的联合主席、唯一一位连续参加三届首脑会议的威斯康星州州长汤普森(Tommy G.Thompson)则认为:"这是一次合作。如果没有每一位与会者的参与,我们是不能成功的。"全国教育协会执行主任卡麦侬希望这样的合作能够继续下去,"我希望发生在三方之间的这种相互影响将扩大和加深所取得的成就"。教育界与会并积极参与会议的各项工作,如参与起草《行动声明》等,成为第三届首脑会议的最显著特征之一。但在与会代表成分不断扩大的同时,与会州长人数的依次递减,也是一个不争的事实,颇引人关注。其人数从第一届会议的 49 人,减至第二届的 40 人和第三届的 23 人。

提高教育质量,亦即"建设好教育制度以确保我们未来的成功",是 20 世纪 80 年代以来美国教育改革的最重要目标,而三届教育首脑会议的先后召开,也是为实现这"唯一的目的"所作的努力。这些会议的共同成就,就是在全国范围内就教育改革问题在相当程度上达成共识。"我们知道了我们需要什么,我们知道了我们处在什么位置,我们也知道了我们该做什么",这是此次与会代表所认为的第一届首脑会议召开以来所取得的最重要成就。但是,除了与会代表的成分不断扩大外(而与会代表的成分本身也在一定程度上决定了会议的讨论主题),三届会议的主题也不尽相同。但它们又有十分密切的关联,而且是一步一步地深入和具体。从确定全国性的教育目标入手(第一届首脑会议),到各州确定自己的课程标准和考试评价(第二届首脑会议),再到如何通过课堂教学来具体落实课程和在测验中取得优异成绩,并最终实现全国教育目标(第三届首脑会议),这在相当程度上显示了三届教育首脑会议主题的连续性以及美国教育改革的持续性。

(本文原发表于《教育参考》2000年第1期)

补记:2001年10月9—10日,就在震惊世界的"911"事件发生不到一个月的时间内,美国召开了第四届全国教育首脑会议。因为"我们的任务尚未完成,尽管一些学校的情况正在好转,但对于所有学生的高标准目标尚未实现",而"美国的未来以及我们孩子的未来依赖于我们使所有孩子都学习并获得成功的努力",因此"我们必须加速提升标准的进展以及评估进展的努力"(会议主席致与会者的信函)。第四届首脑会议特别关注在教学、测验和绩效责任三个领域增强各州的教育系统。

2005年2月26—27日,第五届全国教育首脑会议在华盛顿召开,主题集中于高中教育,所以首脑会议又被称为"2005年高中问题全国首脑会议"(2005 National Education Summit on High Schools)。高中教育是当前美国基础教育改革中尤其受人关注的话题,因为今天许多高中并没有为学生升入大学深造或成功就业作好准备,这种情况在大部分都市的学区非常普遍。"美国制造业将不再提供数百万需要低技能的岗位。明天的岗位将提供给那些在科学、工程和数学领域受过教育的人以及那些拥有高技能的技术工人。这样的劳动力是未来的增长、生产力和竞争力的一种重要的关键要素。"（全美制造业联合会）美国教育部部长斯佩林斯（Margaret Spellings）女士为此而特别指出："高中改革不只是一个'教育的问题'。它还是一个经济的问题，一个公民的问题，一个社会的问题和国家安全的问题。因此它是每一个人的问题。"会议通过了《改进美国高中的行动议程》（An Action Agenda for Improving America's High Schools），以使各州能够集中其努力来达成更为宽泛的共识：要恢复高中的价值，要重新设计高中，给高中配备优秀的教师和校长，要确定目标、测量进步并让高中负起责任，还要改进教育治理等。

从教育蓝图到教育立法
——美国《不让一个儿童落后法》评述

2001年1月23日，美国总统布什公布了名为《不让一个儿童落后》的教育蓝图。[1]一年后的1月8日，布什总统正式签署了《2001年不让一个儿童落后法》(No Child Left Behind Act of 2001，简称NCLB Act)。其意义正如布什总统在签署仪式上的讲话所言："我们国家的公立教育开始了一个新时代，一个新纪元……美国的学校将走上一条新的改革之路，一条新的结果之路……从而确保美国的每一位儿童受到一流的教育。"[2]

一 |《不让一个儿童落后法》内容述要

《不让一个儿童落后法》的核心内容

《不让一个儿童落后法》(以下简称《NCLB法》)基本内容主要集中在作为"目录"的第二部分，其中包含10个Title，Title下设Part，Part下再分Subpart。尽管《NCLB法》的条款项目颇多，但核心的内容则主要体现在州政府负起更强的绩效责任，给家长和学生以更多的选择，州、学区和学校拥有更多的灵活性等三个方面。布什总统在赞赏国会通过教育提案时所说的话或许就反映了这些核心内容："这些历史性改革将通过创设每个儿童都能学习的环境来改进我们的公立学校，其途径是真正的绩效责任、州和学区前所未有的灵活性、更多的地方控制、更多的家长选择及对行之有效工作的更多资助。"[3]

更强的绩效责任。《NCLB法》要求州政府在全州范围内实施涉及所有公立学校和学生的绩效责任（accountability）制度。这一绩效责任制度主要包括各州制定并实施富有挑战性的州级阅读和数学标准，所有3—8年级学生必须参加年度考试，确保所有群体的学生在12年中达到熟练（proficiency）的州级年度目标。那些在实现州级熟练目标方面未能每年取得适当年度进步（Adequate Yearly Progress，AYP）的学区和学校将面临改进、纠错乃至重组，而符合超越AYP目标或者消除了学业成就差距的学校将获得州学业成就奖（State Academic Achievement Awards）。

给家长和学生以更多的选择。《NCLB法》极大地增强了那些就读于未达到州级标准学校的学生及其家长的选择权。对于就读于那些被确认为面临改进、纠错和重组的学校的学生而言，地方教育当局必须给他们以在更好的公立学校（包括公立特许学校）就读的机会。对于就读于那些持续失败的学校（即连续3—4年未能符合州级标准的学校）的学生而言，地方教育当局必须允许低收入家庭的学生运用《NCLB法》第一编的资助经费，从公立或私立的机构获得补充的教育服务，而这些公立或私立的服务机构必须提供适合于学生达到州级学业标准的教育服务。为了确保地方教育当局能够为学生提供选择，《NCLB法》要求学区把第一编中20%的经费留用于这类学校来选择和补充教育服务。

州、学区和学校拥有更多的灵活性。《NCLB法》规定州和学区在运用联邦教育经费方面可以获得前所未有的灵活性，以换取对学生学业结果更强的绩效责任。《NCLB法》规定的灵活性主要包括州和学区可以动用他们获得的四个资助项目经费的50%，以用于其中的任何一个项目，这四个项目包括教师质量、教育技术、创新机会和安全及无毒品学校。而在此之前，联邦经费的使用必须严格按照项目进行，不得相互混用。

立法中的两个关键词语在此给予解析 [4]

一是绩效责任。在美国，存在一些长期以来未能有效对其学生实施教育教学，以使他们达到规定的学业标准和要求的学校，这些学校被称作失败学校（Failing Schools），亦称作成绩低下学校（Low-performing Schools）。1990年，美国提出全国教育目标之后，这类持续成绩低下学校的问题已成为美国教育决策者、教育界和社会公众广泛重视的热点问题。决策者决定采取相关措施来奖励办学成功或惩罚办学不力的学校，以确保所有的学生受到良好的教育，达到规定的标准。如在 1997 年就已有 22 个州通过了相当于"学术破产法"（academic bankruptcy laws）的立法，明确了州有权对那些学生成绩持续低下的学校即失败学校或学区进行干预。国会更是在 1994 年重新核准了《初等和中等教育法》，强调对第一编（Title I）学校给予特殊的经费补助，并加强绩效责任制，要求对那些未能在其学生成绩通过基于标准的测验方面显示出明显进展的学校进行惩罚。了解这种绩效责任，大致可从四个方面入手。（1）标准，这是 1994 年核准的《初等和中等教育法》的关键所在，它的要求是所有儿童都应有实现相同高标准的机会。（2）一致（coherence），标准是关键，一致就是目标，各种计划要一致，联邦、州和地方的各级管理要一致，政策的组成部分（课程、评估、专业发展和绩效责任）要一致，所有学生可获得的教育计划要一致。（3）专业发展和能力建设，尤其强调教师的专业发展和提高及学校的能力建设。（4）绩效责任规定，1994 年新核准的第一编绩效责任规定要把重点放在学生的学业成绩上。因此，州就要求接受第一编经费补助的地方教育当局和学校，对确保所有学生符合州所规定的成绩标准和学习内容负责。

二是适当年度进步，这是衡量各所学校和各个学区履行绩效责任之情况的一种机制。适当年度进步是以实现规定标准的持续提高模式为基础的，它显示出每一所学校和地方教育当局：（1）每年都能得到持续的、实质性的提高，这种提高足以使它们实现所有儿童（尤其是经济处境不利和英语能力有限的儿童）达到州所规定的成绩标准水平的目标；（2）在适当的时间内实现这一目标；（3）将这种进步和提高主要与州的最后评估成绩相联系，除此之外还要运用辍学率、出席率、保持率等指标来确立这种进步。这是美国教育部在其《标准和绩效责任 Title I 指南》中对"适当年度进步"所作的解释。

《不让一个儿童落后法》的主要项目举例

《NCLB 法》涉及了范围广泛的教育改革方案或项目，这里略选若干作一介绍。[5]

关于年度考试。衡量绩效责任的主要标志是看学生的考试结果，为此《NCLB 法》规定了到 2005—2006 学年时各州必须对所有 3—8 年级的学生进行阅读和数学科目的年度考试。各州可以选择或自行设计评估方式，但考试必须与州的学业标准相一致，联邦政府为此而提供的拨款额达到 4.9 亿美元。各州必须在 2005—2006 学年制定出科学标准，并从 2007—2008 学年起对 3—5 年级、6—9 年级和 10—12 年级三个学段中的某一年级各进行一次科学科目的评估。各州的 4 年级和 8 年级学生还必须参加全国教育进步评估（National Assessment of Educational Progress，NAEP）计划所进行的阅读和数学评估，以确定州级考试的结果和水平及是否符合或超越 AYP 目标。如果州连续两年未能实现 AYP 目标，则联邦教育部将提供技术支持。这一全国教育进步评估隔年进行，联邦为管理这一全国评估在 2002 年度就拨出 7200 万美元。联邦教育部从 2005—2006 学年开始向国会提交年度报告，未能实现 AYP 目标的州的名字将列入报告。

关于学业提高和学校选择。各州必须达到为所有学生在 12 年中规定的学业熟练度（academic proficiency）。各州必须确定一个最低的成绩线，必须逐步接近这一熟练度，并最终 100% 达到熟练度。成绩线每三年必须提高一次。如果一所学校连续两年未能取得足够的进步，即达到州所确定的 AYP 目标，学校将从学区那里得到技术援助并制订一份整改学校的两年计划，而学校则必须在被确认为成绩低下学校的第二年向学生家长提供公立学校选择。学区必须为那些选择在学区内其他学校就读的学生提供交通便利。如果学校连续三年仍得不到进步，学校将为提出要求的学生提供补充教育服务（supplemental educational services），包括由私立机构提供的辅导服务。如果学校连续四年得不到进步，学区必须实施纠错行动（correction action），如取代一些员工或全面推行一种新的课程。如果连续五年不能取得进步即连续五年成为失败学校，则学校将被重组，如学校被州政府接管，聘用私营管理公司进行管理，改建为特许学校，或对大批员工进行重组等。

关于教师资格和质量。《NCLB 法》承认美国学校面临合格教师和校长短缺的窘境。根据《NCLB 法》第一编的经费而招聘的教师，从 2002 年秋季就必须是"高度合格的"（highly qualified）。"高度合格的"教师一般是指得到州有关机构确认或获得教师执照并在其任教的学科显示出较高能力的教师。到 2005—2006 学年，每一所公立学校的教师都必须是"高度合格的"。此外，在三年之内，用《NCLB 法》第二编经费招聘的教学辅助专业人员必须至少完成两年的大学教育并获得协士学位或协士以上学位，或符合由地方机构确立的严格的教师质量标准。《NCLB 法》将原先多项有关教师专业发展的资助方案予以合并。联邦经费将拨给州、学区、高等教育机构和一些合格的合作伙伴，而 95% 的州级基金必须分给各学区。所有州和学区的这一经费可以用于各种用途。

关于阅读第一计划。由于美国目前有 38% 的四年级学生尚不能进行最基本的阅读，即无法阅读和理解简单儿童读物中的一段话语。《NCLB 法》的"阅读第一"计划合并了原先分散在各种方案中的阅读计划，决定在 2002 年度拨款 9 亿美元用于阅读计划，即在 2001 年度 3 亿美元的基础上再增加 6 亿美元，其目的在于帮助各州和学区在幼儿园至 3 年级阶段发展各种以科学研究为基础的阅读计划（scientific research-based reading programs）。各州可以将最多 20% 的该项钱款用于幼儿园至 8 年级教师的专业发展和培训。各州必须通过某种竞争性的拨款机制，将至少 80% 的钱款分配给各个学区，其中高度贫穷地区优先。

关于双语教育和移民教育。"为英语熟练程度有限（Limited English Proficient，LEP）学生和移民学生的语言教学"为《NCLB 法》第三编的标题，其 A 章为"英语获得、语言提高和学业成就法"，可见移民学生英语程度提高的重要性。因为研究表明英语初学者在与其英语熟练者相比较时，更容易在学业上获得较低的成绩。《NCLB 法》将原先几个双语教育计划合并为一个灵活的计划，其在 2002 年的联邦费用就达到 7.5 亿美元。联邦经费的 80% 根据英语熟练程度有限学生的人数、20% 根据移民学生的人数拨给各州。《NCLB 法》要求各州和学区确保英语熟练程度有限的学生在美国学校连续就读八年后能熟练使用英语，并参加英语阅读和语言素养的考试。

关于教育技术。《NCLB 法》将几个现有的教育技术项目合并成一个灵活的技术拨款计划（technology-grant program），以鼓励对技术教育和培训采取一种更为综合的方式或途径。其经费在 2002 年度达到 10 亿美元，其中 95% 的经费直接拨款给州和学校，另外 5% 的经费留作全国性活动之用。州级经费的

50%按公式予以分配，另外的一半则以竞争方式予以拨付。而学区必须至少将25%的该项经费用于教师的专业培训和发展，除非学区表明他们已经为教师提供了这样的培训服务。教育技术方案的经费可用于广泛的目的，如增加接触教育技术和扩大教师专业培训的机会。

二 |《不让一个儿童落后法》意义评析

《NCLB法》顺利通过并生效，反映了联邦政府在提高美国学校教育质量方面的力度日益加大。特别是在"9·11"恐怖事件后，唯独教育成为布什政府国内事务中未受影响的少数项目之一，正如布什所言："美国每一位儿童的教育必须永远是一项优先之事。"《NCLB法》的通过，被美国各界认为是"30年教育领域中的最大变化"，是"几十年来最有意义的教育改革"，它"将改变美国学校的文化，而且更重要的是，将提高全国学生在课堂中的成就"。

第一，《NCLB法》加强了联邦政府在教育事务中的作用。自20世纪80年代教育改革以来，尤其自1990年美国教育首脑会议召开及作为美国教育改革战略的六项全国教育目标宣布以来，美国联邦政府在全国教育事务中的作用日益显现。因此，促使国会通过教育立法，以求保障"全面系统的""综合的"美国教育改革的顺利进行。例如，作为教育首脑会议的后续活动，布什提出《美国2000年教育优异法》(The AMERICA 2000 Excellence in Education Act)的立法提案。但甚为遗憾的是，被称为"教育总统"的布什未能促使美国国会批准这一包括一揽子计划的立法提案。布什总统的这一未竟努力却由克林顿政府实现了。克林顿政府提出的也是一揽子的教育立法，其集中体现是1994年经国会通通过的《2000年目标：美国教育法》(GOALS 2000: Educate America 2000)。该法首先明确规定了八项全国教育目标，即在原先布什政府提出的六项全国目标的基础上又增加了两项目标。《NCLB法》的通过，使得联邦政府可以将用于中小学教育的经费预算大大增加。因而可以说，联邦资助经费的增加在相当程度上增加了联邦政府在美国教育改革和发展中的作用，而美国著名的《教育周刊》2002年1月9日的一篇报道的篇名在一定程度上反映了这一点——《〈初等和中等教育法〉促进了联邦在教育中的作用》。[6]

第二，《NCLB法》显示了美国基础教育立法的最新发展。1965年通过的《初等和中等教育法》把联邦的教育法规从一些单项、零散的法规发展成为全面性的教育法规，如今天《NCLB法》中的一些内容本身就是一些单独的法规。《初等和中等教育法》中最重要的内容就是"为教育低收入家庭的儿童给地方教育机构提供财政援助"的条款，即第一编，"鉴于低收入家庭儿童特殊的教育需要，以及低收入家庭的集中对地方教育机构维持足够的教育方案之能力的影响，国会因此声明，联邦的政策是向那些服务于低收入家庭儿童集中的区域的地方教育机构提供财政援助，以通过能特别有助于满足教育处境不利儿童之特殊教育需要的各种办法来扩展和改进它们的教育方案（包括学前方案）"[7]。在美国，包括《初等和中等教育法》在内的各种教育立法过若干年后就须修正并重新获得授权，克林顿政府在1994年经国会通过的《2000年目标：教育美国法》就是对《初等和中等教育法》的重新授权，而此次的《NCLB法》则是在新世纪的最新发展。经过这30多年的发展，《初等和中等教育法》的许多内容都已面目全非了，但唯独这第一编依然保持至今，"不让一个儿童落后"反映的正是这一条款的真实目的。灵活性是《NCLB法》的核心内容之一，表明学区和学校可以灵活使用联邦的各类方案或项目的经费拨款，但第一编的拨款经费只能用在其原先规定的用途上。

第三，《NCLB法》凸现了美国教育中存在的问题。美国的基础教育在发展和改革的进程中，存在着众多问题，尤其是国际数学和科学成绩的比较研究更显现了美国学生成绩不尽理想的状况。《NCLB法》的各项规定和资助项目，如更多的绩效责任、全州性的统一考试、教师和校长的质量和专业发展、安全和无毒品学校、双语教育、失败学校及其重组或被上级接管等，都是美国教育界近年来普遍关注的热点问题。如就"阅读第一"计划而言，它针对的或要解决的，是大城市中相当数量的学生不会阅读或不能理解最为简单的语段的问题。如果说美国目前有38%的四年级学生尚不能进行最基本的阅读，即无法阅读和理解简单儿童读物中的一段话语，这一比例在内城区则要高达70%。正因阅读问题如此严重，所以领导"阅读第一"计划的主任多尔蒂（Christopher

Doherty）是由布什总统亲自提名的。[8] 又如上级接管问题，作为拥有 264 所公立学校、21 万名学生、27000 名教师和雇员的费城学区（美国第四大学区），于 2001 年 12 月 21 日被宾夕法尼亚州政府根据该州《教育授权法》正式接管，其主要原因就是该学区有超过 50% 的学生连续三年在阅读和数学两项州级评估中位于底线组。[9] 因此从另外的角度说，从《NCLB 法》的规定和资助项目中我们可以解读出美国目前基础教育中存在的种种问题。

当然，美国的基础教育问题存在已久，要有效或完全解决这些问题，绝非仅仅通过《NCLB 法》和拨出多少联邦经费就能实现的。因为美国 "目前几乎没有一个州在扩大建立州级考试制度方面符合要求"，"要在 2005 年前使公立学校教师全部高度合格几乎不可能"，美国一些媒体和教育官员如是说。[10]

/ 注释 /

[1] 赵中建，《不让一个儿童落后——美国布什政府教育改革蓝图述评》，《上海教育》2001 年第 5 期。
[2] President Signs Landmark Education Bill. http: //www.whitehouse.gov/ news/release/2002/01/20020108-1.html.
[3] President Commends Congress for Passage of Landmark Education Bill. http: //www.whitehouse.gov/news/release/2001/12/20011218.html.
[4] 赵中建，《学校重组与上级接管——美国中小学管理改革举措述评》，《上海教育科研》2000 年第 11 期。
[5] 在《NCLB 法》正式生效前后，美国媒体或相关学会组织对其作了一些概要性的描述和分析，参见：An ESEA Primer.http: //www.edweek.org/ ew/newstory.cfm? Slug=16eseabos.h21；NASSP Summary and Commentary on New ESEA Provisions. http: //www.nassp.org/ publicaffairs/new-esea-prvsns.html.
[6] Erik W.Robeleb. ESEA to Boost Federal Role in Education.http: //www. edweek.org/ew/newstory.cfm? Slug=16eseabos.h21.
[7] 瞿葆奎，《美国教育改革》，人民教育出版社，1990 年。
[8] Bush Names Director for "Reading First" Program. http: //www.edweek.org/ ew/ newstory.cfm? Slug=18fed.h21.
[9] 赵中建，《面临接管——美国费城学区事件透视》，《上海教育》2002 年第 1 期。
[10] Lynn Olson. Testing Systems in Most States Not ESEA-Ready. http: //www.edweek.org/ew/newstory.cfm? Slug=16test.h21；Erika Chavez. Federal Goal Is Blasted. http: //www.sacbee.com/ content/politics/story/ 1406807p -1483491c.html.

（本文原发表于《教育发展研究》2002 年第 2 期）

清晰的目标，艰难的历程
——美国《每一个学生都成功法》简析

2015 年 12 月 10 日，因美国《每一个学生都成功法》在这一天正式生效并取代实施于 2002 年初的《不让一个儿童落后法》，而成为可以载入美国教育史册的日子。仅在 6 天后的 12 月 16 日，《中国教育报》就以一种以往鲜有的效率整版刊文简要介绍了该法的基本精神和主要内容。[1]

一 |《每一个学生都成功法》：美国教育立法进程的必然结果

美国的教育立法，基本上可以分为两类：一类是属于民权法范畴的，以 1965 年《初等和中等教育法》(简称 ESEA) 为代表；另一类是因为某一事件或主题引发而专门通过的立法，尤以 1958 年的《国防教育法》和 2007 年的《美国创造机会以有意义地促进技术、教育和科学之卓越法》(其英文缩写为 America COMPETES Act，因此也直接简称为《美国竞争法》) 为代表。

美国国会 1965 年通过的《初等和中等教育法》把联邦的教育法规从一些单项、零散的法规发展成为全面性的教育立法，主要确立了联邦政府在美国教育发展中的作用，其最重要的内容就是"为教育低收入家庭的儿童给地方教育机构提供财供援助"的条款，即第一编 (Title I)，"鉴于低收入家庭儿童特殊的教育需要，以及低收入家庭的集中对地方教育机构维持足够的教育方案之能力的影响，国会因此声明，联邦的政策是向那些服务于低收入家庭儿童集中的区域的地方教育机构提供财政援助，以通过能特别有助于满足教育处境不利儿童之特殊教育需要的各种办法来扩展和改进它们的教育方案（包括学前方案）"[2]。这一旨在促进和确保教育公平的立法条款和联邦政府政策与20世纪80年代以来的美国教育改革侧重提高教育质量一起，构成美国政府教育政策方面的两大目标，即促进教育机会均等和提高教育质量，从而成为20世纪80年代以来美国历届政府，无论是民主党还是共和党政府，在教育领域最为清晰的目标。

自1983年《国家在危急中：教育改革势在必行》（下文简称《国家在危急中》）报告开启教育改革以来，尤其自1990年美国教育首脑会议召开及作为美国教育改革战略的六项全国教育目标宣布以来，希望国会通过对《初等和中等教育法》予以修正并获得再授权以提升联邦政府在全国教育事务中之作用的呼声日渐突显。作为教育首脑会议的一项后续行动，布什政府曾提出《美国2000年教育优异法》的立法提案，但遗憾的是美国国会未能批准这一包括一揽子计划的立法提案。布什总统的这一未竟努力却由民主党的克林顿政府实现了，其集中体现是1994年经国会通过的《2000年目标：美国教育法》，首先规定了八项全国教育目标，即在原先布什政府提出的六项全国教育目标的基础上又增加了两项目标。这是对《初等和中等教育法》的一次再授权。2002年1月生效的《不让一个儿童落后法》则是又一次再授权，尤其增强了联邦政府在全国教育事务中的作用，并以立法形式要求落实若干举措。同样，《每一个学生都成功法》在国会参众两院的高票通过，是民主党奥巴马政府入主白宫后长期努力的结果，其亮点可以归纳为减弱联邦管理权力，恢复地方权力，赋予家长更多权力。[3]

二 ｜ 理想目标与实践结果的差距

美国每一次的教育改革及其重大举措如政策报告或教育立法都有比较清晰的目标指向，但似乎并不是所有的理想目标都能成为现实。在美国教育发展史上具有里程碑意义的《国家在危急中》报告对当时美国基础教育存在的问题、产生问题之原因及如何进行改革都给予了充分的阐述，并提出了旨在提高教育质量的改革目标。在 20 年后的 2003 年，美国教育部组织了一次座谈会，以《国家在危急中》诞生 20 年来给美国教育带来的影响为主题，来分析教育改革的得失成败。与会的美国胡佛研究所高级研究员芬恩（Chester Finn）认为，1983 年以来，"政府已经为学校投入了大量的精力、决心、行动和资金，但谈及学校的进展，似乎少有证据可以加以证明"。《国家在危急中》报告的产生与发布对美国来讲是一个重大事件，但是它所起到的震惊国人的作用远比改进教育的功能大得多。这份报告通过改变美国全国教育对话而对国家的教育作了持续的努力和贡献。它搭建了一个舞台并且把观众带到演播室里来，但是它本身未能表演戏剧。"[4]

同样，《2000 年目标：美国教育法》的八项目标中的第七项规定了"全国的教师，为了继续改进其专业技能并有机会获得教授所有美国学生，且使他们掌握为 21 世纪作好准备所必需的知识和技能的机会，要参加各种进修计划"。显然，如果实践结果与当初的理想目标相吻合，《不让一个儿童落后法》就不必承认美国学校面临合格教师和校长严重短缺的窘境，并提出从 2002 年秋季起根据该法第一编（Title I）拨付经费而招聘的教师必须是"高度合格的"；如何建立高素质教师队伍就不会依然是一个非常严重的问题，美国中小学科学和数学教师的严重短缺现象也就不会继续存在。同样，当年布什总统在签署《不让一个儿童落后法》的仪式上如此评价该法之意义："我们国家的公立教育开始了一个新时代，一个新纪元……美国的学校将走上一条新的改革之路，一条新的结果之路……从而确保美国的每一个儿童受到一流的教育。"[5]立法目标是如此明确，如更强的绩效责任、适当年度进步、全州性的统一考试、失败学校及其重组乃至被上级接管等，但十多年来的改革成效似乎依然不尽如人意。奥巴马总统在论及《每一个学生都成功法》取代《不让一个儿童落后法》时认为：后者在实现目标方面"更多的是一种负担而不是一种帮助"，"《不让一个儿童落后法》的目标是正确的，承诺教育每一个儿童的教师都是优秀的教师———这是要做的正确的事情，这是正确的目标。更高的标准是对的，问责也是对的……但拒绝教师、学校和各州为实现这些目标所需要的东西，则是无法实现目标的。这就是我们为什么必须修正《不让一个儿童落后法》的原因"。

三 | 教育改革依然任重道远

目标与实践存在差距,成就与问题依然并存。美国自 1983 年以来的改革之路呈现出一种钟摆现象,但似乎又是一种循环,一种螺旋式上升的循环。华盛顿教育政策中心主任詹宁斯(Jack Jennings)曾经这么说过:"今天的学生比 20 世纪 80 年代的学生所受的教育要好得多。今天的学生接受了比以往任何时候都多的更富挑战性的课程……除了学术成绩的问题,还有一个好现象,那就是现在的教育已经成为全民关注的焦点,已经非常的重要了。"教育改革是"一项困难的、需要长期努力的任务,任何解决问题的办法都不可能迅速出现,不可能轻易出现,也不可能廉价地出现"。[6]

尽管《每一个学生都成功法》已经成为立法且已付诸实施,但其未来的前景及其对美国教育改革所能产生的意义,似乎从一开始就不太被看好。美国名为"第三条道路"(Third Way)智库的教育政策顾问希勒尔(Tamara Hiler)指出:"实际上,学校或许看不到什么实质性的变化……家长在明年将孩子送入根据新的联邦立法办学的学校时,他们可能注意到的唯一的事,就是他们的州或学区或许会减少考试的次数,而更多的考试则是他们孩子前几年所一直面临的。"甚至还有媒体将报道标题直接列为"《每一个学生都成功法》使更多的学生失败",并明确指出:"《不让一个儿童落后法》针对低绩效学校的笨拙规定和严厉的惩罚性措施,使得许多的学生落后,并使全国各地多元性社区的教育变得更糟。而奥巴马总统 10 日上午签署的《每一个学生都成功法》则更是一个谎言。"[7]

无论如何,《不让一个儿童落后法》已经实施十年有余,不论其功过如何,它在美国教育发展改革史上毕竟是一部具有里程碑意义的教育立法。同样,如今问世的《每一个学生都成功法》对于美国中小学未来的教育发展和改革会产生怎样的影响,自有明天的教育实践来证明。

/ 注释 /

[1] 赵中建,《将基础教育管理权归还各州》,《中国教育报》2015年12月16日第11版;吴海鸥编译.《从十一项改革读懂〈每一个学生都成功法〉》,《中国教育报》2015年12月16日第11版。

[2] 瞿葆奎,《美国教育改革》,人民教育出版社,1990年。

[3] Executive Office of the President. *Every Student Succeeds Act: A Progress Report on Elementary and Secondary Education*.Washington, DC: The White House,2015.

[4] 赵中建,《目标与实践的差距——美国教育改革成效之我见》,《上海教育》2004年第6期。

[5] 赵中建,《从教育蓝图到教育立法——美国〈不让一个儿童落后法〉评述》,《教育发展研究》2002年第2期。

[6] 同 [4]。

[7] 同 [1]。

(本文原发表于《华东师范大学学报(教育科学版)》2016年第2期;
主标题为"《每一个学生都成功法》七人谈")

美国的"核心知识"课程改革

在 20 世纪 80 年代末,美国出版了几本涉及中小学课程改革且引起社会各界尤其是教育界广泛注意和评论的著作和报告。其一是由美国科学促进协会于 1989 年出版的《为了全体美国人的科学:达到科学、数学和技术脱盲目标的 2061 计划报告》(简称《2061 计划》),由此倡导了科学教育的课程改革。这在我国已有介绍和评论。另外一本就是由弗杰尼亚大学教授希尔斯(E.D.Hirsch, Jr.)于 1987 年出版的《文化知识:每个美国人需要知道的东西》一书。该书一经问世,即荣登《纽约时报》最畅销书栏目达 20 多周,这对教育著作来说极为罕见。美国的一些主要报刊都对该书发表了评论,教育界人士更是评论甚多,见智见仁,褒贬不一。

美国关于教育改革的争论重点,已经从 80 年代前期注重"教育改革必须同经济建设相联系",发展至 80 年代后半期逐渐强调"学校应该作为文化生产的场所",而且人们和社会"对文化生产的重视,从当前人们努力提出文化知识的问题中,从全国性课程委员会的建立中,以及从倾向于向学生提供保存西方文明的基本传统所必需的语言、知识和价值观念的改革热情中可见一斑"(《哈佛教育评论》1988 年第 2 期,第 172 页)。希尔斯的《文化知识:每个美国人需要知道的东西》一书可以说是重视"文化生产"观点的典型代表。

"文化知识"的基本内涵,在希尔斯看来,就是人们具有"共享的背景信息"。希尔斯认为每一个美国人所必须掌握的"共享的背景信息"大致应包括三个层次的文化知识:第一个层次是当代世界的文化知识界都应了解的基本文化知识方面的词汇，包括世界历史、文化、地理、自然科学等方面的基本词汇；第二个层次为英语国家的文化知识界进行交流所必备的基本词汇；第三个层次是作为美国公民所特有的基本词汇，如"人权法案"、（南北战争后美国南部的）"重建"等。

希尔斯在《文化知识：每个美国人需要知道的东西》一书中指出，美国学生文化水平低下（如历史和地理知识缺乏）的主要原因，是美国学校支离破碎的课程设置，尤其是那些木工、烹调、汽车驾驶、消费指导等科目可由学生自由选择并可获得学分。希尔斯为此而呼吁对中小学课程和教材进行改革，主张美国的教材虽不求统一，但各种教材都应包含作为美国公民所必备的文化基础知识。

希尔斯为此还提出具体的建议：（1）改革阅读课程，将从幼儿园到八年级的阅读材料转到以传统知识和现实知识为基础；（2）编写按年级顺序划分的"核心知识"的教材样书，以对各种自成一体的内容起一定的导向和制约作用；（3）在五、八和十二等三个年级举行全国性的综合知识测验。

为了实现其"文化知识"的目标，希尔斯教授在经过多年的咨询、商讨后，为小学教师和学生家长们编撰了一套"核心知识丛书"。小学一至六年级各一本，每一册中均包括语言、历史（美国史和世界史）、地理、音乐、美术、数学、自然科学及技术等各科内容。设在弗杰尼亚州的美国"核心知识基金会"则多次修订出版了作为讲授指南的《核心知识序列：一至六年级》。佛罗里达州的三棵栎树小学于1990年在美国率先全面实施"核心知识"课程，从而使希尔斯教授的思想从理论阶段迈入实践阶段。

三棵栎树小学的康斯坦斯·琼斯（Constans Johns）校长在与笔者的通信中曾较详细地谈论了有关"核心知识"课程及其实施的有关情况，对我们从一个侧面了解作为美国一种学派理论的"核心知识"课程改革不无益处，特择其要点叙述如下：

学校将在8月23日开学。我们将进入讲授希尔斯博士编制的《核心知识序列》的第四个年头。我们非常高兴地看到我们学生的成绩，还看到他们的出席率、行为纪律及重读率在过去三年中得到了改善和提高。根据标准成绩测验（SAT）的结果，我校学生的成绩有了稳定的提高，这在社会学科（历史和地理）和自然科学领域尤为明显。

我们的教师也已经改变了教学方法，从教科书教学转到主题计划。在主题计划中，不同学科领域之间的联系加强了，而教学内容对学生来说则更富有意义和更加相关了。

我已就我们在第一年实施核心知识课程的经验写了一本小册子，《核心知识序列》仅仅列出了我们对每一门学科领域和每一年级要讲授的题目，未列出要达到的成绩结果和所建议的教授法。这些则留给每一所学校自己去决定如何根据教师所喜欢的教学风格及学生的能力和学习风格来最佳地讲授每一个题目。

这些题目基本上是知识性的，而不是技能性的。希尔斯在美国的一些州和学区做了研究后发现，美国的中小学在明确学生为了成功所必需的技能方面基本上做得不错，但是在关于教师选择讲授的内容方面却很少有逻辑性或连贯性。这就促使他编制了一份有关核心知识内在的序列，这序列可以一年接一年地在不同年级有连贯性地予以讲授。希尔斯还建议核心知识课程应约占每一年级所授内容和课时的50%，这就为包括那些可能被要求的地方性题目提供了机会。

希尔斯博士在完成编制序列前曾从数百名教育家那里得到反馈信息，尔后在1990年组织了一个有100多人参加的为期三天的工作会议。与会者们分成若干小组对希尔斯提出的核心知识序列予以检查，并被要求就每一个学科领域所包含的所有题目达成共识。在经过争辩和讨论后，序列得到了修改并再次分发给每一位与会者。我有幸参加了这次会议并得到了一份修订后的序列，我回校后即与同事们共读了这一核心知识序列，并且愿意为希尔斯博士提供实验核心知识课程的场所。尽管当时还没有教科书，但我们决定来试用这一课程。希尔斯博士对此非常高兴并在第一年（1990—1991年）中始终与我们密切合作。自那以后，我们与美国的其他许多学校分享了我们的经验。我们主办了几期如何实施核心知识课程的讲习班，还接待了许多参观者来我校观摩所授课程。

"核心知识"课程理论作为美国众多课程理论的一部分，已日益受到人们的重视，其改革实验也已在几个州的近百所小学中进行。其结果和发展前景如何，目前尚难作出全面的评价和预测。

（本文原发表于《外国中小学教育》1994年第4期）

补记：有关"核心知识"课程的详尽论述，可参见赵中建《美国核心知识课程的理论和实践》，《外国教育资料》1996年第5期和第6期；赵中建《美国的核心知识课程与教学模式》，载高文主编《现代教学的模式化研究》，山东教育出版社，1999年。

美国基础教育课程改革的动向与启示

1983年，美国教育优异委员会公布了《国家在危急中：教育改革势在必行》的报告，从而揭开了美国教育改革的序幕。此后，尽管出版或发表了许许多多有关教育改革的报告及举办过各种各样的教育改革会议，但最为重要的，还是1989年召开的美国教育史上无此先例的"教育首脑会议"（1996年和2000年又先后在纽约IBM总部召开了第二届和第三届教育首脑会议）[1]以及由乔治·布什总统和与会的49个州长在会上联合签署的六项全国教育目标。这一"六项教育目标"成为布什总统在1991年签发的《2000年美国：教育战略》文件的主要内容。克林顿总统任期内由国会在1994年通过的《2000年目标：美国教育法》将"六项教育目标"扩展为"八项教育目标"，其中与学校课程改革直接相关的"目标三"也得到了扩充。[2]布什在入主白宫后的第一周（1月23日）就公布了《不让一个儿童落后法》的联邦政府教育改革蓝图，从中可以看到美国基础教育改革的最新政策动向。[3]

一 | 课程改革的背景、目标要求和理念

教育的改革往往起因于政治或经济竞争的需要，或者说起因于教育已经不适应社会经济发展需要的现状。1983年《国家在危急中》报告的问世以及尔后持续至今的教育改革，起因于经济的竞争。这正如《国家在危急中》在一开始就指出的："我们的国家正处在危急之中。我们在商业、工业、科学和技术创新

方面往日不受挑战的领先地位，正在被全世界的竞争者赶上。"报告列举了美国基础教育所存在的一系列"危急的指标"，主要是关于美国学生尤其是处境不利学生在学术知识上的准备不足和学业成绩的低下，而这又是由课程设置和课程内容（以及教学、时间和对学生的期望）所造成的。例如，"中学课程已经均匀、浅显和分散以致不再有一个中心目标。实际上，我们有的是自助餐式的课程，在这餐食中容易把开胃菜和甜点当作主菜……在学生平均成绩持续下降的同时，中学高年级学生家庭作业的数量却减少了，而给的分数则升高了"[4]。此外，促使美国反思自身教育的另一个重要因素，是美国在国际教育成就评价协会（IEA）进行的国际比较研究中持续处于落后的位置。《国家在危急中》指出："十年前对学生成绩所作的国际比较显示出，在19种学业测验中，美国学生从未得过第一或第二名，并且与其他工业化国家相比较，7次是最后一名……在其他许多工业化国家，数学（算术或普通数学除外）、生物学、化学、物理学和地理等学科在六年级开始开设，并且全体学生都必修。花在这些学科上的时间大约是美国最重理科的学生亦即在中学修习四年科学和数学的学生的三倍。"90年代后期对美国政府和教育界震动最大的，或许是国际教育成就评价协会在1995年进行的"第三届国际数学和科学研究"（Third International Mathematics and Science Study，TIMSS）的评价结果，因为在这次有50多个国家和地区参加的、将数学和科学合二为一的课程学习的单一评估中，美国的成绩并不领先。美国四年级学生的成绩略高于国际平均成绩；八年级学生的成绩相当于平均成绩；十二年级学生的成绩就低于国际平均成绩。[5]

  为了更有效地改革基础教育、提高教育质量并提升美国学生在国际比较研究中的地位，克服地方分权体制对整体改革美国教育所带来的不利因素，为美国地方分权教育提出全国性教育目标的第一届"教育首脑会议"于1989年在弗吉尼亚州召开了。与会的美国总统和州长们在会议上签署了希望到2000年能够实现的六项全国教育目标。这一目标后来成为《2000年美国：教育战略》（1991年）联邦政府文件的最主要内容，而1994年由国会通过的《2000年目标：美国教育法》则将六项目标扩展为八项教育目标，并在目标三中增加了若干门学科。这八项全国教育目标中直接与课程改革相关的目标，主要包括目标三和目标四。

目标三：所有学生在四、八、十二年级结束时，要证明有能力在英语、数学、自然科学、外语、公民和政府、经济学、艺术、历史和地理学科内容方面应付挑战；美国的每一所学校要确保所有的儿童学会合理用脑，以使他们为做有责任感的公民，进一步学习以及为在美国现代经济中从事生产性职业作好准备。

目标四：美国学生在自然科学和数学方面的成绩将达到世界首位。[6]

美国课程改革所指向的，是在平等的基础上提高教育质量，也就是使全体美国学生都得到进步和提高。这可以说是美国教育改革也是课程改革的基本理念。一些项目或书籍的标题就直接点明了这一点，如由美国科学促进协会倡导的"2061计划"的另一标题是"为了全体美国人的科学"（Science for All Americans）；全国研究委员会为指导学校使用《全国科学教育标准》而出版的宣传册子的题目是"使每个儿童成为科学家：实现全民科学素养目标"（Every Child a Scientist: Achieving Scientific Literacy for All）；美国著名的学校改革模式"核心知识"课程的代表著作则名为《文化知识：每个美国人需要知道的东西》（该书自1987年出版至今已印刷100万册）。布什新政府的教育改革蓝图更是明确提出"不让一个儿童落后"（No Child Left Behind）。

美国的课程改革基本上是以州为基础的。在坚持"促进平等，提高质量"这一基本理念的基础上，各州更有自己的课程改革理念。如新泽西州要求：

1. 所有学生将形成职业计划和工作准备的技能。
2. 所有学生将使用信息、技术和其他工具。
3. 所有学生将使用批判性思维、决策和问题解决的技能。
4. 所有学生将展示其自我管理的技能。
5. 所有学生将应用安全的原则。[7]

缅因州教育部在1997年出版了名为《学习结果》的州的课程标准，提出了制定课程标准的如下指导原则或者说改革理念。《学习结果》要求每一个缅因州的学生在毕业离校时必须成为：

1. 清晰而有效的沟通者（Communicator）。

2. 自我指导的终生学习者（Learner）。

3. 创造性和实际的问题解决者（Solver）。

4. 负责的和参与的公民（Citizen）。

5. 合作的和优秀的工作者（Worker）。

6. 整体的且富有信息的思考者（Thinker）。[8]

二 ｜ 全国课程标准的提出及其作用

美国基础教育的课程改革，主要集中于课程标准的制定，全国性课程标准和州一级课程标准。由于教育在美国一直首先是州和地方的职责，因此就全国而言历来没有共同的课程标准。在教育改革不断深入的情况下，尤其是1989年提出全国教育目标后，编制全国性的课程标准似乎成为了当务之急。制定全国性课程标准的努力始于乔治·布什政府，并在克林顿政府期间得以继续。

布什政府在寻求提高学术成就的过程中，向拥有科学、历史、公民、艺术、地理、外语和英语等领域的教师、学者的全国性组织提供经费资助，来制定以自愿接受为原则的全国标准（voluntary national standards）。克林顿政府在1994年通过《2000年目标：美国教育法》后更是支持制定全国性课程标准。尽管无论是布什政府还是克林顿政府都未能对全国性标准取得共识，但在争论过程中有一点却是明确的，即"没有人在寻求联邦（federal）的学术标准"，而只是"全国（national）的标准"。[9] 这正如1996年出版《全国科学教育标准》的全国研究委员会所指出的："对于那些对科学教育负有权利和职责的州和地方的教育机构来说，这一标准只是一种模式或指导原则。"[10]

约从20世纪80年代后期开始，一些教师专业协会、著名研究机构或基金会相继组织专家学者编制相关学科的全国性自愿标准（voluntary standards）。到1996年，全国教育目标中目标三所列的九门课程领域中，除经济学的课程标准尚属草案标准外，其余的八门课程领域均已有了各自的课程标准。[11] 但在美国，全国课程标准的制定绝非一帆风顺，"所有各方的批评家们都警告说，全国性标准是不必要的、不需要的、不明智的而且是难以实施的"。例如，由加利福尼亚大学洛杉矶分校的全国中小学历史研究中心负责制定的历史学科全国标准,虽然是在数百名学者、教师和各种组织的合作下完成的,但却在 1995 年 1 月遭到参议院 99 票反对 1 票赞成的悬殊票数的谴责。跨党派的基础教育委员会随后组建了由历史学家组成的小组,对这一历史学科的全国课程标准进行检查和提出修改建议。经过严格的修订,这一课程标准才在 1996 年为人所接受。[12] 此外,到 2000 年,由美国教育技术国际协会负责制定的《全国技术教育标准》得以完成。这样,中小学校开设的主要学科至此都有了非法定的全国性课程标准。全国课程标准中最早问世且最为成熟的,是由全国数学教师协会(National Council of Teachers of Mathematics)在 1989 年编制出版的《学校数学课程与评价标准》。《学校数学课程与评价标准》分 K—4 年级、5—8 年级和 9—12 年级三个阶段,分别对要求学生掌握的数学知识和能力提出了相应的 13—14 条具体的标准,并制定了评价数学课程的标准共 14 条。这一数学课程标准在 2000 年重新修订出版,并易名为《学校数学的原则和标准》。新版《学校数学的原则和标准》则按 Pre—K—2(学前到幼儿园到 2 年级)、3—5、6—8 和 9—12 年级四个阶段分别提出十条标准,但不再包括有评价数学课程的标准。《学校数学的原则和标准》还对数学教学计划提出如下六条指导性原则:

1. 平等原则。数学教育的优异需要平等,即对所有学生抱有高期望并给予有力的支持。

2. 课程原则。课程远不是各种活动的堆积,数学必须是内在联系的,且在各年级之间很好地得到衔接。

3. 教学原则。有效的数学教学要求理解学生已经知道的和需要学习的内容,尔后再挑战他们并支持他们去学好数学。

4. 学习原则。学生必须理解性地学习数学,积极地从以往的经验和先前的知识中建构新的知识。

5. 评估原则。评估应该支持重要的数学学习并向教师和学生提供有用的信息。

6. 技术原则。技术对于教和学数学是必需的;技术会影响到所教的数学并增强学生的学习兴趣。[13]

科学教育和数学一样，无疑是美国此次课程教育改革中最受人关注的学科领域。1996年正式出版、由美国研究委员会组织18000多人参与编写的《全国科学教育标准》，不仅论述分阶段（幼儿园到4年级、5—8年级、9—12年级）的科学教育的内容标准，而且还对从事科学教育教师的专业发展或者说科学教育教师的素养以及科学教育中的评价等提出标准。全国研究委员会为指导众多参与者编写科学教育标准确立了如下原则：科学是面向所有学生的；学习科学是种能动的过程；学校的科学要反映作为当代科学实践之特点的理性传统与文化传统；改进科学教育是牵一发而动全身的教育改革的一个组成部分。[14]

既然全国课程标准只是在一种"自愿"的基础上为各州和学区所接受，那么如何来看待这些全国课程标准的作用呢？从美国目前使用的情况看，全国课程标准的作用大致体现在如下几方面。

第一，从整体上评定教育系统的质量。美国研究委员会在谈论《全国科学教育标准》如何改进科学教育的质量时认为：《全国科学教育标准》可以被用作判定教育系统之质量的工具或标准，如学生应该学习的内容；学校课程的质量，包括教科书和其他资料；教师的专业发展；所使用的教学策略和评估策略；为教师所提供的支持；等等。

第二，作为培训教师的依据。美国全国科学促进协会下属的"2061计划"的一项重要任务，就是用其在1992年确立的"基准"来培训科学教育的教师，以使教师首先在科学素养方面达到他们所应具有的程度，或者说达到"基准"所要求的水平，这样他们才能教好他们所任教的学科。

第三，作为评价教科书的依据。美国各州和学区对教科书的使用并无十分明确的规定，学校和教师可以有较大的自由来选择和使用教科书。如何来评价目前广为采用的教科书的质量，就成为今日美国基础教育课程改革的重要一环。"2061计划"从1995年起开始用"基准"来分析评价美国目前使用较为广泛的中学教科书，首先集中于中学的数学和理科教科书。分析评价的结果令美国教育界对教科书的质量大失所望，请见如下一些新闻标题："检查发现，中学科学教科书充满错误""科学团体惋惜生物教科书的质量""全国科学促进协会说，全民代数（Algebra for All）未出现于今天的教科书""教科书重教轻学：没有一本中学科学教科书令人满意""'2061 计划'评价说：鲜有中学数学教科书帮助学生学习"等。

第四，作为设计考试试卷的重要参考。美国的统一学校考试内容并不直接与学校使用的教科书相对应，因此试卷的设计就需要依据某一或某些大家较认可的标准作为参考。斯坦福成就考试—第 9 版（Standford Achievement Test-9th Edition，SAT-9）是一种以标准为基础的成就考试，在美国为较多的州或学区所使用。该考试的试卷就是由学科领域专家根据最新的、由专业协会或项目编制的全国性课程标准设计出来的。SAT-9 所主要依据的是：

阅读：全国教育进展评估（NAEP）的英语语言艺术的新标准项目。

数学：全国数学教师协会的《学校数学课程与评价标准》。

科学：美国科学促进协会"2061 项目"的《科学素养基准》。美国科学促进协会的《为了全体美国人的科学》。

三 ｜ 州级课程标准的内容及其评价

在课程改革过程中，各州教育主管部门做的最重要的事情，就是制定州一级的课程标准，以最大限度地统一和规范本州中小学最基本课程的设置及其要求。与单一课程标准如科学、数学等全国性课程标准不同的是，州级课程标准涉及的不只是某一门学科，而是该州认为本州学生必须修学和掌握的全部最基本的科目。兹举新泽西州《核心课程内容标准》和缅因州《学习结果》所列标准的学科名目如下：

新泽西州：视觉和表演艺术、综合健康教育和体育、语言艺术素养、数学、科学、社会学科及世界语言。

缅因州：英语语言艺术、健康教育和体育、数学、现代和古典语言、科学和技术、社会学科及视觉和表演艺术。

具有独立设置课程标准之权限的宾夕法尼亚州费城学区列出了与上述两个州基本相同的课程标准，即英语语言艺术、健康教育、体育、数学、科学、社会学科、艺术（包括舞蹈、音乐、戏剧和视觉艺术）及世界语言。所不同的是，费城学区将健康教育和体育分列为两门学科。

一般而言，州级课程标准在具体论述各学科标准前，都有一个类似于"培养目标"的内容叙述，如新泽西州称作"跨内容工作场所准备"（Cross-Cutting Workplace Readiness），历史名城费城学区定为"相交的能力"（Cross-Cutting Competencies），缅因州则表述为"职业准备"（Career Preparation）。缅因州的"职业准备"具体包括：

其一，为未来作好准备。学生将了解工作世界，探求职业选择，并将个人的技能、倾向和能力与未来的职业决策相联系。为了成功地与他人和组织相互交往，学生需要调整自己以适应工作场所不断变化的特征。与人交往、团队工作、领导、协调等技能对于这种成功是必不可少的。

其二，教育/职业规划和管理。受自我评估和个人职业兴趣的影响，学生将基于学校和工作的经验整合起来以发展自己的职业目标。一旦职业目标得以确立，学生将持续地评价自己的进步并作出必要的调整。学生在竞争性社会中的成功依赖于他们管理自己职业的能力，运用寻求、保持和改进工作的技能。

其三，整合性和应用性学习。学生将展示学术知识和技能是如何应用于工作场所和其他地方的。学生将选择和应用适当的技术资源和问题解决策略于真实的生活情景中，以有目的的方式应用问题解决策略。

其四，平衡各种职责。学生将获得并应用平衡个人、家庭、社区和工作职责所需要的技能或概念。为了学生自己和他人的幸福而管理工作、家庭和社区职责的技能，对于个人的成功是至关重要的。[15]

这些培养目标还按不同的年级段予以具体分解。同样，在各门学科的具体内容标准中，要求学生掌握的东西也是十分具体的。新泽西州《核心课程内容标准》的语言艺术素养（language arts literacy，即英语）学科，对所有学生提出了如下五项标准[16]：

1. 所有学生能在不同的条件下为了各种真正的目的和听众讲话。
2. 所有学生能在不同的场合积极地倾听，以便接受、解释和评价来自各种来源的信息并对此作出回应。

3. 所有学生能为不同的听众和真实而多样的目的组织在内容和形式上都不一样的文本。

4. 所有学生能通过理解和批判性分析来阅读，倾听和评论各种材料和文本并对此作出回应。

5. 所有学生为了批判性的比较、分析和评价，而能评论、理解和使用没有上下文的真实信息和陈述。

英语学科如此，《核心课程内容标准》中的其他七门学科也是如此。对于每一项内容标准，再按年级段提出具体的指标要求，如英语学科的"所有学生能在不同的条件下为了各种真正的目的和听众讲话"标准作出了如下的规定。

描述性陈述。不论是正规还是非正规的，"说"对于学习过程来说是至关重要的。当学生在大组或小组中针对文学、非小说文体以及当前人们关心和感兴趣的话题进行一种演讲和对话时，语言艺术素养就得到了发展。学生应该有机会参加更为正规的讲演、小组讨论、辩论等，并为此作好准备。学生应该有机会使用语言，以为了实现各种其他目的，包括提出问题、分享信息、讲述幽默故事、帮助他人实现目标等。学生应该认识到他们所听到、写下、读过和发表过观点的东西，都将有益于丰富他们口语的内容并提高其质量。

累积性进步指标。到4年级末，学生应能够：

1. 用听、写、读和评论来支持"说"。

2. 为不同的目的和听众调整口头交流。

3. 用口头交流来影响他人的行为。

4. 改进口头交流以回应他人的反应。

5. 要有益于班级和小组的讨论。

6. 参与合作性的讲话活动，如集体阅读、表演戏剧和背诵诗歌。

7. 通过转变讲话者和倾听者的角色来参与讨论。

8. 与他人交谈以确认、探求和解决问题。

9. 在一群听众面前通过讲话来表达思想、传递观念、提供信息和讲述故事。

10. 利用口语英语的惯例。

11. 有意义地朗读。

12. 提出方向和/或指示。

13. 告诉、再告诉及概括观念并将这些观念分段处理。

14. 利用视觉的辅助手段和非言语的行为来支持口头表达。

在先前年级所获得的知识和技能的基础上，到8年级末，学生应能够：

15. 在讲话的场景下运用清晰、简洁和有组织的语言。

16. 在大众面前为某种观点辩护并进行解释。

17. 在听众未能理解传递的讯息时要勇于承认，并作出合适的调整。

18. 进行一次信息访谈。

19. 接受并利用建设性反馈以改进说话的能力。

在先前年级所获得的知识和技能的基础上，到12年级末，学生应能够：

20. 明确正式辩论的要素。

21. 为有组织的辩论和小组讨论作好准备并参与其中。

22. 作一场即席演说。

23. 展示在真实生活情景中的面试技能，如大学入学或就业面试。

由于美国各州的经济社会以及教育发展的情况不一，因此所定课程标准也会出现差异。如何看待各州的课程标准，以及它们是否达到了应该达到的水平，这是制定课程标准中必须回答的问题。美国教师联盟每年对各州标准所作的比较分析被认为是美国目前较为权威的民间评价。教师联盟在1999年度的《使标准有效》(Making Standards Matter)的评价报告中，对各州课程标准提出了一些评价的指标[17]：

1. 课程标准必须包括有四门核心学术科目，即英语、数学、科学和社会学科。

2. 课程标准必须足够的清晰和具体，以为从小学到高中的共同核心课程提供基础。

3. 课程标准必须明确界定每一个年级或包含几个年级的年级段学生应该学习的每一门核心科目的共同内容和技能。

4. 课程标准必须是详细和明确的，牢固地建立在学科内容的基础上，以导引出一种共同的核心课程。

5. 四门核心学术科目的每一门都必须呈现特定的内容。

6. 课程标准必须同时关注内容和技能。

1999年度的《使标准有效》的评价报告还列举了在研究各州课程标准后的一些主要发现，包括：

● 各州致力于基于标准的改革（standards-based reform）的决心依然很大。除爱荷华州外，其余所有州和华盛顿特区及波多黎格都已经或正在为学生确立共同的学术标准。

● 各州课程标准的总体质量在持续提高。22个州的课程标准基本上是清晰和具体的，且建立在特定的内容之上，符合了美国教师联盟的共同核心标准。

● 尽管许多州的课程标准质量在提高，但大多数州认为在英语和社会学科方面比数学和科学更难确定清晰和具体的标准。

● 除爱荷华、蒙大拿和北达科他三州外，其他各州都致力于依据考查标准来测量学生的成绩。

● 通过考试项目、评分指示或学生的工作样本，许多州（28个）都描述了学生必须显示的掌握水平，以符合州立课程标准。

● 28个州已经设立或将设立基于课程标准的高中毕业考试。另外许多只有"最低能力"毕业考试的州正在"提升"这些考试，以期反映出10年级或更高年级的标准。

● 23个州已经或正在制定激励措施以鼓励学生获得比所有学生的平均要求更高的标准。

● 自1998年评价报告公布以来，已有29个州要求并资助那些对满足课程标准颇感困难的学生实行学术干预的计划。[18]

四 | 教科书和考试

美国州政府教育主管部门尽管负责制定并颁布州级课程标准，但它们对于学校所使用的教科书却没有任何硬性规定或组织人员编写教科书。教科书的编写和出版基本上是以市场为导向的，教科书的选择权和使用权在学校本身。或许在今天，谁编写的教科书最能符合课程标准的要求并反映出时代和学科发展的趋势及满足学生学习的兴趣，学校就可能选择这些教科书。但有一点是明确的，即目前美国大多数学校使用的教科书，尤其是自然科学和数学的教科书，正在受到人们的批评，因为"2061计划"在对目前最广泛使用的教科书进行评价后所得出的结论并不令人满意，反映了教科书所存在的种种问题。

各州在制定课程标准的同时，往往也提出了与课程标准相适应的评估要求，以求看到学校的教育结果即学生的学业成绩是否符合了这些标准。而为了评定学生的学习结果，有的州设计了自己的考试，有的地方则使用由一些考试机构设计的社会性考试。名为"斯坦福成就考试—第9版"（以下简称斯坦福考试）就是这样一种社会性考试，它以课程标准为基础，由课程内容专家参照全国性课程标准和项目而设计，在美国有着较为广泛的使用者。

斯坦福考试主要包括多重选择题（multiple-choice items）和开放题（open-ended items）两大类。第9版的多重选择题不同于传统的多重选择题，因为这些题目的设计与学生的实际生活相联系，考查学生在回答问题时必须使用的技能和过程，不仅考查学生知道些什么，还考查学生如何运用知识来作出正确的回答。开放题则重在考查多重选择题无法测量到的问题解决、推理和分析能力，它们要求学生写出其问题回答背后的推理过程。斯坦福考试目前主要集中在阅读、数学和科学三门最主要学科方面。除了都有多重选择题和开放题外，阅读考试主要通过要求学生回答对他们所阅读的材料的理解、解释和分析来了解学生的理解程度；数学主要通过逻辑推理和问题解决的策略让学生回答选择题和开放题，主要在于考查学生运用测量、问题解决、推理等技能回答多步骤的、真实世界的问题的能力；科学主要考查一些关于地球、物理、生命和社会学科方面的问题，而问题的回答要反映出学生对一般科学概念的理解以及学生运用推理技能来得出结论，而不是仅仅回忆起死记硬背的详细事实和信息。

五｜几点结论性思考

美国基础教育课程改革中的种种举措，适应的是美国教育的改革需要，解决的是美国教育的独特问题，但其中仍有一些颇具特色的做法，对我们或许也有一定的参考价值，主要体现在如下几方面。

首先，重视课程标准对统一学校教学的重要意义。如此大规模地制定课程标准，包括自愿选择的全国性课程标准和带有指令性质的州级课程标准，在美国的教育发展史上还是第一次。由一些专业协会或非营利机构组织人员编写一些全国性课程标准，以供各州、考试机构或研究人员在制定州级课程标准、编制考试试题、撰写教科书等作参考之用，符合美国作为一个分权制国家的特定需要，这种全国性课程标准对于使各州的课程标准内容尽可能地趋于相同或相似，起到了积极的作用。当然，对于制定全国性课程标准，美国始终存在着一种反对的意见。美国中小学在课程设置和教科书选择上有着很大的自主权，因此长期以来学校之间（有时甚至在一所学校内）在教科书使用方面存在着很大的差异，州级课程标准的制定和实施，在相当程度上可以影响到教科书的编写和学校教科书的选用，从而影响到学校教育教学质量的提高。

其次，重视对课程标准指标的细化。无论是全国性课程标准还是州级课程标准，在指标的细化方面有着极大的相似之处。这种细化，或按年级或按年级段，一一叙述学生应该掌握的知识内容和能力培养，如 2000 年版的《学校数学的原则和标准》的年级段划分比 1989 年版的《学校数学课程与评价标准》更为细致，如美国一般把年级段划分为幼儿园到 4 年级（K—4，K 年级相当于我们的幼儿园大班，它属于学校教育）、5—8 年级和 9—12 年级，2000 年的数学标准则将 K 年级前的学前教育增加进课程标准，其划分是学前到幼儿园到 2 年级（Pre—K—2）、3—5 年级、6—8 年级和 9—12 年级。而《全国科学教育标准》

不仅划分细致外，其内容除内容标准外，更是涉及教学标准、教师专业发展标准、大纲标准、评价标准等。这种标准指标的细化对于指导教科书的编写和规范教师的课堂教学，其意义显而易见。

再次，重视对课程标准的评价。尽管美国目前除爱荷华州尚无州级课程标准外，其余各州都已完成州级课程标准的编制。但由于各州的情况不一、标准编写人员的水平的差异等因素，各州课程标准的程度也一定会不同（如全国教育目标小组的一份资料显示，1995年曾对三个州的7和8年级学生的数学熟练水平与全国教育进展评估的标准作一比较，符合州级标准和全国标准的比例是：在A州，达到前者的为13%，达到后者的为15%；在B州，达到前者的为68%，达到后者的为15%；在C州，达到前者的为83%，达到后者的为13%[19]），因此对课程标准进行评价就显得十分重要。美国除了可以依据全国教育进展评估的标准进行评价外，美国教师联盟更是制定了评价各州课程标准的"标准"，以此对各州课程标准进行比较分析；每年都对各州课程标准的实施进展等情况进行比较分析，以期使各州能够及时调整或改编自己的课程标准来达到最大程度的提高。

最后，重视考试与课程标准的相一致。课程标准的制定和实施必须同时有考试评价跟上。尽管美国目前还不是每个州都设计有与各自课程标准相对应的评估，但一些市场化的考试机构已经根据这类课程标准（尤其是全国课程标准）来编制相应的考试试卷，从而使课程实施后的内容评价和学生的成绩测量同课程标准的要求联系起来，从而又反过来推动课程标准的修订和实施。这种考试在美国布什政府公布了《不让一个儿童落后》的教育改革蓝图后显得更为重要，因为改革蓝图要求3—8年级的学生每年都要参加英语阅读和数学的考试。因此，考试与课程标准的相一致在布什政府时期将受到各州教育部门的进一步重视。

/ 注释 /

[1] 赵中建，《政—企—教联手，共创教育的未来——美国第三届教育首脑会议评述》，《教育参考》2000年第1期。

[2] 赵中建，《美国教育改革的法律保障》，《中国教育报》1995年7月5日第2版。

[3] 赵中建,《不让一个儿童落后——美国布什政府教育改革蓝图述评》,《上海教育》2001 年 5 期。
[4] 瞿葆奎,《美国教育改革》,人民教育出版社,1990 年。
[5] Mid-Atlantic Eisenhower Consortium for Mathematics and Science Education. *Third International Mathematics and Science Study: A Sourcebook of 8th-Grade Findings*, 1997.Marlies A .Dunson.From Research to Practice and Back Again: TIMSS as a Tool for Educational Improvement.*CPRE Policy Briefs*（RB-30）.University of Pennsylvania, CPRE.April, 2000.
[6] 同 [3]。
[7] New Jersey State Department of Education.*Core Curriculum Content Standards*, 1996.
[8] Maine Department of Education.State of Maine. *Learning Results*.July, 1997.
[9] Diane Ravitch.*National Standards in American Education: A Citizen's Guide*.Washington, D.C.: Brookings Institution Press, 1995.p.xv-xvi. 这里需要指出的是,国内学者往往把美国的这类非政府规定的全国性标准理解为国家标准,如由美国国家科学院下属的国家研究理事会在 1996 年制定出版的 National Science Education Standards 就被翻译成为《美国国家科学教育标准》(科学技术文献出版社 1999 年版)。而英国的 National Curriculum 在翻译成汉语时则应译作"国家(统一)课程",因为在英国课程标准和课程都是全国统一的。
[10] National Research Council. *Every Child a Scientist: Achieving Scientific Literacy for All*. Washington, D.C.: National Academy Press, 1998.
[11] National Education Goals Panel.*The Education Goals Report: Executive Summary* .Washington, D.C.The Author, 1996.
[12] 同 [7]。
[13] National Council of Teachers in Mathematics.*Principles and Standards for School Mathematics*, 2000. www.nctm.org.
[14] 〔美〕国家研究理事会著,戢守志等译,《美国国家科学教育标准》,科学技术文献出版社,1999 年。
[15] 同 [8]。
[16] 同 [7]。
[17] 参见网站：www.aft.org.
[18] 同 [17]。
[19] 同 [11]。

（本文原发表于《全球教育展望》2001 年第 4 期）

美国 80 年代以来教师教育发展政策述评

20 世纪 80 年代以来的美国教育改革，其中心在于提高学校教育的质量，或者说提高学生的学业成绩。教育质量的提高在相当程度上取决于教师的质量，而教师的质量又在相当程度上受到教师教育的影响，这一简单的逻辑推论促使美国政府、学界和社会各界关注教师教育以及与此相联系的一系列问题。作为一个市场经济成熟发展的国家，美国教师教育的发展与改革较少地受到政府规定的制约，但从一些委员会的报告中，我们仍可以看到 80 年代以来影响美国教师教育发展和改革的政策因素。本文希望通过介绍和分析美国 80 年代以来发表或公布的有关教师教育的一些重要报告和事件，来了解美国教师教育改革与发展的政策以及教师教育的改革重点。

一 | 从《国家在危急中》到《准备就绪的国家》：教师教育改革的序幕

凡讨论或研究今日美国教育改革的报告或文献，无不提及 1983 年教育优异委员会的《国家在危急中：教育改革势在必行》报告。这一划时代的教育报告在改革美国教育的建议中，专列教学建议，从七个方面"试图改进培养师资的工作或把教学变为更值得从事的和受人尊敬的职业"。此后虽有各机构组织发表各种有关教师教育的报告，如南部地区教育委员会（Southern Regional Education Board）1985 年公布的《改进教师教育：适用于高等教育和中小学的议程》等，但由于这一时期太多的报告集中于中小学教育存在的问题和课程教学的改革，教师教育似乎未能引起人们足够的注意和重视。直到 1986 年卡内基教育与经济论坛的"教学作为一门专业之工作小组"（Task Force on Teaching as a Profession）公布了《准备就绪的国家：21 世纪的教师》报告以及同年霍姆斯小组（The Holmes Group）《明日的教师》报告的发表，教师教育的问题才真正成为美国上下关注的焦点之一，教师教育及教学专业化的改革运动由此兴起。从 1983 年的《国家在危急中》到 1986 年的《准备就绪的国家》，美国教师教育改革的这一序幕展开的虽是如此之慢，但还是顺应了学校教育改革的潮流。

卡内基教育与经济论坛是纽约卡内基公司于 1985 年 1 月成立的下属机构，旨在通过自己的活动"引起美国各界重视经济发展和致力于这种发展的人的技能和能力之间的关系，并为面临的经济挑战制定相应的教育政策"。教育与经济论坛在同年 5 月成立了一个由有影响的人士组成的小组，专门考查作为一种专门职业的教师工作，因为论坛决策层认为"教师在教育质量方面所起的重要作用"以及"改进教师培养及其工作条件必将对国家及儿童作出贡献"。《准备就绪的国家》报告是论坛对美国教育提出一系列政策建议中的第一篇，其目的主要在于："（1）再次提醒美国人，经济挑战正在从各个方面逼向我们；（2）强调教育的重要性，因为它是经济发展、机会平等、实现国家理想的基础；（3）重申教育事业是对美国教育确立新的卓越保障的最大希望所在；（4）指出今后十年在我们目前存在着不寻常的教育改革机会。"[1]

《准备就绪的国家》认为，美国的经济成功取决于更高的教育质量，而取得更高教育质量的关键是建立一支与此任务相适应的专业队伍，即一支经过良好教育的师资队伍。"没有这样一支教学水平高、业务能力强和具有远大抱负的专业队伍，任何改革都不会长久。"为此，报告要求在教育政策上作出较大幅度的变革，并提出了政策改革的八项建议：

● 建立全国专业教职标准委员会（National Board for Professional Teaching Standards），负责制定专业教学的高标准，并为达到标准的教师颁发资格证书。

● 改组学校，为教师提供一个良好的教学环境，既让他们对学生的进步负责,又要给他们以作出决定的自由。

- 改组教师队伍,在学校中推出一种新型教师,名为"领导教师"(Lead Teacher),他们在重新设计学校课程及帮助同事提高专业水平和教育质量方面显示出领导的作用。
- 建议废除教育学士学位,并把首先获得文、理学士学位作为修学教学专业的前提条件。
- 教育研究生院应制定教学硕士的学位课程计划,其课程应以系统的教学理论为基础,在中小学的见习和实习是必不可少的。
- 调动国家资源来培养少数民族青年从事教师职业。
- 把对教师的奖励与学生的成绩挂钩,并为教师提高工作效率而提供必需的技术、后勤和服务人员。
- 使教师的薪金和职业晋升能够与其他专门职业的人员的薪金和职业晋升相匹敌。

《准备就绪的国家》的上述建议特别强调了教学是一种专业以及与此相联系的专业培训,如改革培训课程和加强实习,强调要创设一种教学专业环境以及提高教师待遇和改善其工作条件的重要性。如果从美国教师教育的发展进程来看,这些改革建议并无多大新颖之处,但关于建立全国专业教职标准委员会的建议,却直接导致了该委员会在1987年的成立,而这一专业教职标准委员会及其认可教师的标准,在今天美国的教师教育及教师资格的认可方面正发挥着十分重要的作用,经其认可的教师[称作"全国委员会资格教师"(National Board Certified Teachers,简称NBCTs]广泛受到中小学的青睐。[2]

二 | 从三个"明日"的报告看霍姆斯小组的贡献

在80年代以来的教师教育改革中,霍姆斯小组以其《明日的教师》(1986)、《明日的学校:专业发展学校设计之原则》(1990)和《明日的教育学院》(1995)三个系列报告而广泛受到关注。[3]不同于卡内基教育与经济论坛的成员组成,霍姆斯小组是由美国大学教育学院的领导人士所组成的,而其改革教师教育的报告完全是由教师教育界自行提出的,这与美国以往教育改革报告多由教育圈外人士组成的团体发表的情况不尽相同。霍姆斯小组希望通过教师教育界的自我检讨与变革,来换取社会大众对教师职业的信任并赋予其真正的专业形象。霍姆斯小组十年工作的最终目标是要改善教师质量。霍姆斯小组认为,美国的教学专业和教师教育长期处在地位不佳的境遇,因此如果不能改善教师教育,教师的素养和质量就不可能有所改善。而当教师素养和质量无法改善时,学校教育质量的提高也是不可能的,而这时社会也不会相信教学是一种专业。同时,相对于其他行业,教师工作不仅薪金低而且工作负担重,因而无法吸引优秀学子前来修学教师教育课程并从事教学工作。这就是为什么霍姆斯小组认为必须确立"教学是一种专业"的观念及注重教师教育质量,并为此而连续发表三个相互独立又互相连接的"明日"报告的原因之所在,以期引起政府和社会各界对教师教育和教师职业的广泛关注。霍姆斯小组在《明日的教师》报告中,一开始就提出了贯穿于其工作和三个"明日"报告的目标和理念:

1. 使教师教育在学术上拥有更牢固的基础,因而教师要更好地掌握学科知识和教学技能。

2. 要承认不同教师在知识、技能和工作态度以及在所受教育、资格证书和工作方面存有差异,因而要区分出不同级别的教师。

3. 要制定从事教职(考试和教育要求)的标准,而标准在专业上要适切,在学术上要严格,因此应该严格挑选每一位教师,不让不合格者从教。

4. 要使教育学院与中小学相联系,并充分利用有经验的教师来教育其他教师,而建立专业发展学校或许是一种有效途径。

5. 要使中小学成为教师工作和学习的更好的场所,因此要给予教师以更多的专业自主和领导机会。

《明日的教师》提出要明确划分教师的专业级别。按不同的职能、胜任工作能力等划分为三个级别,并分别提出不同的教育或培训要求,给予不同的专业职称和不同级别的待遇,此为"专业生涯阶梯"(professional career ladder)。这三个级别依次为:(1)教员(Instructors),指初入社会的文理学院毕业生,没有或很少经过教育专业训练但愿意从教的人士。(2) 专业教师 (Professional Teachers),他们拥有硕士学位,不仅是学科专家,同时也是本学科的教学理论专家及中小学教师队伍中的主要力量。(3) 终身专业教师 (Career Professional Teachers),凡专业教师在教学中做出优异成绩,积累了丰富教学经验,在实际工作中证明是合格的专业教师并获得博士学位者,可以授予他们以最高级别的教师职称和证书。

《明日的教师》提出要改革教师培训课程。报告认为教师培训课程的改革必须从师范生的本科文理课程入手,强调文理课程的完整性、连贯性和成熟性,要严格制定教师教育的文理"核心课程"。报告批评了现行教师教育的文理课程是"零散课程的堆积",没有严格而明确的核心,因此报告建议取消大学阶段的教育主修(即我们本科的教育专业),以提供更多学科方面的专精课程;建议开发研究生阶段的教师教育专业课程,以使教师教育的内容具备丰富的学科知识、系统的教学知识和实务经验等。

《明日的教师》提出要建立专业发展学校 (Professional Development Schools, PDS)。报告强调了教学实习经验对于教师教学经验的养成具有十分重要的作用,应以中小学为基地建立专业发展学校,以有助于促进教学专业知识的发展,加强中小学与教师培训机构的联系与合作。虽然《明日的教师》提出了建立专业发展学校的建议,但有关这种学校的详尽研究以及建立这种学校的原则却留给了五年后的《明日的学校》。《明日的学校》在简要讨论为什么要建立专业发展学校的理由后,分六章逐一详尽分析研究了如何组织专业发展学校的六条原则。报告首先认为专业发展学校从如下六个方面有助于确立教学专业 (teaching profession) 的理念:

- 从大学中的未来教师和中小学学生的角度来宣传有关教和学的概念。
- 丰富了我们所汇聚的有关教和学的知识并重组了这些知识。
- 确保有创新的、相关的和负责的研究和发展是在中小学完成的。
- 将有经验的教师更新其知识及提高其地位的努力同他们改进其学校及帮助新教师的努力联系在一起。

- 为中小学教师同教育学院的教师进行合作工作创设项目。
- 增强了中小学同更广泛的政治、社会和经济团体之间的相互联系。

《明日的学校》是这样论述设计和组织专业发展学校的六条原则的：

原则一，为了理解的教和学。这里的理解首先是指对知识和文化的理解，其次是对各种不同观点的理解。学校的所有学生都认真参与了允许他们进行终身学习的那种学习，这就要求对现行的学校课程和教学进行大规模的修订。

原则二，创建一个学习共同体。学校应该成为一个学习共同体，这意味着学校中的每一个人都是学习者，而且其地位应该是平等的。而教师不仅首先是一个学习者，而且他们能够理解学生的多样性并激发学生之间的对话。

原则三，为每一个儿童提供为了理解的教和学，提供平等的教育。专业发展学校的一个主要任务就是要克服由不平等社会所带来的教育和社会的障碍，因为学校对形成和平相处、互相学习的社会风尚有着不可推卸的责任，其目的就是要消除至今在美国社会和学校中依然存在的种族歧视、性别歧视等。

原则四，教师、教师教育家和管理者的继续学习。学校是一个人人参与学习、人人获得提高的学习共同体。这些人既包括中小学的教师、学生和管理者，也包括大学来的实习教师（师范生）、大学的指导教师（教师教育家），甚至还可能包括学生家长和社区教育工作者。

原则五，对教和学进行长期的反思和探究。专业发展学校要使反思和探究（reflection and inquiry）成为学校的中心特征，这对于学校教师、管理者和教师教育家来说至关重要。作为合作伙伴，这些人员要对学校中教和学的实践进行反思和研究。也就是说，教师要成为反思型教师或研究型教师，管理者和教师同样如此。

原则六，创设一种新的机构。专业发展学校的管理、领导和员工，包括来自大学的同行，要一起工作来创设一种新的组织机构，以与学校有关教和学的新的目的和原则相一致。[4]

时隔五年，霍姆斯小组针对培养未来教师的大学教育学院或教育研究生院，再次推出《明日的教育学院》报告，列举了美国教师教育尤其是教育学院目前存在的种种问题，揭示了教育学院面对教育改革潮流时应该作出的各种努力以及展望了教育学院未来的发展方向。

霍姆斯小组为美国明日的教育学院明确了如下七个目标：

● 使教育学院为了可信赖的行为对教学专业和社会公众负责。

● 使中小学和社区中的研究、发展和优质学习的展示成为教育学院的主要使命。

● 使明日的教育学院同地方、州和国家的专职人员相联系以符合更高的标准。

● 确认不同教师的作用的相互依赖性及其共同特征，并为团队工作及共同理解以学生为中心的教育作好准备。

● 为使教育学院成为专业化研究和学习的更好场所培养领导人才。

● 为那些服务儿童和青年的教师而将教育学院的工作集中在专业知识和技能上。

● 要为州和地方的教育决策作出贡献，因为这些决策让所有学生有机会从高度合格的教师那里进行学习。[5]

霍姆斯小组还为明日的教育学院规划了如下一些议程：（1）呼吁将知识发展同顾客和使用者（即师范生）的需要相联系，而专业发展学校可以在这一方面做得更好；（2）重视教师的专业发展对教学的理论基础以及对实践的理智要求的了解是重要的；（3）明日的教育学院要在政策发展中发挥主要的作用。霍姆斯小组还认为教育学院的未来方向是：在文理教育的基础上发展教学研究并提高教师的个人能力，使教师具备健全的智能；认可在实际的学校中不同教师所需的知识和技能；发展多样性评价以测量教学能力，使教学标准拥有理论基础；创办专业发展学校使中小学与教育学院相联系，在中小学教师和管理人员与大学专家教授之间形成合作伙伴关系；使中小学成为教师实习和学习的最佳场所。在明确了明日教育学院的目标和努力方向后，霍姆斯小组还强调了教育学院要特别关注知识发展、专业发展和政策发展。

值得一提的是，霍姆斯小组在发表《明日的教育学院》的第二年，就改组而成为霍姆斯伙伴（Holmes Partnership），成为一个常设性的联合教师教育机构的协会，并与主要的全国性专业协会和组织进行合作，以促进教师教育的进一步改革与发展。[6]

三 | 从《什么最重要》看全美教学与美国未来委员会的工作

在了解美国教师教育发展政策的过程中，不能不注意到全美教学与美国未来委员会（National Commission on Teaching & America's Future，NCTAF）的工作。成立于1994年的NCTAF，由洛克菲勒基金会和卡内基公司资助而成立并运作，是一个常设的非盈利性机构，其成员主要包括政府官员、企业人士、社区领袖、教育专家等，办事机构设在哥伦比亚大学教育学院。[7] NCTAF在1996年和1997年相继发表了《什么最重要：为美国未来而教》（What Matters Most: Teaching for America's Future，下文简称《什么最重要》）和《做什么最重要：投资于优质教学》（Doing What Matters Most: Investing in Quality Teaching，下文简称《做什么最重要》）两个报告，这是继霍姆斯小组报告后近年来关于教师教育发展之政策的重要文献。

《什么最重要》旨在向美国社会提供这样一种信息，即招聘、培训、支持和奖励美国所有学校中的卓越教师的蓝图，是实现美国教育目标的唯一且最为重要的战略。这种蓝图要确保所有中小学的教师都掌握了他们进行教学所需要的知识和技能，这样所有学生才能更好地学习。《什么最重要》报告为此而提出将使美国在教和学方面得到长期提高的一系列目标[8]：

- 所有儿童都应由那些有知识和技能并承诺教好学生的教师来教。
- 所有的教师教育课程计划要符合专业标准，否则这些课程计划予以取消。
- 所有教师都有机会得到高质量的专业发展以及定期参与学院的工作和计划。
- 中小学教师和校长都应根据其能力予以聘用和继续工作以符合实践的专业标准。

● 教师的薪金应以他们的知识和技能为基础。

● 优质教学应是学校的投入中心，绝大多数的教育经费应该用在课堂教学中。

为实现上述系列目标，报告提出了如下五项促进相互变革的建议：

第一，为了学生和教师而认真考虑标准。委员会建议"重申国家的承诺，即把每一个美国儿童培养成在核心学术领域达到世界一流的标准，并制定和加强教师准备、初始资格和继续发展方面的严格标准"。为此委员会具体建议：(1)成立州专业标准委员会；(2)坚持对所有教育学院进行专业认可；(3)关闭不适当的教育学院；(4)根据教师在学科知识、教学知识和教学技能考试中的成绩向他们颁发执证书；(5)运用全美专业教职标准委员会的标准作为衡量成功教学的基准。

第二，重新设计教师准备和专业发展。委员会建议"大学学院和中小学一起来重新设计教师教育，这样在未来十年中聘用的200万教师能得到充分的培训，而且所有教师都能获得进行高质量学习的机会"。为此委员会具体建议：(1)根据适用于学生和教师的标准来组织教师教育和专业发展；(2)安排延长的、研究生层次的教师准备计划，以向学生提供在专业发展学校中进行为期一年的教学实习；(3)为初任教师创设指导方案并予以资助，以在教学技能方面给予支持和评价；(4)创设稳定的、高质量的专业发展计划；(5)组织教师专业发展的新资源，如教师学术会、中小学—大学合作伙伴、超越学校范围的学习网络等；(6)通过共同规划、学习小组、同行指导和研究，使专业发展成为教师日常工作的一部分。

第三，革新教师聘用方式，使每个课堂都有合格的教师。委员会建议"州和学区制定富有进取性的政策以使每个课堂都有合格的教师，提供财政激励措施来解决教师短缺，使聘用程序更合理，并减少教师流动时的障碍"。为此委员会具体建议：(1)增强财政状况不佳之学区支付合格教师的能力，并坚持学区仅仅聘用合格教师；(2)重新设计学区一级的聘用工作并使其更合理，主要是通过为所有合格的候选人创建一个中心"电子招聘大厅"，并与大学建立合作关系以鼓励尽早聘用教师;(3)通过促进跨州协会承认教师执照和与各州发展可携带养老金来减少教师流动时的障碍;(4)提供激励措施为高度需要的学科和地区招聘教师;(5)为刚毕业的大学生、半路转行的人士、已在学校中工作的准专业人员、军界和政府部门的退休人员开辟从事教学的通道。

第四,鼓励和奖励富有知识和技能的教师。委员会建议"学区、州、工会和专业协会共同合作使教学成为一种真正的专业,创设一种置教学为最高一层的生涯连续统一体(career continuum),并根据知识和技能奖励教师"。为此委员会具体建议:(1)发展一种与评估和奖励知识、技能的养老金制度相连接的生涯连续统一体,这些知识和技能包括能有效教授两门或更多学科的能力以及通过教学技能考试的能力;(2)通过同行的支持去除不胜任的教师并检查能提供必要支持和适当过程的课程计划;(3)在每一个学区为获取全美专业教职标准委员会的资格证书而设定目标和实施激励措施,其目的是在未来十年中认证105000名教师以使全国每一所学校都有一位"全国委员会资格教师"。

第五,创设为学生和教师获得成功而组织的学校。委员会建议"要重建学校以使它们成为学生和教师的真正的学习型组织,即尊重学习、崇尚教学和为理解而教的组织"。委员会为此具体建议:(1)消除科层体制和重新分配资源,以向教师和技术投入更多经费,较少投资于非教学人员;(2)以挑战补助拨款(challenge grants)形式提供风险资本,以促进与学校改善相联系的学习并奖励有效的团队努力;(3)挑选、培训并留任善于了解教和学及能够领导高效能学校的校长。《什么最重要》报告在论述"以后的行动步骤"时认为,"提出建议是容易的,但实施这些建议就成为困难的工作。因此第一步是要认识到这些想法必须同时予以落实,就像是一种相互紧密交织在一起的完整挂毯"。

全美教学与美国未来委员会在1997年的《做什么最重要》报告中着重从"为什么教学重要"和"教学如何才重要"两方面阐述了委员会的观点。报告认为尽管十多年来美国教育改革采取了各种各样的措施来提高教育质量,而且确实也发生了些变化,但事实上学生的学业成绩却鲜有提高和改善,甚至自1988年以来高中学生在阅读和写作方面的成绩还略有下降。此外,教师所熟悉的专业知识影响到教学的核心任务。教师对学科内容以及对学生的了解,形成了他们从教科书和其他学习材料中进行选择的方式，形成了他们如何有效地在课堂中呈现材料的方式。教师评估学生进步的技能同样依赖于他们对学习的理解程度，依赖于他们如何向学生解释和讨论及布置书面作业。报告还认为，各种研究一再表明，教师的专业知识是决定学生成绩的最重要因素，其次才是小班小校。也就是说，对教和学知之甚多的教师以及在更好地了解学生的环境中工作的教师，才是学生成功学习的关键性要素。

四 ｜ 从教师质量大学校长高峰会议到 NCATE《2000 年标准》

在教师质量日益受到关注及教师教育改革的讨论和研究持续到今天的时候，美国在1999年9月15—16日召开了一次前所未有的教师质量大学校长高峰会议，集中讨论大学在增强教师教育中的重要性及提高教师教育质量方面的作用。会议由时任美国教育部长的雷利（Richard Riley）召集来自40个州的65位大学校长与会。与会校长在会前就收到希望他们加以思考的问题一览表。整个会议分成三个小组，分别集中讨论了"使命与结构""合作伙伴关系"和"绩效责任"的主题，并对各个主题的重要性、存在问题和行动步骤提出了建议。[9]

雷利部长在其讲话中特别强调了美国学校教育的一个现实，即"我们有大量的学生要教，但却缺乏合格的教师"。在1999年，美国一共有5320万中小学生，但同时许多学区却报告说他们遇到了"记忆中"合格教师最短缺的情况，约有25万名现职教师在课程内容方面没有作好合适的准备或者在如何进行教学方面没有受过任何的培训。但在未来的十年中却需聘用220万教师来充实教师队伍。因此，雷利部长向与会者提出了希望他们予以思考的"尚未包罗全部但却是一些关键的问题"，而这些问题确实反映了现今美国教师教育中存在的缺陷：

● 你们的文理学系和其他学院是否与教育学院合作？为了给新教师以一种扎实的"内容"基础，整合是必需的。如果孩子是由一个村庄来养育的话，那么应该由整个学院或大学来教育新教师。

- 你们的终身职位和晋升政策鼓励了学术研究，但它们是否也鼓励了参与地方学校工作的教师？在某些情况下，教师因为他们参与了学校工作甚至可能受到处罚。

- 你们是否已经与K-12学校建立了合作关系，以设计更好的教师教育课程计划及向新教师提供有价值的临床经验，以使你们的教授精通正在问世的、更为严格的K-12课程标准？

- 你们是否给教育学院的学生以足够的机会来获得与中小学中有经验教师（master teachers）一起工作的实践体验？

- 你们是否已制定招收能力强的、不同的个人来从事教师职业的计划？你们是否与初中和高中进行合作，以鼓励年轻人考虑将教学选为一种职业？

- 讲到绩效责任，你们的毕业生是否能够通过用于获得初级资格证书的严格的、基于成绩的评估？中小学是否发现你们的毕业生在从事教学工作时很成功？你们如何确保教师候选人同时掌握了内容知识和良好的教学技能？

- 最后，你们对未来教师的教授怎么样？他们是否熟悉今天中小学课堂的实际？

在"使命与结构"主题中，高峰会议强调对于高等教育机构来说，最深远的挑战就是把教师培训的地位返回到它在美国高等教育中曾经有过的位置，即成为学校所有部门都参与的核心使命功能（core mission function），并获得学校高层领导的积极支持。大学的所有高层领导都必须乐意在政策、结构和实践方面创设并维持变革，从而在全校范围内重视优质教师的培养。为了成功地满足学生的需要，教师教育课程计划必须是综合性的，必须涉及整个大学或学院。

在"合作伙伴关系"主题中，高峰会议特别强调今天的教师培养单靠教育学院独立完成是不够的，因为有发展潜力的教师需要掌握充分的学科知识和在挑战日趋激烈的课堂中向多样化的学生讲授这些知识的教学技能。成功地培养作好迎接这些挑战之准备的教师，必须依靠整个大学的努力以及大学与地方中小学的合作。因此，今天的教师培训，应该是大学文理学院、教育学院和地方中小学三方的共同责任。

在"绩效责任"主题中，高峰会议认为高等教育的领导应该采取大胆的行动来确保美国未来的教师都是很优秀的，认为"如果我们相信自己有培养好教师的责任，我们就必须乐意去找到合适的方法来衡量我们是否已经获得成功，以及我们的教师是否在成功地进行教学"。

对于这一教师质量大学校长高峰会议的召开，雷利部长评价说："我相信，这一高峰会议可以成为 90 年代美国教育中最为重要的事件之一。因为你们大学校长们可以为能够改变 21 世纪教师状况的这场运动留下领袖人物。"

教师质量大学校长高峰会议只是大学校长参加的学术会议，其讨论的结果和建议尽管对大学认识到培训教师任务的严峻性和可能采取的措施有着很高的参考价值，但它们对包括与会大学在内的所有高等教育机构却没有什么约束力。而成立于 1952 年的全国教师教育认定委员会（NCATE），作为一个对培养中小学教师和其他教育人员的教师教育机构进行鉴定认可的机构，它所制定的认定标准对于教师教育机构及其教育课程计划而言，就具有一定的约束力和引导作用。[10] NCATE 目前已发展成为拥有 33 个专业团体参与鉴定认可的专业组织。在美国目前近 1300 所教师教育机构中，已有 500 多所学校得到 NCATE 的鉴定认可，并另有 100 所左右的学校正等待 NCATE 对其进行鉴定。NCATE 在 2000 年 5 月正式公布了经修订而成的认可教师教育机构的《2000 年标准》，这一标准是在参考了美国洲际新教师评估和支持联合体为初任教师（beginning teachers）制定的教师证书标准和全美专业教职标准委员会为称职教师（accomplished teachers）制定的专业标准的基础上，经过两年多时间修订而完成的。《2000 年标准》在 2000 年 3 月通过 NCATE 的批准，并计划在 2001 年秋季正式启用。这一新标准将先前标准中 20 类的要求简化为现在的六个标准项目：候选人的知识、技能和意向；评价系统和机构评价；教学实习和临床实践；多样性；教师的资格、成绩和专业发展；机构的管理与资源。六个标准具体如下：

标准一，候选人的知识、技能和意向。准备在中小学做教师或其他专业人员的候选人应熟悉并展示那些帮助所有学生进行学习所必需的学科内容、教育学知识、专业知识、教学技能和意向。评估应表明候选人符合专业标准、州级标准和教育机构的标准。

标准二，评估系统和机构评价。要求教育学院拥有一种评估系统，它能收集和分析有关候选人的资格及候选人和毕业生的成绩以及学校运行的数据和资料，以便对教育学院自身及其课程计划进行评价和改进。

标准三，教学实习和临床实践。要求教育机构及其中小学合作伙伴共同设计、实施和评价教学实习和临床实践，以便教师候选人和其他学校人员发展并展示帮助所有学生进行学习所必需的知识、技能和意向。

标准四，多样性。要求教育机构设计、实施和评价适用于候选人获得并应用帮助所有学生进行学习所必需的知识、技能和意向的课程和实践经验。这些经验包括与不同的高等教育机构和中小学的教师、不同的候选人以及 K-12 学校中不同学生之间一起工作的经历。

标准五，教师的资格、成绩和专业发展。要求教育机构的教师必须是合格的并能在学术、服务和教学方面重复最佳的专业实践；他们还应与其他学科及中小学的同事进行合作。教育机构要系统地评价其教师的业绩并促进他们的专业发展。

标准六，机构的管理与资源。要求教师教育机构提供领导、权威、预算、人员、设施和资源（包括信息技术资源），以使对候选人的培训能符合专业标准、州级标准和教师教育机构的标准。

相对于以往的标准，《2000 年标准》体现了一些"具有深远意义的变革"。最为关键的是，过去的标准只是关注教师教育机构做些什么以及它们的课程安排如何，而这并不能了解到培养的结果。新标准则重点强调教师候选人所能展示的学科知识以及将这些知识教授给学生的技能。在这种新的以成绩表现为基础的体系（performance-based system）下，寻求鉴定认可的教师教育机构必须定期地评估其学生的成绩表现并将评估结果告知鉴定人员。除了查看教师教育机构提供的证据材料，如教师候选人的项目研究、文章发表的杂志、录像材料或其他工作，鉴定人员还将考虑候选教师参加州级教师资格证书考试的通过率、对他们教学实习所作的评价以及来自雇主的报告等。简言之，新的鉴定认可标准已将鉴定重点从内容转向内容实施后的结果，即教师候选人的专业知识和教学技能。

五 | 几点结论性思考

美国教师教育中所存在的问题或许都是些老问题，如教学是一种专业及由此而来的教师专业发展，如取消本科阶段的教育主修或延长修业计划，如对实地或"临床"经验或教学实习的重视，如由普通教育、专业主修学科、教育原理和教学方法及教学实习组合而成的教师培训课程计划等，这些都是讨论教师教育所无法回避的问题，也是美国教师教育发展中一直引起人们关注、争论和改革的方面。[11]但是，毕竟时代在发展，教育也在发展。20世纪80年代以来，有关教师教育改革的一系列建议和措施，尽管与以往的建议和措施有很大的相似之处，但其内涵和外延方面都在发生着变化。我们对80年代以来美国教师教育的发展及其政策的思考，大致可归纳如下几点：

第一，强调教师专业化的同时，重视学科专业知识的掌握。20世纪80年代以来的教育改革再次强调必须把教学看作是一种专业，使教师职业专业化，这几乎是所有关于教师教育改革报告的共同呼声，并以此来最终实现提高教育质量的目的。但仅仅依靠教师专业化即掌握教育理论和教学技能是难以提高教育质量的，因此建议取消教育学科的本科教育或加强未来教师的文理教育和学科内容的教育，也就成为一些报告的内容，如教师质量大学校长高峰会议就特别要求大学内的各所学院尤其是文理学院要与教育学院进行密切的合作。一方面是教师的教育教学知识和技能的不足，另一方面是教师学科知识和普通知识的匮乏，这是美国教师教育改革中所面临的一个两难困境。

第二，成立专业发展学校，加强与中小学的伙伴合作关系。教学实习或临床经验，对于未来的教师尽快成为一个合格教师十分重要。如何使大学的教育理论学习与中小学的教学实际相结合，或者说理论与实务相连接，是美国教师教育改革所迫切需要解决的问题。专业发展学校正是顺应了这一改革需要而诞生的，通过在一两所大学教育培训机构与几所中小学之间建立合作伙伴关系，以达到改善教师职前培养水平并促进大学与中小学共同研究的作用。专业发展学校有点仿效于医学院的教学医院的模式，尤其注重"临床"实习。这一专业发展学校在美国目前已达到1000多所。此外，专业发展学校的兴起与盛行于美国的校本教育改革（校本管理、校本课程、校本财政等）相适应，亦被称作校本教师培训。

第三，提高教师待遇和改善工作条件，以期招聘优秀青年修学教师课程。在美国，相对于其他职业来说，教师这一职业的经济待遇并不令人羡慕。因此有调查表明，很少有最优秀的青年选择教师教育课程并在未来从事教师职业，这也就是《国家在危急中》为什么专门提出"把教学变为更值得从事的和受人尊敬的职业"的建议。一方面教师的薪金无法与其他行业的薪金收入相比较，另一方面教育领域又需要吸引更多最优秀的青年，这或许是美国教师教育改革所面临的另一个两难问题。

第四，强调对教师基本素养的重视，并将评价的重点转向结果。美国在教师教育改革中，开始特别强调对教师基本素养的重视。全美专业教职标准委员会作为一个认可机构，在2000年之前已经认可了约5000名教师。在委员会的所有认可标准中，都强调要围绕着如下的五点核心命题：（1）教师效力于学生及其学习；（2）教师熟悉他们所教学科的内容以及如何把这些学科内容教授给学生；（3）教师负有管理和监控学生学习的责任；（4）教师系统地思考其教学实践并从经验中学习；（5）教师是学习共同体的成员。这种对素养的培养也体现在州际新教师模范标准中。此外，对教育培训机构的认可，新的鉴定认可标准已经将鉴定重点从内容转向内容实施后的结果，即教师候选人的专业知识和教学技能。

/ 注释 /
[1] 教育发展与政策研究中心，《发达国家教育改革的动向和趋势（第二集）》，人民教育出版社，1988年。
[2] 有关全国专业教职标准委员会的详情可参见赵中建《美国全国专业教师资格认可制度述评》，待发表。
[3] The Holmes Group.*Tomorrow's Teachers*.East Lansing.MI. The Holmes Group Inc, 1986；*Tomorrow's Schools: Principles for the Design of Professional Development Schools*, 1990；*Tomorrow's Schools of Education*, 1995.
[4] 赵慧，《从专业发展学校看美国教师教育改革》，《全球教育展望》2001年第7期。

[5] Hendrik D.Gideonse.Holmes Group Ⅲ: Responsible in Goals. Remiss in Practicalities. *Journal of Teacher Education*.March-April, 1996.No.2.
[6] 霍姆斯伙伴的网站为：http: // www.holmespartnership.org.
[7] 参见网站：http: // www.tc.edu/nctaf/.
[8] National Commission on Teaching & America's Future.*What Matters Most: Teaching for America's Future*（*Summary Report*）. NCTAF, 1996.
[9] 有关这次高峰会议的详情，参见网站：http: // www.inits/teachers/conferences/summit.html.
[10] 石芳华，《美国全国教师教育认定制度及其启示》，《上海教育》2001 年第 10 期。
[11] 可参见瞿葆奎主编、马骥雄选编的《美国教育改革》中的相关论文，如《论教师训练和检定的新方法》《美国师范教育的失误》《师范教育修业计划》等。

（本文原发表于《全球教育展望》2001 年第 9 期）

附录 | 美国教育政策与基础教育研究著述之目录

一 | 发表之论文

1. 《美国举办"教师如何提问题"讨论会》,《外国教育动态》1983 年第 1 期。
2. 《美国教育对策忽视了什么?》,《外国教育资料》1985 年第 3 期。
3. 《贝内特部长谈美国教育问题》,《外国教育资料》1986 年第 1 期。
4. 《美国的"文化脱盲"与"科学脱盲"》,《上海教育报》1991 年 12 月 7 日第 3 版。
5. 《美国的"核心知识"课程改革》,《外国中小学教育》1994 年第 4 期。
6. 《核心知识课程:美国课程革新的新思路》,《教育研究》(台湾)1995 年 6 月。
7. 《美国教育改革的法律保障》,《中国教育报》1995 年 7 月 5 日第 3 版。
8. 《美国核心知识课程的理论和实践(上)》,《外国教育资料》1996 年第 5 期。
9. 《美国核心知识课程的理论和实践(下)》,《外国教育资料》1996 年第 6 期。
10. 《步履艰难的美国公立学校私营管理》,《教育参考》1996 年第 5 期。
11. 《政—企—教联手,共创教育的未来——美国第三届教育首脑会议评述》,《教育参考》2000 年第 1 期。
12. 《从宏观角度看美国学校教育改革》,《河南教育》2000 年第 2 期。
13. 《"美国教育政策研究中心"的个案分析》,《外国教育资料》2000 年第 3 期。
14. 《美国需要 21 世纪的教育革命——克林顿总统 2000 年国情咨文教育内容述要》,《教育发展研究》2000 年第 3 期。
15. 《布什政府公布美国教育改革蓝图》,《中国教育报》2001 年 2 月 26 日第 4 版。
16. 《不让一个儿童落后——美国布什政府教育改革蓝图述评》,《上海教育》2001 年第 5 期。
17. 《美国基础教育课程改革的动向与启示》,《全球教育展望》2001 年第 4 期。
18. 《美国 80 年代以来教师教育发展政策述评》,《全球教育展望》2001 年第 9 期。
19. 《课堂教学评价指标之研究——对美国一份教学评价设计的述评》,《上海教育》2001 年第 23 期。
20. 《主题教学:合科教学的一种有效途径》,《全球教育展望》2002 年第 2 期。
21. 《从教育蓝图到教育立法——美国〈不让一个儿童落后法〉评述》,《教育发展研究》2002 年第 2 期。

22.《世纪初美、英、澳国家教育战略述评》,《教育发展研究》2002 年第 10 期(合作,为第二作者)。

23.《走向沟通和理解——美国 21 世纪外语学习的"5C"共同标准》,《全球教育展望》2002 年第 6 期。

24.《面向全体美国人的技术——美国〈技术素养标准:技术学习之内容〉述评》,《全球教育展望》2002 年第 9 期。

25.《美国人眼中的中国教育》,《全球教育展望》2002 年第 10 期(翻译)。

26.《普通高中的课程设置和学分制——美国拉德纳高中个案分析》,《全球教育展望》2003 年第 2 期。

27.《"9·11"后美国教育战略调整的两个标志——对美国教育部新版战略规划及布什政府决定重返联合国教科文组织的评论》,《教育发展研究》2003 年第 3 期(合作,为第二作者)。

28.《布什政府对"学校选择"的政策回应——兼议我国引入"教育券"时的若干问题》,《全球教育展望》2003 年第 7 期(合作,为第二作者)。

29.《从〈斯宾斯法案〉看今日美国教育券计划的论争》,《全球教育展望》2003 年第 9 期(合作,为第一作者)。

30.《美国州级技术教育标准研究》,《全球教育展望》2004 年第 1 期。

31.《美国基于课程标准的绩效责任之研究——以加利福尼亚州绩效责任政策为例》,《比较教育研究》2004 年第 5 期(合作,为第二作者)。

32.《美国课程标准之标准研究》,《全球教育展望》2005 年第 6 期。

33.《美国三级课程管理模式研究》,《全球教育展望》2005 年第 10 期(合作,为第一作者)。

34.《基于"问题"的美国 TIMSS 研究》,《全球教育展望》2007 年第 7 期(合作,为第二作者)。

35.《用立法确保人才培养和教育创新——〈美国竞争法〉教育条款评析》,《全球教育展望》2007 年第 9 期。

36.《教育改革浪潮中的"指南针"——美国 TIMSS 研究的特点和影响分析》,《比较教育研究》2008 年第 2 期(合作,为第一作者)。

37.《美国选择性教师资格认证制度实施现状初探》,《教师教育研究》2009 年第 2 期(合作,为第一作者)。

38.《让教师成为最受尊敬的职业——聚焦美国教育改革新动向》,《中国教育报》2012 年 2 月 18 日第 3 版。

39.《美国启动"尊重项目"助推教师职业发展》,《上海教育》2012 年第 8 期。

40.《美国共同核心州立课程标准的质量评价研究》,《全球教育展望》2013 年第 9 期（合作，为第二作者）。

41.《外包：美国公立大学私营化不可避免的抉择》,《外国教育研究》2015 年第 6 期（合作，为第二作者）。

42.《美国通过〈每一个学生都成功法〉——将基础教育管理权归还各州》,《中国教育报》2015 年 12 月 16 日第 11 版。

43.《清晰的目标，艰难的历程——美国〈每一个学生都成功法〉简析》,《华东师范大学学报（教育科学版）》2016 年第 2 期。

44.《作为一门学科的计算机科学——美国〈K-12 年级计算机科学框架〉评述》,《全球教育展望》2017 年第 4 期（合作，为第一作者）。

45.《美国社区学院建设应用型学士学位项目的经验与启示》,《职业技术教育》2018 年第 13 期（合作，为第一作者）。

46.《新自由主义与美国大学科研市场化取向的演变》,《当代教育与文化》2018 年第 4 期（合作，为第二作者）。

47.《技能危机下的职业教育改革——美国〈加强 21 世纪生涯与技术教育法案〉述评》,《职业技术教育》2019 年第 15 期（合作，为第二作者）。

48.《作为一门学科的计算机科学——美国〈K-12 年级计算机科学框架〉评述》,《全球教育展望》2017 年第 4 期（合作，为第一作者）。

49.《美国 K-12 阶段在线教育质量全国标准评析》,《开放教育研究》2020 年第 2 期（合作，为第二作者）。

二 | 书中之章节

1. 美国师范教育中的教育理论科目，国家教委师范司教材处编：《教育学改革论文集》，上海教育出版社，1993 年。

2. 美国教育改革的法律保障，中国教育报国际部编：《打开世界教育之窗》，人民教育出版社，1998 年。

3. 美国的核心知识课程与教学模式，高文主编：《现代教学的模式化研究》，山东教育出版社，1999 年。

4. 美国课程标准与高中基础学科，钟启泉主编：《国际普通高中基础学科解析》，华东师范大学出版社，2003 年。

5. 美国高中技术课程标准，钟启泉、崔允漷、吴刚平主编：《普通高中新课程方案导读》，华东师范大学出版社，2003 年。

6. 拉德纳高中的课程及其管理，钟启泉、崔允漷、沈兰主编：《高中学分制：国际经验及建议》，华东师范大学出版社，2004年。
7. 美国基础教育政策发展研究，周满生等著：《教育宏观决策比较研究》，人民教育出版社，2009年。

三 | 出版之著作

1. 乔治·J·波斯纳、艾伦·N·鲁德尼茨基著，赵中建等译：《学程设计——教师课程开发指南》，华东师范大学出版社，2010年。
2. 赵中建著：《质量为本——美国基础教育改革热点问题研究》，安徽教育出版社，2010年。
3. 赵中建丛书主编，陈霞著：《标准驱动——基于标准的美国基础教育改革》，安徽教育出版社，2010年。
4. 赵中建丛书主编，李敏著：《政策导向——1980年以来美国基础教育政策的演进》，安徽教育出版社，2009年。

国家创新政策研究

专题六

引 言

自 21 世纪以来，经济全球化日益凸显，伴随而至的是世界各国对创新和竞争力的关注，如创新和竞争力已经成为美国政府和社会各界普遍关注的话题，这在 2006 年 2 月时任总统布什签署《美国竞争力计划——在创新中领导世界》政府文件以来表现得尤为突出。在欧洲，尤其自 2000 年里斯本峰会提出《里斯本战略》以来，创建一个"创新型欧洲"也已成为欧盟一个非常重要的战略目标。同样，创新也已成为我国中长期科学和技术发展规划战略研究中的一个关键议题，党和政府更是明确提出要把我国建设成为一个创新型国家。这是我进入"国家创新政策研究"时的国际背景和时代需要，而我的这一"进入"与我在 2006 年暑期受邀承担"创新人才培养模式的国际比较研究"课题研究密切相关。因查阅文献资料，我关注到美国已经极为重视国家的创新和竞争力，也在学习过程中深刻地理解美国如此关注创新的原因之所在。为此，我集中精力从国际比较的视角学习和研究国家创新政策，在 2006 年就撰写发表或翻译《美国教育：在创新中迎战竞争》《激活美国人的潜力：为了创新计划的教育》等论文；在 2007 年继续发表了《科技、教育、创新：世界竞争潮流的关键词》《美国"创新潮"透视》《用立法确保人才培养和教育创新——〈美国竞争法〉教育条款评析》和《行动呼吁——美国为什么必须创新》（译文）等，并在 2007 年正式出版《创新引领世界——美国创新和竞争力战略》一书。

继2006年在《中国教育报》发表《美国教育：在创新中迎战竞争》后，本专题辑入的《科技、教育、创新：世界竞争潮流的关键词》再次发表于2007年的《中国教育报》，整版篇幅，约7000余字，集中论述印度、美国和欧盟在科技、教育和创新方面的最新做法和进展。《美国"创新潮"透视》一文实际上是《创新引领世界——美国创新和竞争力战略》一书的"代序"，最先在杂志上予以发表，旨在引起学界对"创新"事宜的更广泛关注。论文从引领世界之"美国梦"的角度阐述美国关注创新和竞争力的时代背景，并简要介绍了2004年的《创新美国：在挑战和变革的世界中达至繁荣》和2005年的《迎击风暴——为了更辉煌的经济未来而激活并调动美国》两份著名报告及2006年布什政府发布的《美国竞争力计划》的基本内容。《将学术科学转变为经济引擎——美国创新创业型大学的兴起》一文是我主编之"创新创业型大学建设译丛"的总序，着重阐述"学术科学作为经济引擎"理念的形成和发展，并对"技术商业化"和"研究商业化"概念的出现及其日益为美国高等院校所接受之现象进行了探索和分析。《高校科研成果转化的美国路径》和《创新创业，美国高校这么做》两文均在2015年发表于《中国教育报》。前文着重论述"概念证明中心"在促进大学科技成果转移到商业化领域的作用，旨在"提升校园创业的数量和多样性；改进校园内新公司和创业的质量；加强了与地方投资人和创业家之间的联系，以留住大学中成立的新型公司"，从而成为"科技成果从实验室走向市场应用的中转站"。后文则借助美国商务部在2013年正式发布的《创新创业型大学：聚焦高等教育创新和创业》报告之核心内容，着重从培养学生发展创新思维及鼓励教师参与创新创业两个方面，阐述美国高校积极开展的创新创业活动。

为了延续这一专题研究的"可持续性"，笔者在2020年又出版了《创新政策新进展——美国创新和竞争力战略》，主要汇集了奥巴马入主白宫八年期间美国有关创新和竞争力的若干政府报告或文件,包括有涉及制造业回归的《重振美国制造业之框架》和《在先进制造业获得国内竞争力优势》报告,有关于 STEM 劳动力及 STEM 人才培养的《致力于超越:培养百万名 STEM 学位之大学毕业生》和《再论 STEM 劳动力——〈2014 年科学和工程指标〉》报告,有论述创新和竞争之重要性的《美国的竞争力和创新力》报告,有展望科学发展之未来的《国家科学基金会未来资助的"十个大概念"》,当然还有奥巴马政府在离任前一年有关国家创新政策的《美国创新战略》。

笔者曾经对欧盟的创新政策进行过初步研究,选编有《欧洲创新潮——欧洲国家创新政策进展》,内含 2003—2006 年的三份报告,分别是《欧洲创新政策素描》《欧洲国家创新政策报告》和《欧洲国家创新进展报告》,对欧洲各国的创新政策及其发展态势提供了一种"素描";合著有《欧洲国家创新政策——热点问题研究》,集中研究了 21 世纪以来欧盟作为一个整体的创新政策及其相关专题,对欧盟创新政策的历史发展以及服务创新、创新集群、创新生态系统、创新项目评估等专题进行了较为全面和深入的介绍、分析和研究,并将瑞典和英国作为两个代表性个案对其创新政策及其进展进行了分析研究。此外,笔者还主编了"创新创业型大学建设译丛",并全部参与了丛书著作的翻译工作,具体包括《创建创新创业型大学——来自美国商务部的报告》《创新引擎——21 世纪的创业型大学》和《大学的技术转移与学术创业——芝加哥手册》,旨在为我国高等教育的创新创业提供一种域外的经验和参考。

科技、教育、创新：
世界竞争潮流的关键词

编者按：当今世界，无论国家大小、国力强弱，越来越多的国家将科技创新能力作为发展目标，创新已成为一种不可抵挡的国际趋势，成为国际竞争中不可忽视的潮流。国与国之间的竞争，归根到底是人才的竞争。因此各国不约而同地将期盼的目光投向教育。我国《国家教育事业发展"十一五"规划纲要》中提出，要使教育成为国家创新体系的重要组成部分。本刊特约请华东师范大学课程与教学研究所赵中建教授撰写一组稿件，展望世界科技、教育创新的最新态势，以期为读者提供一定借鉴。

近年来，印度已成为美国各种事关竞争、创新的报告中言必提及的国家——

一 | 印度靠什么在国际竞争中立足？

按照世界经济论坛的全球竞争力排名。作为"金砖四国"（BRIC，即巴西、俄罗斯、印度和中国）之一的印度在2006—2007年度名列第43位，超过了中国（第54位）、俄罗斯（第62位）和巴西（第66位），特别是在创新指数和外国技术应用指数方面得分一直较高。印度在科技、教育和创新方面的发展引起了世界的关注。

技术创新有准备，外包业务成机遇

外包业务是改变印度经济的一个重要因素。在竞争国际外包业务时，印度经常处于领先地位，原因在于其强大的基础条件，如拥有大量高素质的、讲英语的人力资源，以及强调在有效保证成本的基础上提高服务质量，在信息技术方面尤为如此。事实上，印度的信息技术产业发展并非偶然，而是印度政府实施有计划的发展策略。从20世纪80年代后期，印度政府根据现代信息技术发展的潮流，制定了重点开发计算机软件的长远战略。从20世纪90年代初起，印度计算机软件业以年均50%以上的速度强劲增长。经过十多年的努力，印度已成为世界上仅次于美国的第二大计算机软件生产国，被联合国前秘书长安南誉为发展中国家发展高科技的榜样。

印度的技术创新和外包业务并不局限于软件领域。在医学领域，印度由于拥有诸多训练有素的医学专业人员和充足的技术基础设施，已逐渐成为全球临床试验的理想之地；化学工业的发展已使印度完成了从化学制品的净进口国到净出口国的转变；国际汽车制造商一直在寻找高质低价的汽车零配件来源，这给印度带来巨大的实惠。印度的最大优势在于其人力资源所具备的工程能力和技术技能。

科技创新靠人才，大学企业齐培养

技术创新和业务外包在很大程度上取决于人才的培养。印度的高等教育和技术教育为此作出了贡献。印度的大学已从独立之初的20所发展到当前的369所，学院从500所发展到18064所。在2006—2007学年度，印度共有11028万名学生就读于这些大学和学院。

《印度教育年度报告：2006—2007》将主要培养专业技术人员的工程技术和管理类学院，如著名的印度理工学院和印度管理学院，都划归"技术教育"部分，并在国家层面设立全印技术教育委员会。该委员会的主要职能是促进印度技术教育的发展，推进和协调技术员、工程师、技术专家等层次的教育。

重视各种创新技术人员的培养，使印度成为世界上最大的科技人才库之一。根据印度全国软件和服务行业协会的调查，在1996 1997年度，印度软件业只有专业技术人员16万人，到2000年，此类专业技术人员增加到34万人。印度目前每年约有7.3万名大学毕业生成为软件技术人员。

印度政府采取大量措施加速人才培养，尤其是加强中央政府对专业技术院校的支持。现在，在国际上享有盛名的印度理工学院从5所增加到7所。印度还将以往的17所地区工程学院升格为国立技术学院，获得相当于大学的地位，其经费全部来自中央政府。此外，印度计划以印度理工学院为样板在全国所有邦设立印度信息技术学院，专门培养高水平的信息技术人才。目前，班加罗尔等地的印度信息技术学院已经建成。印度管理学院以及其他各类专业学院在印度专业技术人员的培训中也发挥着十分重要的作用。

除了积极发挥正规高等院校的专业人才培养作用外，印度还大力鼓励著名企业，尤其是软件产业公司实施非正规教育。例如，以生产教育软件为主的印度全国信息技术研究所有限公司现已在印度和其他20个国家设立了800个教育中心。每年培训15万名信息技术专业的学生和专业技术人员。印度阿普特克计算机教育公司也在印度和其他30个国家设有1500个教育中心。

高教质量作基础，科研教学均投入

印度大学拨款委员会的经费预算分为一般规划预算和非规划预算。其中规划预算的拨款分为五大类，即一般发展、增强入学和平等、促进相关教育、促进质量与优异以及加强研究。在2006—2017年度，"促进质量与优异"类获得的经费金额为14.87亿卢比，占全部拨款经费的11.73%，"加强研究"类获得的经费金额为10.97亿卢比，占全部拨款经费的8.64%

中央经费的分类拨款在相当程度上保证了印度高等教育的质量和研究。例如在"加强研究"方面，分别设有"专项资助计划""加强人文社会科学基础设施计划""加强科学和技术基础设施计划""主修和副修研究项目""大学和学院机器维持设备计划""跨大学研究中心""研究奖计划"和名类奖学金计划。

其中，"专项资助计划"的主要目的是支持有潜力的大学科系在名类学科中进行优质教学和研究；使研究项目与社会需求相吻合并成为优质教学的催化剂；培养和造就紧缺人才领域内的高质量人力资源；等等。

到2006年止，印度已有隶属人文社会科学、物理学、生物科学、工程学和技术学等学科的477个科系获得大学拨款委员会的经费资助。

扭转人才"净出口",创设环境迎"海归"

印度曾经被称作人才外流的"净出口国"。在美国发放的特殊技术人才签证中,将近一半发给了印度科技人员,德国、日本、韩国、意大利和新加坡等国都大量吸引印度信息技术人员前往工作。

随着印度国内经济的迅速发展,其自身对技术创新人才的需求日益增加,吸引海外技术人员回国创业成了印度发展的重要举措,越来越多留学海外的印度人希望回国发展。其中既有工程师兼高技术企业家,也有曾在信息技术服务业兴盛期立足美国,尔后返回印度寻求更大发展的年轻程序员,还有具有丰富经验的中层高技术专业人士。

吸引印度海外人员回国的重要原因是经济的全球化和跨国公司在印度的大量存在。微软、英特尔等高科技跨国公司旗下的"印度研发中心"成为印度专业人员回国的重要渠道。这些人不愿牺牲美国的工作环境,但又渴望置身印度带来的好处,很多回国人员都"带着商业计划而来,准备开发软件、生物科技、纳米科技领域的产品"。

印度正在迅速成为亚洲的创新中心之一,这在很大程度上还得益于其良好的知识产权保护制度,印度的《版权法》被称为"世界上最严厉的版权法"之一。最近,印度又制定了和国际惯例接轨的《新专利法》。同时,印度大学拨款委员会启动了一项名为"知识产权保护"的创新计划,促进知识产权保护意识和推动大学系统知识产权保护的管理。在这样的创新环境下,印度的高校、研究机构、企业和政府实验室正在以惊人的速度申报专利。仅2004年向世界知识产权组织提交国际专利申请的印度机构就有近800家。

一位从海外回国的印度技术工程师说:"我想几年前我得留在美国,因为那是技术创新之地。然而现在印度成了技术创新之地,所以我回到了这里。"

面对"全球化"背景下的国际竞争,美国感到其"创新领袖地位"受到了前所未有的严峻挑战——

二 |《美国竞争法》以教育创新回应挑战

2007年4月,美国国会通过了《为有意义地促进一流的技术、教育与科学创造机会法》,从而启动了美国确保人才培养和促进国家创新与竞争力的立法程序。该法的缩写在英语中恰好为"竞争"一词,所以又称作《美国竞争法》。

《美国竞争法》一共包括四部分,其中第三部分的标题即为"教育",而其他各部分中也多次提及教育,该法有关教育的内容可概括为以下几个方面。

培养未来竞争所需教师

美国中小学教师尤其是数学和理科教师短缺已成为阻碍美国教育质量提升的一个重要因素,美国3/4的四年级数学和科学教师缺乏专业知识,来自低收入社区的学生更不可能配备足够的合格教师。因此,开发新的人力资源、"构筑未来竞争力所需的教师"成为《美国竞争法》中的一项主要内容。

在本科教育阶段,该法规定将数学、工程学、科学以及紧缺外语科目本科生教育同教师教育相结合。

硕士学位教育阶段,发展两年至三年的数学、科学和紧缺外语科目的硕士学位教育计划。

对帮助本科生获取教师资格证书和帮助现任教师提升学科知识和教学技能的合作方提供竞争性拨款。这些合作方包括高等院校的数学系、工程学系、科学系、紧缺类外语系、教师培训项目以及对师资有高需求的地方教育机构和学校。两项计划的拨款期限均为五年,而且拨款基金只能用于补充而非替代其他的联邦或州的基金。这两类项目在2008财政年度可获得总额为2.1亿美元的拨款。

在教师教育项目中还包括要努力为开设进阶先修课程和国际文凭计划课程的学校提供必要的师资。进阶先修课程和国际文凭计划课程系美国高中阶段开设的相当于高等教育程度的课程,目的在于通过此类课程来提升学业成就。

国家实验室向教育开放

科学、技术、工程和数学是一个国家竞争力的突出表现,近年来美国对科学、技术、工程和数学教育表示了极大的关切。

《美国竞争法》提出了新的科学、数学和工程教育计划,具体包括:

发展数学和科学专业学院。提供竞争性的拨款,帮助各州建立或拓展公立的、全州范围内的专业学院,以提供全面的数学、科学和工程教育。批准国家实验室的科学家和工程技术人员可在此类数学和科学专业学院中任教,并获准在教学中使用国家实验室的仪器设备。

创造体验式学习机会。该项目属于暑期实习项目,旨在为初中和高中学生提供体验式的、亲自动手的数学和科学学习机会,包括在国家实验室内的实习。

建立国家实验室支持的卓越数学和科学中心。该计划规定每个国家实验室需支持一个卓越数学和科学中心,该中心设立在位于国家实验室区域内的公立中学中。这些中心的实际表现将成为决定每个国家实验室获得经费多少的标准之一。

为数学和科学教师建立暑期学院。每个国家实验室制订学期学院计划,通过为大学和其他非营利机构提供拨款,提高 K–12 年级数学教师和科学教师的教学技能。

投资核科学教育。制订竞争性的、以价值评估为基础的拨款计划,为设立和拓展核科学以及工程学学位教育项目的大学提供拨款。这一项目将在四年中提供 1.4 亿美元拨款。

《美国竞争法》设立专项拨款用于提供数学教学的资料和教学方案,组织教师专业发展的相关活动,并对学生的数学学习进展进行持续监控。各州教育机构将获得竞争性的拨款,帮助它们为符合条件的地方教育机构提供资助。提升数学教学,提高学生(尤其是四年级至八年级)数学成就的州级实施计划享有获得拨款的优先权。"现在就学数学"是美国近年来为提升中小学学生的数学兴趣和数学成绩而实施的一项联邦计划,该项目在 2008 财政年度的拨款总额为 1.467 亿美元。

外语教育贯穿教育体系

在国际竞争日益加剧的情况下，美国却面临着高水平外语人才短缺问题。美国总统布什在 2006 年签署的《美国竞争力计划：在创新中领导世界》文件明确要求设立"国家安全语言计划"，视外语技能为达成提升国家安全和全球竞争力两大目标的必备条件。

《美国竞争法》第 3301 条明确规定要实施"外语合作计划"，通过更早地学习外语以及在整个教育体系中增加外语学习的机会来提升学生的外语能力。"外语合作计划"的目的在于极大地增加学习紧缺外语的机会，并增加熟练掌握紧缺外语的学生人数。该法同时批准了一项拨款计划，以促进高等教育机构与地方教育机构相互合作，建立相关的紧缺外语学习项目，使学生在整个教育阶段都能有效提升自己的知识，促进紧缺类外语人才的水平不断提高。

奖学金计划侧重科研领域

对本科生和研究生提供奖学金是美国联邦资助教育的一项重要做法，《美国竞争法》的诸项条款与此相关。

与美国能源部相关的第 2005 条提出了"保护美国竞争优势法案（PACE）大学生奖学金计划"，要求制订一项竞争性的大学生奖学金计划，为 700 名学生在同能源部使命相关的领域获取博士学位提供奖学金，其受惠面涵盖美国各地。国家科学基金会部分中直接涉及教育内容的条款主要包括第 4003 条的"研究生奖学金和研究生津贴"、第 4004 条的"专业科学硕士学位课程计划"和第 4005 条的"国家科学基金会加大对科学教育的支持"等。所有这些条款均相应获得拨款支持。国家科学基金会在 2008—2011 财政年度所获拨款依次为 68 亿、74.33 亿、84.46 亿和 112.22 亿美元。

预示美国教改方向

此次通过《美国竞争法》，是美国多方力量促成的结果。

早在 2005 年年底，美国共和党和民主党的两位参议员就曾共同提出过名为

《2005 国家创新法》的立法议案，旨在确保美国维持其在创新、研究与开发及科学家与工程师培养方面的世界领袖地位。

2006 年 6 月《国家创新教育法》议案提出，改进教育计划来增强国家的竞争力，包括提升学前教育至高等教育的水平；发展国家科学基金会；建立磁石学校和基于创新的学习；促进教师培训和专业发展；加强科学、技术、工程和数学教育与研究。

2007 年 3 月，美国 270 多位工商界和高等教育界的领袖在华盛顿签署了《美国创新宣言》，呼吁国会就确保美国持续竞争力的创新议程快速采取行动，并敦促美国国会通过立法来促进美国竞争力并维持美国的创新领袖地位。可见，《美国竞争法》代表着当前美国教育改革领域关注的主要方面。

在美国《国防教育法》颁布近 50 周年的今天，为了持续提升在国际社会的竞争力，美国再次通过立法来促进教育革新势在必行。

欧盟的目标是，在 2010 年前成为最具竞争力和活力的经济实体，为此需培养适应创新经济要求的学生——

三 ｜ 欧盟的创新政策和人才需求

在创新已经成为一种国际潮流的今天，欧盟同样十分关注推动其成员国制定创新政策和实施创新计划。

整体而言，欧盟在 1995 年和 1996 年先后公布《创新绿皮书》和《欧洲创新计划》，确定了创新是一个"系统"的观点，并提出欧盟创新政策发展的建议和方案。2000 年的《里斯本战略》确定了到 2010 年欧盟研发经费达到 GDP 的 3%，并将提升企业创新能力和水平作为目标。2005 年 10 月，欧盟委员会通过了"研究与创新战略"，继续推进欧洲科技大联合，为实现里斯本峰会提出的"在 2010 年前将欧盟建设成为以知识经济为基础、在世界上最具竞争力和最有活力的经济实体"的目标而发挥重要作用。

到 2006 年，欧盟在创新政策领域又相继推出了多项举措。例如，欧盟委员会的一个专家小组提交了题为《创建创新型欧洲》的报告，提出了创建创新型欧洲的战略，并提出实现这一战略的核心是要形成一个激励创新的市场，并提高研究和创新的资源投入及增强人才、资金和组织机构的灵活性。

在欧盟有关创新的研究中，欧洲创新趋势图像项目（European Trend Chart on Innovation，下文简称"趋势图像项目"）特别值得引起我们的关注。该项目为欧盟创新政策的决策者提供各成员国在创新方面的综合信息，包括统计资料、政策汇总、各成员国的竞争态势和未来趋势等。趋势图像项目可以说是欧盟成员国之间进行创新标杆比较、创新政策学习和交流的一个平台，也是欧盟层次上创新政策协调的体现。

趋势图像项目的一项重要工作就是自其成立至今，已先后公布了三份欧洲创新年度报告。该项目的另一项工作是举办创新工作坊。尤其自2004年以来，工作坊基本以每年四次的频率举行。此类工作坊积极探讨一些重要的热点问题，比较和分析各成员国的创新政策。工作坊的主题包括"欧洲的创新热点：促进创造性活动跨境集群的政策""创新技能，确保公司竞争性的未来""欧盟与美国之间的创新差距：神话或现实""服务业之创新"等。这些主题是各国在实施其创新战略进程中都将面临的或不可忽视的。

创新需要人才，提高竞争力需要人才。欧盟里斯本峰会决定，到2010年要把欧盟的教育培训体系建设成全世界优质教育的样板，使欧盟成为世界其他地区学生和研究人员继续深造的首选目标，并确立了如下五方面的内容：

1. 改善正规教育，尤其改善中等教育和高等教育；
2. 保持并吸引"高潜力人员"；
3. 通过全社会提高终身学习的机会；
4. 改进职业培训体系；
5. 提高雇员和管理者的创新技能。

目标尽管已经确定，但令决策者担忧的是，欧盟的教育还存在着明显缺陷，要实现《里斯本战略》还必须对教育进行"急需而必不可少的"改革。

2003年欧盟的一份研究报告指出，欧盟还缺乏适应创新经济要求的学生，总体而言欧盟各成员国尚未充分利用自己的教育系统和培训体系来向学生传授有用的技能知识及培养正确的观念。2004年12月主题为"创新技能,确保公司竞争性的未来"的创新工作坊明确指出,企业"并不总是拥有作好充分准备并能适应知识经济和创新需要的劳动力""很难找到有知识的工人来推动创新项目";欧盟除非增强"终身学习的努力",否则其劳动力的技能日趋过时;创新极大地依赖于知识工人及其能力,但"欧盟对人力资本的投入明显不足"。这正如欧盟负责教育与文化的委员维维亚娜·雷丁(Viviane Reding)所说:"到目前为止,成员国的教育与培训体系改革仍然滞后,速度太慢,这将使欧盟无法实现自己确立的目标。"

《里斯本战略》已经付诸实施、《创建创新型欧洲》的蓝图已经绘就、国际竞争的竞技场已经形成,但教育及其人才培养如何更好地为此而服务,如何更好地与此相适应,这或许是欧盟及其成员国目前所面临的亟待解决的问题。

(本文原发表于《中国教育报》2007年7月23日第8版)

美国"创新潮"透视

一 | 引领世界的"美国梦"

在 21 世纪的最初几年,竞争力(competitiveness)和创新(innovation)已经成为美国政府和社会各界普遍关注的话题,而创新美国(innovate America)和创新教育(innovate education)("创新"在这里为动词)也时常出现在媒体的标题上,出现在人们的视野中。但真正引起国际社会对美国此类话题关注的,是美国总统布什于 2006 年 2 月 2 日在白宫正式签署的《美国竞争力计划——在创新中领导世界》(American Competitiveness Initiative: Leading the World in Innovation,下文简称《美国竞争力计划》)。其实在两天前的 1 月 31 日,布什总统在其 2006 年《国情咨文》(the State of the Union)中就对保持美国在世界经济中的领导地位和如何保持美国的竞争力有过精辟的论述。

美国的经济是健康和富有活力的,比任何其他发达国家发展得更快……美国的经济是卓越的,但我们在动态的世界经济中不能自满得意。我们正面临着新的竞争者,如中国和印度,而这造成了不确定性。

为了保持美国的竞争力,我们的承诺是最为必须的:我们首先必须继续在优秀人才和创造力上引领世界。我们在世界上的最大优势是我们总是有受过良好教育、勤劳工作且富有雄心的人民,我们将继续保持这一优势。

今晚,我将指出一条更好的道路:一份我们国家与信心竞争的议程;一份将提高生活水准并创造新工作机会的议程。美国人应该不惧怕我们的经济未来,因为我们旨在去形成这一未来。

今晚，我宣布一项《美国竞争力计划》，在我们的整个经济中鼓励创新，并使我们国家的孩子们在数学和科学方面打下坚实的基础。

布什总统的这一《美国竞争力计划》是以此前由美国国家科学院*（National Academies）于2005年10月提交国会的《迎击风暴——为了更辉煌的经济未来而激活并调动美国》（下文简称《迎击风暴》）咨询报告为基础而形成的，将咨询报告所提出的建议和设想转化为联邦计划，强调为了保持美国的竞争力，"我们首先必须继续在优秀人才和创造力上引领世界。我们在世界上的最大优势是我们总是有受过良好教育、勤劳工作且富有雄心的人民，我们将继续保持这一优势"。

《迎击风暴》这份500多页的咨询报告，是美国国家科学院应美国国会议员的要求而在综合分析和调查研究的基础上提出的。2005年5月，美国参议院能源与自然资源委员会（Committee on Energy and Natural Resources）委员亚历山大（Alexander）和宾加曼（Jeff Bingaman）参议员要求国家科学院"对美国在21世纪的竞争能力和保持繁荣的能力进行评估"，这一要求同时得到了美国众议院科学委员会（House Committee of Science）委员伯勒特（Sherwood Boehlert）和戈登（Bart Gordon）众议员的认可。他们提出的问题是：为了美国能够在21世纪的全球经济中成功地进行竞争，保持繁荣和确保安全，联邦决策者能够采取的改善科学和技术事业的十大行动是什么？能够采用什么样的伴有具体步骤的策略来实施这些行动？

国家科学院随即成立了由20人组成的"繁荣21世纪全球经济委员会"（Committee on Prospering in the Global Economy of the 21st Century，以下简称"繁荣经济委员会"），来领导这项对美国竞争力以及如何维持和提高这种竞

---

* 美国国家科学院是由国家科学院（National Academy of Science，NAS）、国家工程院（National Academy of Engineering，NAE）和国家医学院（National Academy of Medicine，NAM，原名为Institute of Medicine，IOM）三个机构合用的名称，也称国家科学院。这里的国家科学院（NA）是指这三所机构的总称。《迎击风暴》一书至今（2006年8月）仍未正式出版，在美国国家科学院的网站（www.nationalacademies.org）上依然为"出版前文本"（prepublication copy）。该报告的中文译名有《站在风暴之上》《超越密布的阴云》等，但我们经过再三斟酌则更愿意使用《迎击风暴》的译名。

争力的评估研究。繁荣经济委员会由美国工程院院士及前主席、洛克希德·马丁公司的退休董事会主席兼首席执行官诺曼·奥古斯丁（Norman Augustine）任主席，美国医学院院士、默克制药公司的退休董事会主席兼首席执行官罗伊·威格罗斯（Roy Vagelos）博士任繁荣经济委员会科学教育小组负责人，委员会其他成员还包括诺贝尔奖获得者、公司总裁、大学校长、专家教授等。

繁荣经济委员会主席奥古斯丁在国家科学院2005年10月发表的新闻通稿中特别指出："美国现在必须采取行动，通过利用基于知识的资源，特别是科学和技术领域的资源，以及保持创造工作机会的新兴和再生企业的最具创造力的环境，来保护自己的战略地位和经济安全。"

参议员亚历山大和宾加曼提出的调查要求并非心血来潮，国家科学院20人的繁荣经济委员会仅仅依靠自身的力量在短短五个月内完成任务也绝非易事。可以说，两位参议员的调查要求的提出、500多页《迎击风暴》咨询报告的问世、《美国竞争力计划》的签署，是在此前若干年（尤其自21世纪以来）各种研究报告的基础上形成的。这些研究大致是由如下四类机构组织发布或提出的。

第一类报告主要出自美国政府部门，尤其如总统科学和技术顾问委员会等，主要如：

- 总统科学和技术顾问委员会：《评估美国研究和开发的投入：发现和建议的行动》，2002年。
- 白宫：《新一轮美国创新》，2004年。
- 总统科学和技术顾问委员会：《维护国家的创新生态系统：保持我们科学和工程能力之实力的报告》，2004年。
- 美国总统执行办公室：《为了21世纪的科学》，2004年。
- 国家智力委员会：《勾画全球的未来：国家智力委员会2020年项目报告》，2004年。
- 美国教育部：《回应变革世界之挑战：为21世纪而加强教育》，2006年。

第二类报告主要是由政府资助的一些委员会所进行的研究之结果，主要如：

- 国家科学委员会:《科学及工程类劳动力:明确美国的潜力》,2003年。
- 竞争力委员会:《创新美国:在挑战和变革的世界中达至繁荣》,2004年。
- 国家工程院:《工程研究和美国的未来:应对全球经济的挑战》,2005年。
- 国家科学院繁荣21世纪全球经济委员会:《迎击风暴——为了更辉煌的经济未来而激活并调动美国》,2005年。

第三类报告主要是由一些企业组织的报告或由著名企业联合组成的非营利性机构进行研究的报告所组成,主要如:

- 全国制造业者协会:《蜃景式的劳动力危机:让美国工人作好21世纪竞争的准备》,2005年。
- 美国电子协会:《竞争优势正在丧失:美国科学和技术的挑战》,2005年。
- 企业圆桌会议:《激活美国人的潜力:为了创新计划的教育》,2005年。
- 经济发展委员会:《为未来而学习:变革数学和科学教育的文化以确保能竞争的劳动力》,2003年。
- 经济发展委员会:《创领导全球之能力的教育:国际研究和外语教育之于美国经济和国家安全的重要意义》,2006年。
- 成就公司:《促进美国高中的行动议程》,2005年。
- 企业—高等教育论坛:《致力于美国的未来:对数学和科学教育之挑战的回应》,2005年。
- 企业—高等教育论坛:《美国在世界中的作用:美国企业和高等教育面临之挑战》,2005年。

第四类报告主要由一些专业性的教育组织所提出,这些报告的侧重点主要集中在教育领域,但其所关注的主要还是竞争力和创新以及与此密切相关的话题,主要如:

● 研究生院协会：《21世纪的国家国防教育法：重新致力于研究生教育》，2005年。

● 美国大学联合会：《国防教育与创新计划：应对21世纪美国经济和安全的挑战》，2006年。

除此之外，美国近年来还就创新和竞争力主题召开过若干次极为重要的会议，如美国竞争力委员会（Council on Competitiveness）于2004年12月在美国华盛顿召开了国家创新峰会（National Innovation Summit），并随即出版了此次峰会的最终报告，即《创新美国：在挑战和变革的世界中达至繁荣》（以下简称《创新美国》）；又如，美国加速创新基金会于2005年10月在华盛顿召开了国家竞争力峰会"投资于美国创新"（National Summit on Competitiveness: Investing American Innovation），并发表了峰会声明。甚至更有美国国会议员提出有关创新和竞争力的立法议案，如《2005年国家创新法》（National Innovation Act of 2005）、《国家创新教育法》（National Innovation Education Act）和《国家竞争力投入法》（The National Competitiveness Investment Act）等。

确保美国的国家安全和提高人民的生活水准，实现引领世界的"美国梦"，这是美国重视创新和竞争力的终极目标。随着世界其他国家尤其是中国和印度的社会经济的迅速发展，美国近年来对创新和竞争力的关注程度，可以说达到了登峰造极的、前所未有的程度。

二 ｜ 争雄称霸的"路径图"

在以上所述各份报告或文件中，至少已经有两份引起我国相关部门的高度关注，即《创新美国》[1]和《迎击风暴》[2]。这两份报告在相当程度上反映了美国社会各界，尤其是美国主流社会对美国当前在国际竞争中的地位和实力的担忧以及他们为此而提出的变革构想及发展"路径"。下面借助这些"路径"，或许可达管中窥豹之效，并有助于加深对本书内容的理解。

美国竞争力委员会是美国一个著名的民间智囊团、非营利性机构，其会员组成单位是美国一些著名的企业和高等院校，如IBM、通用汽车、斯坦福大学、哥伦比亚大学、麻省理工学院等。该机构创建于1986年,旨在研究增强美国经济竞争力的政策,并向政府和其他有关部门提供建议。2003年10月,美国竞争力委员会召集了来自诸多著名大学、企业、产业协会和政府的400多名管理者和学者,提出了"国家创新计划"(简称"NII")。该计划主要包括如下三大目标:

1. 聚集本国精英的智慧形成全面提升美国竞争力的国家意识和行动框架;
2. 认识创新过程中的变化,并懂得如何将这些变化转化为经济增长的动力;
3. 倡导构建最具吸引力的美国创新氛围。

此后,20位美国最著名大学的校长和企业的首席执行官组成了国家创新计划执行委员会,并由一批科技创新领域的知名学者组成了行动工作组,下设"21世纪创新展望""创新的边界""创新技能""创新投资""创新环境及基础""创新市场""公共部门创新"等七个研究专题,分别开展研究。[3]

《创新美国》对创新和创新精神给予了极高的评价,认为:"创新精神是决定美国在21世纪成功唯一的最重要的因素。""创新精神一直深深地扎根于美国的国家精神之中。在这个国家诞生之初,美国人民就根本性地关注于探索、机遇和发现,关注于新的起点和疆界的突破。""美国从始至终就是一部关于希望的历史,而创新正是希望在社会和经济上的展示。"《创新美国》形象地将美国比作一家企业,并认为"自由和探究的精神已成为我们的核心竞争力,而创新的能力是将竞争力完全转化为成果的基础","我们美国人一旦停止创新,就不再是真正的美国人"。

《创新美国》认为,美国发现自己正处在由两种前所未有的转变所形成的独特且微妙的历史交合点上:一种是全球竞争的本质;另一种则在于创新本身。

1. 整个世界正发生着戏剧性的变化,变得更加相互联系,相互竞争。与此同时,经济上的相互依赖正在加强。因此,美国作为世界上唯一的超级大国正处在一种陌生的位置。毫无疑问,从历史上看这种境遇是全新的,从目前的或潜在的对手那里既拥有机会也面临着危险,然而更多的认识或许来源于我们自己选择如何处理这种地缘政治的现状。认识这一点是非常重要的。

2. 就创新跨越的地域和领域、它的影响速度和范围、创新的人员而言,创新产生的地点、方式和原因一直都在变化之中。不论从什么角度看，创新的竞技场已经铺就，创新的障碍正在消失。这种转变无论发生在何时，在其背后总伴随着经济和社会运行方式的转变，其中包括创造价值的新方式和衡量成功的标准，以及对竞争优势的重新排序。在 21 世纪，这种转变的步伐在继续加快。

在这个历史性的转折点上，美国将采取怎样的行动？美国是否认识到这一问题的多方面本质？《创新美国》认为这是美国必须给予回答的问题，"美国必须领先和领导一个开放的和竞争的全新时代，以机敏的头脑和不变的热情作为动力，并通过终身学习、技术的威力以及创新进程本身无限的创造力来实现这一目标"。

《创新美国》为此而明确了由"人才""投资"和"基础设施"三部分来构成这一国家创新计划的基本内容，其行动纲领的具体标题如下。

人才：
- 为接受技术培训的各个层次的创新劳动者建立一种国家创新教育战略；
- 激励美国新一代的创新者；
- 让工人在全球经济中获得成功。

投资：
- 赋予边缘学科和跨学科研究以新的活力；
- 给企业型经济注入能量；
- 增强高风险与长期投资。

基础设施：
- 达成对创新增长战略的国家共识；
- 建立 21 世纪的知识产权制度；
- 增强美国制造业的生产能力；
- 建立 21 世纪的创新基础设施——医疗保健实验台。

在国家科学院的《迎击风暴》报告正式递交之前，美国国会参议院和众议院都曾就该报告举办过相应的听证会。繁荣 21 世纪全球经济委员会主席奥古斯丁于 2005 年 10 月 18 日在参议院能源和自然资源委员会上的听证陈述中明确指出[4]：

突然，美国人发现他们自己不仅和自己的邻居在工作上竞争，还和世界各地的人在竞争着。这一影响最初反映在制造业上，但很快扩展到软件的开发和设计活动中，接着受到影响的是管理服务和支持性服务行业。今天，诸如专业化服务、研究和管理此类的"高端"（high end）工作也受到了影响。简而言之，现在很少有工作看起来是"安全的"。

繁荣经济委员会在《迎击风暴》中明确指出："在审视了美国和国外的发展趋势后，本委员会深为关切的是，当其他许多国家在积聚实力的时候，我们的经济领导地位所依赖的科学和技术的基石却在逐渐被腐蚀。我们也相当地确信，全球实力的增强会造福于世界经济，这在那些远没有美国发达的国家创造工作机会方面尤其如此。但我们对美国未来的繁荣焦虑万分。尽管许多人依然认定美国在科学和技术领域永远是世界领袖，但由于全球存在着太多的智慧头脑和新的想法，这种情况或许不会延续下去。我们担心我们科学和技术的领袖地位可能突然丧失，即使我们能够重新夺回这一地位，但领袖地位的失而复得则会困难重重。美国必须极具紧迫感来作好准备，以保持战略的和经济的安全。"

《迎击风暴》报告继续指出："如果没有强有力的力量来巩固美国竞争力的基础，那么美国将很快失去自己的全球领袖地位。因此，美国目前的最高目标是：通过发展源于天才科学家和工程师的新工业，为美国公民创造全新的、高质量的工作机会。为了实现这一最高目标，繁荣经济委员会从促进美国繁荣所必需的人力、财力和知识资本的维度出发，在咨询报告中从四个方面提出改革建议以及相应的 20 条行动措施。"

第一方面：培养 1 万名教师和 1000 万名学生以及大幅度提升 K–12 年级的科学和数学教育来增强美国的人才库。

报告建议的行动措施涉及建立以业绩为基础的为期四年的奖学金，每年经费为 2 万美元，从而达到招聘 1 万名科学和数学教师的目的，而他们在执教生涯中可以教育 1000 万名学生；通过暑期学院、硕士课程、进阶先修和国际文凭的培训和教育计划对 25 万名教师进行在职培训，从而提高他们的技能。

第二方面：通过科学和工程研究播撒种子，以保持和加强国家致力于长期基础研究的传统，从而保持促进经济发展、确保国家安全和改善生活质量的新想法的持续产生。

报告建议的行动措施包括在未来的七年中对长期从事基础研究的联邦投入每年增加10%；给200位美国最杰出的年轻研究人员在其职业生涯初期提供每年50万美元且连续五年的新研究项目的资助；创立一个国家研究基础设施协调办公室（National Coordination Office for Research Infrastructure），来管理今后五年中每年5亿美元的联邦研究基础设施基金。此外还有在能源部建立一个能源高级研究项目机构（ARPA-E）和设立总统创新奖（Presidential Innovation Award）来激励符合国家利益的科学和工程领域的新进展。

第三方面：在科学和工程高等教育方面拥有最杰出、最聪慧的学生，从而使美国成为从事学习和研究的最有吸引力的场所，这样就能培养、征募并留住来自美国和世界各国最杰出最聪慧的学生、科学家和工程师。

报告建议的行动措施包括：联邦政府每年提供2.5万个新的竞争性四年制大学本科生奖学金和5000个新的研究生奖学金，资助在美国大学中主修物质科学、生命科学、工程学和数学的美国公民，来增加美国公民修读"国家需求领域"的研究生课程的人数；提供联邦课税扣除以鼓励雇主向为其工作的科学家和工程师提供继续教育的机会；继续为国际学生和学者改善签证的过程；给那些在美国合格的大学求学并在科学、技术、工程和数学领域或国家需要的其他领域获得博士头衔或同等学力的国际学生提供一年期的自动签证延期，以把他们留在美国工作。

第四方面：鼓励创新及良好的投资环境，从而来确保美国是世界上最具创新力的地方，并通过使专利体制现代化、重组鼓励创新的税收政策及确保用得起的宽带接入，来创设基于创新的高收入工作。

报告建议的行动措施主要包括为基于美国的创新提供税收激励机制，确保美国成为世界上最能吸引长期投资的地方；实施更有力的研究和开发课税扣除以鼓励私人资金投资于创新，并为21世纪的全球经济而加强知识产权保护。

三 | 透视美国"创新潮"

本书精选了美国与创新和竞争力有关的11份文件及一份附录，以下对这些文件作一简介，以便读者从中透视美国浪涛迭起的"创新潮"。

第一份文件是布什总统于2006年2月2日在白宫正式签署发布的《美国竞争力计划——在创新中引领世界》。[5] 这份文件极其明确地阐明了美国政府有关创新和竞争力问题的观点和未来的发展思路，是近年来美国总统亲自签署发布的有关创新和竞争力的文件，其地位和重要性显而易见。

《创新议程：致力于保持美国第一的竞争力》系美国众议院民主党（House Democrats）于2005年12月15日提出的关于美国创新和竞争力的一份文件，成为本书的第二份文件。[6] 当时尚属众议院少数党（民主党在2006年美国国会中期选举中一跃而成为多数党）领袖的佩洛西（Nancy Pelosi）女士曾于同年12月2日在哈佛大学作了题为"美国创新和竞争的新时代"（A New Era of American Innovation and Competition）的政策讲演，阐述了民主党关于创新和竞争的政策，并把本文件中的基本观点作为"干预的五个领域"而提出。

第三份文件是美国白宫于2004年4月公布的《新一轮美国创新》的报告。[7] 报告认为美国在经济方面引领世界，这是因为美国私营事业的制度鼓励着创新。企业家、科学家和有技能的工人创造了并应用着改变世界的各种技术（technologies）。布什总统为此而认为，政府必须发挥作用来促进新一轮的创新，并创造一种创新在其中得以繁荣兴盛的氛围和环境。布什总统在2004年4月26日宣布了一系列具体的措施来激励美国的新一轮创新，具体包括如下五个方面：通过氢燃料技术来提供一种更为清洁和更为安全的能源未来；通过健康信息技术来转变健康保健；通过宽带技术来促进创新和经济安全；为了更好地工作提供更好的教育；为美国的工人提供更好的联邦岗位培训。

本书的第四、五和六份文件由美国总统和技术顾问委员会的三份报告所构成。总统科学和技术顾问委员会是美国总统的一个极为重要的决策咨询机构，对美国政府的科学技术政策的制定和出台产生重要影响。本书选择了该委员会提出的三份报告：《美国研究和开发投入之评估：研究的发现和建议的行动》[8]《维护国家的创新生态系统：信息技术制造和竞争力的报告》[9] 和《维护国家的创新生态系统：保持我国科学和工程能力之实力的报告》[10]。这三份报告从研究和开发的投入，从信息技术、科学和工程等若干方面分析和阐述了与创新和竞争力相关的话题，探讨了对国家创新生态系统的维护，尤其是2004年6月的报告更以较长的篇幅、附录的形式从教育的角度探讨了与维护国家创新生态系统密切相关的内容。这三个附录分别涉及K–12年级数学和科学的教育准备、K–12年级数学和科学的教师准备及科学、技术、工程和数学的劳动力与本科生和研究生教育的内容。

2004年7月，美国总统执行办公室发布了国家科学和技术委员会提出的《为了21世纪的科学》的报告[11]，特别强调要在国家的科学研究事业中促进发现并维持优异，要非常及时且以创新的方式来回应国家所面临的挑战，要对将科学转化为国家利益的工作进行投资并加速这种转化，要在科学和技术教育领域和劳动力开发方面实现优异。报告认为联邦的研究机构要承担起促进美国科学事业发展的关键作用并为此而采取行动。《为了21世纪的科学》就成为本书的第七份文件。

从立法角度促进和保证美国创新和创新教育的两份议案是本书的第八和第九份文件。《2005年国家创新法》（National Innovation Act of 2005）系由美国参议员恩西尼（John Ensign）（共和党）和利伯曼（Joe Lieberman）（民主党）于2005年12月15日共同提出的一项议案（Bill）[12]，旨在提出一项《国家创新计划》（national innovation initiative），确保美国维持其在创新、研究和开发及科学家和工程师培养方面的世界领袖地位。作为这一议案的最初共同提出者（original co-sponsors），还包括另外八位共和党和六位民主党参议员。这一国家创新法是以美国竞争力委员会的《创新美国》为基础而提出的，着重强调了对于维持并提高美国在21世纪的创新至关重要的三个基本领域，即增加对研究的投入、加强对科学和技术人才的培养及发展创新所需的基础设施。创新法还要求成立总统创新委员会和支持国防先进制造技术。该议案一经提出，即受到美国社会各界的广泛支持，正如美国竞争力委员会总裁温斯–史密斯（Deborah L. Wince-Smith）所说："我代表竞争力委员会的180位首席执行官、大学校长和工会领袖赞赏参议员们的努力和要求，即确保美国保持其世界上最具竞争力的经济强国地位。我们作为一个国家，必须进行创新以迎战竞争并达至繁荣。这一立法是实现这一目标的非常关键的一大步。"美国半导体产业协会（Semiconductor Industry Association）、美国科学家联盟（Federation of American Scientists)、科学协会主席委员会（Council of Scientific Society Presidents）、电子产业联合会（Electronic Industries Association）、美国化学协会（American Chemical Society）、加速创新中心（Center for Accelerating Innovation）等机构组织以及不少的企业公司都对这一《2005年国家创新法》议案表达了支持赞誉之词。[13]

参议员恩西尼继2005年12月15日提出《2005年国家创新法》，又于2006年6月8日提出《国家创新教育法》议案，旨在通过改进的教育计划来增强国家的竞争力。[14] 其内容主要包括提升学前教育至十六年级教育，国家科学基金会、磁石学校和基于创新的学习，教师培训和专业发展，科学、技术、工程和数学教育、研究。这些内容正是当前美国教育领域关注的主要方面。

需要指出的是，在美国，提出议案只是立法过程的第一步，议案须提交给参议院的某个委员会以供商讨、调查和修改并获委员会通过，尔后才能进入国会的一般辩论（general debate），但大多数议案往往较难获得委员会的通过。《2005年国家创新法》和《国家创新教育法》目前还都只处于其立法程序的第一步，前者已提交给参议院财政委员会（Senate Finance），后者则提交给参议院卫生、教育、劳工和养老委员会（Committee on Health, Education, Labor, and Pensions）。*

本书的最后两份文件和一篇附录涉及教育问题，美国同样认为人才的竞争是国家竞争的最主要因素，而教育则是培养人才的关键之所在。美国教育部以

---

* 这里以2006年7月由美国国会通过的《2006年卡尔·珀金斯生涯和技术教育改进法》(Carl D. Perkins Career and Technical Education Improvement Act of 2006) 为例，来说明美国从议案到立法的过程。2005年1月26日，众议院教育和劳动力委员会领袖提出了《职业和技术教育未来法》(Vocational and Technical Education for the Future Act) 的议案，以便重新批准《1998年卡尔·珀金斯职业和技术教育法》(Carl D. Perkins Vocational and Technical Education Act of 1998)。参议院卫生、教育、劳工和养老委员会成员随即也在2005年2月1日提出《2005年卡尔·珀金斯生涯和技术教育改进法》议案。参众两院的这两份议案在2005年3月9日得到各自委员会的批准。参议院的议案在第二天即3月10日即在参议院全体会议上以90-0票的比例获得全票通过，众议院的议案则在5月4日以416-9票的比例在众议院全体会议上获得通过。在参众两院的投票（floor votes）通过后，工作人员用了近一年的时间来协调这两份议案之间的差异。2006年7月成立了大会委员会（conference committee），而这一经过协调的议案在2006年7月20日获得大会委员会的批准。最后的议案即《2006年卡尔·珀金斯生涯和技术教育改进法》最终在2006年7月26日得到参议院的全票通过，并在7月29日以399-1票在众议院获得通过。此法最后经总统签署后即可正式生效。

"挑战和回应"（challenge and answer）的方式，于2006年1月公布并在4月修订了《回应变革世界之挑战——为21世纪而增强教育》报告。[15] 该报告以挑战和回应的方式阐述了今日美国教育所面临的如下挑战和政府为此而作出的回应。挑战：创新教育；回应：布什总统的2006年教育议程。挑战：数学和科学知识；回应：美国竞争力计划。挑战：加速学校进步；回应：高中改革计划。挑战：促进自由和理解；回应：国家安全语言计划。

2006年9月19日，美国高等教育未来委员会（Commission on the Future of Higher Education）在历时一年的调查研究之后，向教育部长斯佩林斯（Margaret Spellings）提交了一份旨在规划未来10年至20年美国高等教育走向的报告，即《领导力的检验：美国高等教育未来指向》。[16] 美国高等教育未来委员会于2005年9月由美国教育部长斯佩林斯任命成立，其成员由来自高等教育界、工商界和社会其他各界的19人组成，其任务是对美国高等教育进行全面的分析和研究，并就今后的发展和改革提出政策建议报告。委员会在一年的时间内共召开了五次全体会议，广泛听取了社会各方面对高等教育发展和改革的意见，研究报告四易其稿。

该报告着重探讨美国高等教育未来值得关注的四个方面的话题，即入学（access）、负担得起（affordability）、质量（quality）和问责（accountability），并为美国高等教育的未来发展提出了六项改革建议，具体包括：（1）做好学生的入学准备工作，向更多学生提供经济援助，使更多学生能够接受并且负担得起有质量的高等教育；（2）整个学生资助体制应该简化、重组，建立激励机制，更好地管理资助经费和对工作进行评估；（3）高等教育系统应大力提倡"透明度"，辅以大学各项信息数据的更新和公开，并开发一套以教育结果为重心的大学评估认证机制；（4）大学应保持持久的创新能力，不断进步；（5）联邦投资应集中用于事关美国全球竞争力的领域，如数学、科学和外语；（6）发展终身教育策略，充分认识和理解高等教育对每一个美国人未来的重要性。

附录《美国、中国和印度三国工程师教育之比较》一文，系美国杜克大学（Duke University）社会学教授格雷菲（Gary Gereffi）及其普拉特工程学院的同事沃德瓦（Vivek Wadhwa）副教授以及"工程管理硕士课程计划"的五位学生共同完成的一份分析报告，尤其针对近来被美国政府报告和媒体反复引用的"美国在 2004 年有 7000 名本科工程专业毕业生，而这一毕业人数在中国和印度分别为 600000 和 350000"数据而展开，并提出了作者自己的独特看法，尤其是关于"动态性工程师"和"事务型工程师"的界定和分析。[17]

/ 注释 /

[1] Council on Competitiveness, *Innovate America: Thriving in a World of Challenge and Change* http://www.compete.org/pdf/NII_Interim_Report.pdf, 2004.

[2] National Academiesk, *Rising Above the Gathering Storm: Energizing and Employing America for a Brighter Economic Future* http://www.nap.edu/books/0309100399/html, 2005.

[3] 上海科技发展研究中心,《创新，决定 21 世纪成败的唯一要素——美国创新所面临的挑战和机遇》,《华东科技》2006 年 3 月。

[4] http://www7.nationalacademies.org/ocga/testimony/Gathering_Storm_Energizing_and_Employinq_America2.a sp.

[5] Domestic Policy Council Office of Science and Technology Policy, *American Competitiveness Initiative: Leading the World in Innovation,* http://www.whitehouse.gov/stateoftheunion/2006/aci/aci06-booklet.pdf, 2006.

[6] House Democrats, *Innovation Agenda: A Commitment to Competitiveness to Keep America #1*, www.housedemocrats.gov, 2005.

[7] White House, *A New Generation of American Innovation*, http://www.whitehouse.gov/infocus/technology/economic_policy200404/toc.html, 2004.

[8] The President's Council of Advisors on Science and Technology, *Assessing the U.S. R&D Investment: Findings and Proposed Actions*, http://www.ostp.gov/PCAST/AssessingRD82202%20final.pdf, 2002.

[9] The President's Council of Advisors on Science and Technology, *Sustaining the Nation's Innovation Ecosystems: Report on Information Technology Manufacturing and Competitiveness*, https://www.dodmantech.com/pubs/FINAL_PCAST_IT_Manuf_Report.pdf, 2004.

[10] The President's Council of Advisors on Science and Technology, *Sustaining the Nation's Innovation Ecosystem: Report on Maintaining the Strength of Our Science & Engineering Capabilities*, http://www.ostp.gov/PCAST/FINALPCASTSECAPABILITIESPACKAGE.pdf, 2004.

[11] National Science and Technology Council Executive Office of the President, *Science for the 21st Century*, http://www.ostp.gov/nstc/21stCentury/Final_sm.pdf, 2004.

[12] *National Innovation Act of 2005*, http://thomas.loc.gov/cgi-bin/query/C? c109: /temp/~c109ln7iLl.

[13] 更多的支持赞誉之词，可点击利伯曼参议员的个人网站：http://lieberman.senate.gov.

[14] *National Innovation Education Act*, http://www.govtrack.us/congress/bill.xpd? bill=s109-3483.

[15] U.S. Department of Education, *Answering the Challenge of a Changing World: Strengtheninq Education for the 21st Century*, http://www.ed.gov/about/inits/ed/competitiveness/strengthening/strengthening.pdf, 2006.

[16] U.S. Department of Education, *A Test of Leadership: Charting the Future of U.S. Higher Education,* http:

//www.ed.gov/about/bdscomm/list/hiedfuture/reports/pre-pub-report.pdf, 2006.

[17] 该分析报告英文名为 Framing the Engineering Outsourcing Debate: Placing the United States on a Level Playing Field with China and India（《建构工程外包之论争——与中国和印度同场共舞的美国》），于 2005 年 12 月 12 日发表在杜克大学《工程管理硕士计划》(*Master of Engineering Management Program*) 上。笔者在发给作者电子邮件三小时后即收到他们"将此文译成中文予以发表"的授权回复，译文名为笔者所加。

（本文系《创新引领世界——美国创新和竞争力战略》一书代序，
原发表于《全球教育展望》2002 年第 2 期）

将学术科学转变为经济引擎

——美国创新创业型大学的兴起

一 | 引言

高等院校如何贯彻落实《中共中央国务院关于深化体制机制改革加快实施创新驱动发展战略的若干意见》，如何贯彻落实《国务院办公厅关于深化高等学校创新创业教育改革的实施意见》，如何积极回应《教育部关于大力推进高等学校创新创业教育和大学生自主创业工作的意见》，如何服务"中国制造2025"国家战略规划，如何服务地方经济社会发展和科创中心建设，这些似乎都是当前我国高等院校均需认真思考和急切回答的话题。

美国高等院校努力服务社会及回应国家或地方经济发展需要之传统并非今日才形成，其历史可追溯自1862年《赠地拨款法》的出台和赠地拨款学院的诞生，高等教育的社会服务功能也随之而出现。但随着经济全球化的到来和世界经济格局的变化，美国日益感到其在世界经济发展中的领袖地位受到挑战，创新、创业、竞争力等词语开始不断地出现在各种研究报告和政府机构的文件中，并最终形成美国的国家创新发展战略。从最初成立于1998年的美国国家安全21世纪委员会在2001年提出《国家安全路线图》报告到美国竞争力委员会在2003年提出《国家创新计划》和2004年召开国家创新峰会及出版峰会最终报告《创新美国》，从国家科学院繁荣21世纪全球经济委员会在2005年10月发表500多页的《迎击风暴》到布什政府在2006年2月正式发布《美国竞争力计划》，乃至到美国国会在2007年8月一致通过《美国创造机会以有意义地促进技术、教育和科学之卓越法》，所有这些报告、国家政策或立法文件几乎全部都对美国高等教育的改革与发展及其对促进国家创新创业和培养竞争力人才提出要求和寄予厚望。[1]

二｜学术科学成为经济引擎的形成与发展

如果说美国对于高等教育创新方面的研究和关注主要始于以上所列举的若干报告，那么对创业型大学的探讨和研究则可追溯至 20 世纪 80 年代。1983 年，美国教育社会学家埃兹科维茨（Henry Etzkowitz）发表了名为《美国学术界的创业科学家和创业型大学》的论文，这或许是最早有关创业型大学的提法。埃兹科维茨在 1989 年又发表了《学术界的创业型科学：模式转换的案例》一文，并在其著名的《三螺旋》一书中总结了创业型大学的五个特征，即知识资本化、相互依存性、相对独立性、混合形成性和自我反应性。[2] 埃兹科维茨和荷兰阿姆斯特丹的雷德斯多夫（Loet Leydesdirff）在 1995 年的 EASST Review 第 14 卷上合作发表了名为《大学—产业—政府的关联：一个知识经济发展的实验室》的论文，正式提出了在知识经济时代下分析大学—产业—政府之间互动关系的模型及其概念体系，强调了后工业化时代国家创新系统内不同行动者之间交互作用的增强。[3] 美国著名高等教育学家伯顿·克拉克（Burton R. Clark）在 20 世纪 90 年代也对创业型大学进行了深入研究，在 1998 年出版了《建立创业型大学——组织上转型的途径》一书，并提出普通大学向创业型大学转变所必需的五个要素，包括强有力的管理核心、发展外围的拓宽、多元化的资助基地、被激活的学术心脏地带以及创业文化的整合。[4] 如果说克拉克的《建立创业型大学——组织上转型的途径》更多的是从理论上探讨大学转型之途径的话，那么他在 2004 年出版的《大学持续的转变：案例研究及概念的延续》则从国际比较的角度，以更多的大学持续创业型发展的转型实例，来论证其"有力的领导和成功的文化理念推动了这些创业型转变的延伸"的观点。但是，创业型大学的持续转变需要有动力来推动，克拉克深入分析，认为有三个方面的动力因素："转型因素之间的互动与支持，前瞻性的'持续动力'的建立，制度意志和集体意愿刺激并引导一种'自我保持'与'自我选择'的力量来适应社会的需要。"[5]

这种大学的创业型转变并非一帆风顺,创业型大学的形成也非一蹴而就,"学术科学作为经济引擎"(Academic Science as an Economic Engine)理念的被接受也是一个较为漫长的过程。普林斯顿大学出版社在2012年出版了一本书名似乎有点夸张的著作《创建市场型大学》(Creating the Market University: How Academic Science Became an Economic Engine),但其副标题"学术科学如何变为经济引擎"似乎显得更为精准。[6] 作者波曼(Elizabeth Popp Berman)一开始就以叙事的方式讲述伊利诺伊大学的转变。1961年10月,伊利诺伊大学校长收到伊利诺伊州州长科纳(Otto Kerner)的一封信,希望伊利诺伊大学研究一下"大学对于经济增长的影响"。作为回应,校长马上成立了一个委员会来研究这一要求,但在经过18个月的讨论后,大学的最终回答是"伊利诺伊大学无法系统地思考它在经济中的作用",而这在当时就像"美国的几乎每一所大学都一样"。但在36年后的1999年,伊利诺伊大学面临着一个同样的要求,即伊利诺伊高等教育委员会要求大学"帮助伊利诺伊工商产业界保持强劲的经济增长"。大学很快地成立了相关的委员会并迅疾在当年就出版了名为《伊利诺伊大学:经济发展的引擎》的年报。

《创建市场型大学》一书着重从生命科学和生物技术、大学专利以及校企研究中心三个方面充分论证其"学术科学作为经济引擎"的观点,讨论了"创新驱动经济"的话题,并明确指出"生物技术领域的创业最初是由寻求教师合作者的风险资本家发起的""大学专利是由管理者推动的,但这管理者是中层的研究管理者,而非大学的高层领导"以及"最初的校企研究中心是由教师和产业界代表合作发起的,而非大学的管理者推动的"。我们似乎可以把作者的上述结论理解为美国大学创业型转型的途径是一种由下而上和由外而内的形态,而非大学及其高层领导者积极主动的姿态或行动。

创新创业型大学的一个显著特征是大学研究成果的专利申请及其技术转移。美国国会在1980年通过的《专利与商标法修正案》(因该法案由参议员伯克·拜和罗伯特·杜尔牵头提议,所以也简称为《拜杜法案》)积极地促进了科研成果的商业化。《拜杜法案》的核心要点是:允许美国各大学、非营利机构和小型企业为由联邦政府资助的科研成果申请专利，拥有知识产权，并通过技术转移而商业化；允许进行独家技术转让以使企业更主动地寻求转让技术。[7]《拜杜法案》及随后的其他系列辅助法案（如《史蒂文森·怀德勒技术创新法案》《联邦技术转移法案》《国家竞争力技术转移法》等）为美国大学的技术商业化提供了制度和法律的保障，大大刺激了大学尤其是研究型大学专利申请和授权许可的活动。由大学产生的专利在美国所有专利中的比重从 1975 年的 1% 增加到 2010 年的 2.5%，1975 年至 2010 年间的研发支出在大学里的专利比率翻了两番，研究型大学在 1975 年每 10 亿美元 57 个专利增加到 2010 年的 221 个专利。[8]

英国剑桥大学出版社 2014 年出版的《在研究型大学内构建技术转移：一种创业的方式》[9]和美国芝加哥大学出版社 2015 年出版的《大学的技术转移和学术创业——芝加哥手册》[10]两书，正是这种大学专利申请和技术转移之研究的最新且最集中的体现，是"学术科学转变为经济引擎"的积极实践之佐证。早在 1983 年就提出"创业科学家和创业型大学"观点的亨利·埃兹科维茨也在《在研究型大学内构建技术转移：一种创业的方式》一书中撰文再次探讨了创业型大学的兴起并认为这是"第二次学术革命"。该书以详尽篇幅叙述了美国麻省理工学院创业生态系统的创建过程，以"投资创业型大学"之名探讨了斯坦福大学与硅谷的共同演进历程，以加州大学圣迭戈分校与圣迭戈市高技术经济的整合性发展研究了创业科学与创业商业之间的伙伴关系，以"为了世界的知识"之名阐述了霍普金斯大学之商业化的发展简史，以"从象牙塔到工业提升"之名讨论了耶鲁大学与其所在地纽黑文的生物技术集群之间的关系。除此之外，该书还有来自世界其他国家如英国、比利时、新加坡、爱尔兰和中国等的高等院校的学术创业、技术转移、商业化战略的个案与故事。

20 世纪 80 年代以来，技术转移成为美国大学的主要关注领域之一，现如今几乎美国所有的研究型大学都设置有技术转移办公室。学术创业领域的发展势头十分迅猛，但也并非每一所院校在快节奏之下的表现都尽如人意。正是在这样的背景之下，寻找成功进行技术转移和学术创业的实践做法就显得尤为重要，《大学的技术转移和学术创业——芝加哥手册》的主编于是着重围绕技术转移这一主题邀约了世界多国学者展示他们的最新研究成果，有助于我们进一步了解和掌握欧美大学技术转移办公室的发展现状、技术转移的载体、技术转移所面临的挑战以及对学术创业的评价等第一手信息，充分显示出"大学技术转移的兴起还吸引了学术界的相当关注"，而且这种关注在世界各国普遍关注创新创业的今天显得尤为明显。

值得在此一提的，还有由曾任北卡罗来纳大学教堂山分校校长的索普（Holden Thorp）和驻校创业家及经济系实践教授高德斯滕（Buck Goldstein）在2009年出版的《创新引擎——21世纪的创业型大学》（2011年第二版）一书。[11] 北卡罗来纳大学教堂山分校是北卡"三角"（the Triangle）联盟——北卡罗来纳州立大学、杜克大学和北卡教堂山分校组成的团体——的最初成员，而"三角"联盟一直是吸引北卡及周边地区经济和商业发展的主要力量，构成北卡罗来纳州的三角研究园（the Research Triangle Park）。作为一所"人民的大学"（the university of the people）的教堂山分校，创业已经从过去仅局限于商学院和工程学院而"走向了人民"，形成一种制度化的学校创业文化。作者认为在经济发展和社会转型过程中大学的作用显而易见，而研究型大学的作用更是不言而喻。作者将创业型大学定位为21世纪的创新引擎，希望通过对学科竞争力在不断淡出视线而创新开始成为学术机构主流的研究，让书中的研究成果在改变学术界结构的同时能够解决困扰当今社会的疑难问题。全书主要分为两大部分，第一部分（1—5章）探讨了创业型大学的必需组成部分，如创业机会、创业科学、企业创新、社会创业和公益创业；第二部分（6—11章）则分析了创业型大学的具体战略和实践中所蕴含的思想，并为其构建组织结构和承担相关责任义务提供了建议，如领导力、学术法则、文化和结构、创业教育、责任制以及新捐赠者和大学发展。借助于对创新型学术项目、知名学术领导者和创业者、创造真正的创新、创业型大学战略等具体问题的解读，该书力图打开通向创业型大学发展之路的大门，为学术创业者、大学管理者等相关人员提供些许有益的参考。

三 ｜ 技术商业化和研究商业化

与"学术科学作为经济引擎"之观点相一致的，是"技术商业化"（technology

commercialization）和"研究商业化"（commercialization of research）概念在近期的不断被提及，而且日益为美国高等院校所接受并最终落实于行动。2011年，全美创新和创业咨询委员会（NACIE）向美国商务部提交了一份名为《关于推动基于大学的技术商业化之建议书》（Recommendations to Facilitate University-Based Technology Commercialization）的信件。这封由140多位美国研究型大学校长和各专业协会领导人亲自署名的信件，着重关注大学的创新与创业，寻求联邦经费资助以继续相关领域的创新创业工作，并强调将创新和科学技术商业化推向顶峰的重要性。正是在此信件的推动下，美国商务部创新创业办公室直接与各大学进行对话，深度了解大学的创新创业，共同培育具有市场经济价值的创新创业项目或活动。商务部为此而在2013年7月正式发布了《创新创业型大学：聚焦高等教育创新和创业》（Innovative and Entrepreneurial University: Higher Education, Innovation & Entrepreneurship in Focus）报告，明确了大学创新创业中的五大核心活动领域：促进学生创新创业；鼓励教师创新创业；支持大学科技成果转移；促进校企合作；参与区域与地方经济发展，并以个案分析的形式介绍了11所高等院校的创业、创新及研究的商业化。[12]

成立于2009年的美国科学联盟（The Science Coalition）在2010年编撰了一份研究报告，名为《激发经济增长：联邦资助之大学研究如何创造创新、新公司和工作岗位》，用"联邦资助＋大学研究＝创新、公司和工作岗位"这样的等式着重讲述了100个成功案例。这份报告所列举的100个案例只是源自联邦资助之大学基础研究的众多公司中的一小部分。报告指出："基础研究是为了知识而开展，对于科学发现和科学理解是必不可少的。基础研究是创新过程的第一步。源于大学之基础研究的创新是无数公司的根基，而出自研究型大学的公司具有远比其他类型公司更大的成功，创造更多的工作岗位和刺激经济活动。"[13]美国科学联盟2013年又推出该报告的2.0版，名为《激发经济增长2.0：源自联邦资助之大学研究的公司如何激活美国创新和经济增长》，指出这些公司正以重要的方式对美国经济增长作出贡献，"它们在能源、医学、国防和技术领域给市场带来了变革式创新（transformative innovations），创造了新的工作岗位并繁荣着地方经济，并以远超美国其他绝大多数新公司的速度而获得成功"[14]。因此，政府持续地且成规模地投资于基础研究，对于美国的全球竞争力以及长期的经济健康和繁荣是十分必需的。这样的结论同样可以在美国信息技术和创新基金（The Information Technology & Innovation Foundation, ITIF）2014年的报告中发现："底线极为简单：如果美国希望在创新领域重获世界领导地位（如其经济所占份额一样），那就必须扩大，而不是收缩联邦政府对于研究和开发的支持。"[15]

最近，尤其震撼全球科学界和高等教育领域的一件大事就是人类首次直接探测到引力波，而随后在网上广为流传的是麻省理工学院（MIT）校长拉斐尔·莱夫（Rafael Reif）就此事件致MIT全校人员的一封信，其中的一段话颇为引人注意，即"没有基础科学，最好的设想就无法得到改进，'创新'只能是小打小闹"。其实，麻省理工学院不仅是基础科学研究领域的领头羊，更是美国高校创新创业的开拓者和佼佼者，把技术商业化和研究商业化推向极致。最早提出"创业科学家和创业型大学"概念的美国教育社会学家亨利·埃兹科维茨在2002年就出版了名为《麻省理工学院与创业科学的兴起》一书，试图通过MIT的成功个案来论证其创业型大学的思想。[16]孔钢城、王孙禹的《创业型大学的崛起与转型动因》一书实际上也是一本专门论述MIT如何成为一所成功的创业型大学的专著。[17]麻省理工学院创业马丁信托中心（Martin Trust Center for MIT Entrepreneurship）创始人兼主任、MIT斯隆管理学院技术管理讲座教授罗伯特（Edward B. Robert）在为《在研究型大学内构建技术转移：一种创业的方式》所作序言中简要阐述了MIT在创新创业领域的所作所为，指出"MIT的历史提供了一所主要的大学150多年来如何取得显著的创业影响的一系列详尽的案例"，指出MIT对于教师和学生参与创新创业所采取的是一种放手的方式（"hands-off" approach），指出"MIT并不实施各种自上而下的计划，而是创造各种教师、学生和校友的独立项目，建构有助于促进新创和年轻公司形成和成长的充满活力的生态系统"，介绍了MIT每年一月份为期一周的密集型"创业发展计划"以及在MIT颇为盛行的跨越校内围墙（cross internal university walls）、旨在促进"真实问题解决、真实产品开发和真实新商业计划"的合作项目课程（joint project courses）。[18]罗伯特教授在2009年和2011年两次与他人合作更是撰写了分析和探讨"麻省理工学院在创业影响中的作用"的研究报告《创业影响：MIT 的作用》[19]，并在 2015 年从全球持续增长和影响的角度发表了《MIT 的创业和创新：持续的全球增长和影响》之研究报告。[20] 我们确实可以这么说，麻省理工学院在基础理论研究和创新创业应用实践以及成为经济引擎方面拥有引以为傲的成就。

四丨肩负重任的美国研究型大学

当然，"学术科学转变为经济引擎"不能作为高等院校的唯一目标或者说是最主要目标，人文科学和社会科学对于人才培养以及建设一个充满活力、竞争和安全的国家依然是十分重要的。[21] 笔者愿意借此机会介绍一下美国近年来的一份颇为重要的研究报告《研究型大学和美国的未来：确保国家繁荣和安全的十大突破性行动》[22]，以利于我们在了解和确认"学术科学成为经济引擎""创新创业型大学"等观点的同时，能更全面更充分地认识今日美国高等教育面临的挑战以及政府和高等院校所能发挥的作用。

2009 年 6 月，美国国会两位参议员和两位众议员联名向美国国家科学院（National Academies）发出信函，要求科学院组建一个委员会对如下问题作出回答：为了确保美国研究型大学的能力能够维持其在研究和博士生教育中的卓越地位，帮助美国在 21 世纪的全球社会中参与竞争，促进繁荣并实现在卫生、能源、环境和安全等方面的国家目标，什么才是美国国会、各州政府、研究型大学及其他组织机构能够采取的最重要的十大行动？

国家科学院所属之国家研究委员会为回应议员们的要求而于 2010 年 7 月组建了由美国竞争力委员会名誉主席、国家工程院院士、美洲银行董事局主席霍利戴（Charles Holliday）为主席的研究型大学委员会（Committee on Research Universities）。研究型大学委员会共有 22 位委员，由来自企业界的公司总裁或首席执行官、基金会主席、著名大学的前任或现任校长、学院院长等担任，其中就有曾在 16 天内因辞退到复职而被媒体广泛关注的弗吉尼亚大学校长沙利文（Teresa Sullivan）。

从 2010 年 7 月委员会组建到 2012 年 6 月 14 日《研究型大学与美国的未来：确保国家繁荣和安全的十大突破性行动》报告的正式出版，历时两年。正是经过这两年时间的广泛研究，通过召开会议（如无数的电话会议和正式会议），征询意见（如美国大学协会、公立与赠地大学协会和政府关系委员会曾在 2011 年 1 月联名向研究型大学委员会提出有关"联邦研究政策的管理与财政改革"的建议书），参阅文献（仅该研究报告列出之参考文献就达 99 份之多）等，这份涉及美国研究型大学未来十年发展战略、关系到美国国家繁荣和安全的"十大突破性行动"的研究报告予以提交并得到出版。

研究型大学委员会在研究报告中提出了可以成为"十大突破性行动"的十项建议，并在每项建议中依次提出了行动者与行动、预算内容和预期结果等三个方面的内容。十项建议简要译述如下，而其中的建议 3 和建议 5 与高等教育的创新创业主题尤其相关。

建议 1：在美国创新和研发战略之更大范围的框架内，联邦政府应该对大学实施的研究与发展及研究生教育采取稳定且有效的政策、实践和资助。唯如此，美国才会拥有新知识和受过教育之人才的源泉，从而帮助美国实现国家目标及确保国家繁荣和安全。

建议 2：向公立研究型大学提供更多的自主，这样他们就能利用地方优势和区域优势进行战略性竞争并对新的机遇作出机敏灵活的回应。与此同时，恢复州对高等教育（包括科学研究和研究生教育）的拨款达到能使公立研究型大学以世界一流标准运行的水准。

建议 3：增强企业在研究伙伴关系中的作用，促进知识、观点和技术向社会的转移并加速"创新时间"，以便实现我们国家的目标。

建议 4：提高大学的成本—效益和生产能力，以便为纳税人、慈善家、公司、基金会和其他的研究资助者提供更多的投资回报。

建议 5：创造一种"战略性投资计划"以资助研究型大学的创新计划，这些创新计划对于提升国家优先事项之关键领域中的教育和研究质量至关重要。

建议 6：联邦政府和其他研究资助者应该以持续且明确的方式努力承担他们从研究型大学获得的研究项目和其他活动的全部费用。

建议7：减少或取消那些根本不能改善研究环境但却增加管理成本、妨碍研究生产力及弱化原创能量的规程条例。

建议8：通过解决诸如退学率、获得学位之时间、资助以及个人生涯机会与国家利益之间的协调等问题来提高研究生课程计划的能力，以吸引有为学生。

建议9：保证包括女性和少数族裔在内的所有美国人在科学、技术、工程和数学（STEM）领域获得教育的全部好处。

建议10：确保美国继续从国际学生和学者参与美国的研究事业中获益更多。

/注释/

[1] 赵中建，《创新引领世界——美国创新和竞争力战略》，华东师范大学出版社，2007年；赵中建，《用立法确保人才培养和教育创新——〈美国竞争法〉教育条款评析》，《全球教育展望》2007年第9期；U.S. Commission on National Security/21st Century. *Road Map for National Security: Imperative for Change*. Washington, DC: U.S. Commission on National Security/21st Century, 2001.

[2] 孔钢城、王孙禺，《创业型大学的崛起与转型动因》，社会科学文献出版社，2015年。

[3] 王志强，《研究型大学与美国国家创新系统的演进》，中国社会科学出版社，2014年。

[4] 伯顿·克拉克著，王承绪译，《建立创业型大学：组织上转型的途径》，人民教育出版社，2003年。

[5] 同[2]，第21页。

[6] Elizabeth Popp Berman. *Creating the Market University: How Academic Science Became an Economic Engine*. New Jersey: Princeton University Press, 2012.

[7] 同[3]，第141页。

[8] 同[3]，第142页。

[9] Thomas J. Allen and Rory O'Shea（Eds.）. *Building Technology Transfer within Research Universities: An Entrepreneurial Approach*. Cambridge: Cambridge University Press, 2014.

[10] Albert N. Link, Donald S. Siegel and Mike Wright（Eds.）. *The Chicago Handbook of University Technology Transfer and Academic Entrepreneurship*. Chicago: Chicago University Press, 2015.

[11] Holden Thorp & Buck Goldstein. *The Engine of Innovation: Entrepreneurial University in the Twenty-First Century*. Chapel Hill: The University of North Carolina Press, 2011.

[12] 美国商务部创新创业办公室编，赵中建、卓泽林译，《创建创新创业型大学——来自美国商务部的报告》，上海科技教育出版社，2016年；赵中建、卓泽林，《美国研究型大学在国家创新创业系统中的路径探究——基于美国商务部〈创新与创业型大学〉报告的解读与分析》，《全球教育展望》2015年第8期。

[13] The Science Coalition. *Sparking Economic Growth: How Federally Funded University Research Creates Innovation, New Companies and Jobs*. Washington, DC: The Science Coalition, 2010.

[14] The Science Coalition. *Sparking Economic Growth 2.0: Companies Created from Federally Funded University Research, Fueling American Innovation and Economic Growth*. Washington, DC: The Science Coalition, 2013.

[15] Singer, Peter L. *Federally Supported Innovations: 22 Examples of Major Technology Advances That Stem From Federal Research Support*. Washington, DC: The Information Technology & Innovation Foundation. February, 2014.

[16] 亨利·埃兹科维茨著，王孙禺、袁本涛等译，《麻省理工学院与创业科学的兴起》，清华大学出版社，2007年。

[17] 同 [2]。

[18] 同 [9]。

[19] Edward B. Robert and Charles Eesley. *Entrepreneurial Impact: The Role of MIT*. Cambridge: MIT. 2009; Edward B. Robert and Charles Eesley. Entrepreneurial Impact: The Role of MIT——An Updated Report. *Foundations and Trends in Entrepreneurship*, Vol. 7, Nos.1-2，2011.

[20] Edward B. Roberts, Fiona Murray, and J. Daniel Kim. *Entrepreneurship and Innovation at MIT: Continuing Global Growth and Impact*. Cambridge: MIT，2015.

[21] American Academy of Arts and Sciences. *The Heart of the Matter: The Humanities and Social Sciences for a Vibrant, Competitive, and Secure Nation*. Cambridge: American Academy of Arts and Sciences，2013.

[22] National Research Council. *Research Universities and the Future of America: Ten Breakthrough Actions Vital to Our Nation's Prosperity and Security*. Washington, DC: The National Academies Press，2012.

（本文系"创新创业型大学建设译丛"总序，原发表于《全球教育展望》2016年第5期）

高校科研成果转化的
美国路径

美国有一个促进大学科研成果商业化的组织机构——概念证明中心（Proof of Concept Centers，简称 PoCCs），为大学科研项目提供种子资金、商业顾问、创业教育等个性化的支持。

美国商务部在其发表的《创建创新创业型大学》报告中明确指出在大学技术转化领域上升最快的当属概念证明中心，因为它们"提升校园创业的数量和多样性；改进校园内新公司和创业的质量；加强了与地方投资人和创业家之间的联系，以留住大学中成立的新型公司"。曾任美国总统的奥巴马也称概念证明中心是美国基础设施中极具潜力的要素之一。

近日，《中共中央国务院关于深化体制机制改革加快实施创新驱动发展战略的若干意见》发布，指出建立高等学校和科研院所技术转移机制。国家发展与改革委员会也在近期透露，我国科技成果转化率仅为 10% 左右，远低于发达国家 40% 的水平。

那么，发达国家如何促进高校研究成果转化？今天，我们就从美国的概念证明中心谈起。

一 | 建立概念证明中心，跨越"死亡之谷"

美国的概念证明中心是一种在大学之内运行，并促进大学科研成果商业化的组织机构，通过提供种子资金、商业顾问、创业教育对成果转化活动进行个性化支持，例如开发和证明商业概念、确定合适的目标市场和实施知识产权保护等。

1998 年，弗农·艾勒斯（Vernon Ehlers）曾提出，美国联邦政府资助的基础研究与企业进行的产品开发之间存在一条"死亡之谷"。因为大学与企业的本质不同，所以大学和企业在技术发展和推销阶段信息、动机的不对称以及科学、技术和商业企业之间存在的制度距离，构成了大学研究成果走向市场的障碍。如果从 20 世纪 80 年代颁布的《拜杜法案》算起，美国已在这一领域作出了突破性进展，如成立大学科技转化办公室（TTO）、孵化器（截止到 2006 年已成立 1250 个商业孵化器，其中 2/3 建立在大学校内）和科学园等。这些努力与举措直接促成了美国在全球科技创新领域的领先地位。

与其他国家相比，美国大学的科技成果转化确实比较成功，但转化率仍然较低，近 75% 的发明专利从来没有得以商业化，例如，2008 年斯坦福大学科技许可办公室收到 400 项专利申请，获批的 200 项专利中只有 100 项被商业性转化。再者，大学的科技转化办公室近年来出现受人诟病的诸种弊端，譬如，资金实力和该办公室员工市场远见跟不上科研创新的步伐等。在这样的背景下，美国研究型大学开始成立概念证明中心这一新的组织模式，试图以此提高大学科研成果商业化能力，跨越"死亡之谷"。

2011 年 3 月，美国总统奥巴马宣称把创建概念证明中心作为投资"i6 绿色挑战计划"的主要渠道，促进清洁能源创新和经济繁荣发展。美国商务部经济发展局（EDA）也声称，概念证明中心旨在加速绿色科技的发展以增强国家竞争力，力挽美国经济复苏。同年 9 月，经济发展局投资 1200 万美元给六个大学下属的概念证明中心以应对挑战竞争，并在 2012 年再次给七个新成立的概念证明中心各拨款 100 万美元。经济发展局于 2014 年扩大了"i6 绿色挑战计划"的投资，其中包括给已有的概念证明中心各投资 50 万美元，促进商业化中心关注后期研究。

二 | 跨越研发活动与产品开发之间的空白

美国促进科研成果转化的机构不少，那么这个由美国联邦政府与私人部门、非营利机构、基金会以及大学共同支持和创建的概念证明中心，与其他刺激国家创新创业的举措或努力相比有什么不同呢？

概念证明中心主要帮助解决大学研发成果与可市场化产品之间的空白，是跨越研发活动与产品开发之间"死亡之谷"的一种新的组织模式。

2001年，加州大学圣地亚哥分校（UCSD）建立了冯·李比希创业中心；2002年，麻省理工学院德什潘德技术中心成立。捐资者认为这两所大学真正缺少的是为已经作好创业准备的教员建立支持机制，并加速机构之间的文化传播。通过这个公共平台，不同机构之间就可以知道他们的同行正在进行的研究、知识产权发展和各类项目。

2008年，考夫曼基金会成员奥德里茨（David Audretsch）和古布朗森（Christine Gulbranson）首次介绍了概念证明中心的重要功能："投资促进大学研究的溢出和商业化。"经过考察研究，他们发现加州大学圣地亚哥分校的冯·李比希创业中心和麻省理工学院的德什潘德技术中心提供的创业课、种子资金颇有价值；更为重要的是，富有成功创业经验的企业家为学生指导开放技术和传授建立大学衍生公司的经验。

因此，概念证明中心主要在美国大学的科技转化办公室之下进行工作，通过加速已申请专利的科技成果进入市场，从而对科技转化办公室的工作起到补充作用。它与传统的"孵化器"不同。第一，在"孵化器"进行的研发活动通常与大学隔离开来，而概念证明中心则允许受资助的教师和学生在大学实验室研发；第二，"孵化器"通常给已有一个产品的新创企业提供种子基金或分享工作环境，而概念证明中心则会评估来自研究产品的商业价值。

截至2012年，美国大学中已建立起32个概念证明中心，所附属或合作的大学都是科研实力较强，排名名列前茅的研究型大学，例如科罗拉多大学的概念证明项目、麻省理工学院的德什潘德技术创新中心、加州大学圣地亚哥分校的冯·李比希创业中心、阿拉巴马大学的创新和创业指导中心、马里兰大学的概念证明联盟等。它们的名称虽然没有全部冠以"概念证明中心"的称谓，但均有类似的特征和共同的目标：增加校园创业的数量和多样性；改进大学衍生企业和企业家的质量；增强与当地投资者和创业家的接触，以留住大学衍生企业在本州区域发展。目前，还有六个概念证明中心正在筹建过程中。

三 | 美国基础设施中的"潜力股"

概念证明中心的目标是成为"科技成果从实验室走向市场应用的中转站"，并有效促进大学衍生企业的发展。当然，各中心在这个过程中实施的服务类型各不相同，有的概念证明中心提供种子资金、咨询服务、教育计划和科技加速计划（如加州大学圣地亚哥分校的冯·李比希创业中心），而有的中心只是搭建起大学和外部企业沟通的渠道（如南加州大学的斯蒂文斯创新研究所）。

美国高校的 32 个概念证明中心平均科研经费大概有 5000 多万美元，启动资金来源也比较多样化，有的来自联邦资金，有的则依托大学知识产权商业化的收入，如科罗拉多大学系统科技转移办公室概念证明项目的资金支持来自该校知识产权的商业化。该大学已经为研究和商业发展创立自己的概念证明资金。迄今为止，科罗拉多大学系统科技转移办公室概念证明项目已经支持超过 110 个研究项目，总资金超过 1300 万美元。

经过十几年的发展，概念证明中心在促进大学科技成果转移到商业化领域已经取得显著成效。2011 年 3 月，美国总统奥巴马宣称概念证明中心是国家基础设施中极具潜力的要素之一。美国商务部在其 2013 年发表的《创建创新创业型大学》报告中也明确指出，在大学技术转化领域上升最快的当属概念证明中心，因为它们"提升校园创业的数量和多样性；改进校园内新公司和创业的质量；加强了与地方投资人和创业家之间的联系，以留住大学中成立的新型公司"。

（原文发表于《中国教育报》2015 年 4 月 15 日第 11 版）

创新创业，
美国高校这么做

一封由140多位美国研究型大学校长和各专业协会领袖亲自署名的信件推动美国商务部创新创业办公室直接与各大学进行对话，进而形成美国大学为学生开办创新创业课程和学位项目，提倡体验学习和应用学习，并通过人事激励政策和奖励认可制度来鼓励教师创新创业。

高等院校如何贯彻落实《中共中央国务院关于深化体制机制改革加快实施创新驱动发展战略的若干意见》，如何服务"中国制造2025"战略规划，如何服务地方经济社会发展和科创中心建设，这似乎是我国高等院校需要思考和回答的问题。美国高校在鼓励创新创业方面有着独特的做法，可以供我们参考。

一 | 主动对接国家战略需求

当前，美国高等院校就如何更有效地服务国家创新发展战略，如何积极增强国家竞争力和促进创新创业出谋划策，主动对接国家创新创业的战略需求。成立于2009年的美国创新创业咨询委员会（NACIE）在2011年向美国商务部提交了一份名为《关于推动基于大学技术商业化的建议》的信件。这封由140多位美国研究型大学校长和各专业协会领袖亲自署名的信件，着重关注大学的创新与创业，寻求美国联邦经费资助以继续相关领域的创新创业工作，并强调将创新和技术商业化推向顶峰的重要性。

正是在此信件的推动下，美国商务部创新创业办公室直接与美国各大学进行对话，深度了解大学的创新创业，共同培育具有市场经济价值的创新创业项目或活动。美国商务部在 2013 年 7 月正式发布了《创新创业型大学：聚焦高等教育创新和创业》的报告，明确大学创新创业中的五大核心活动领域，即促进学生创新和创业，鼓励教师创新和创业，支持大学科技成果转换，促进校企合作，参与区域与地方经济发展。该报告还以乔治亚理工学院、密歇根大学、洛雷克社区学院等 11 所高校为具体个案，详尽分析和探讨了高等院校的创新创业以及科学研究的商业化。

二 ｜ 培养学生发展创新思维

美国大学正在为本科生、研究生和博士后研究人员提供更多创业及相关领域的课程和计划。学生通过参加跨越不同学科的课程、辅修专业、主要专业、证书项目和强调实际操作学习的教育项目，能够更好地理解创新和创业。很多大学还以特殊的方式增加传统课堂指导。除此之外，有的大学将教育机会延伸到课堂外的地方，如学生宿舍，以便直接培养学生的创业精神。以多维创业活动为中心的学生俱乐部在美国大学校园中不断增加，很多大学还运行着各种各样的商业计划和投资竞赛，通过网络向学生提供导师支持和培训机会，帮助他们进一步发展创新思维。

总体而言，美国大学主要通过开办创新创业课程和学位项目，提倡以体验学习和应用学习的途径促进学生的创新创业。

美国高等教育研究协会（ASHE）在 2009 年发布的高等教育报告中指出，大学生获得创业教育的最佳途径是接受跨学科创业教育模式，即培养创业能力是对学科教学过程的"重构"。所以，跨学科创业教育模式在美国高校备受推崇，创业课程和项目使学生掌握了广泛的应用技能，包括制作商业计划、推销、建立网络、吸引资金、结识当地的商业领袖。一些大学还在文理学士学位课程的基础上，提供有关创新和创业的本科课程计划和硕士研究生计划；商学院则打破传统，鼓励所有学科的学生通过跨学科课程和项目进行创业。例如，科罗拉多大学斯普林斯校区的创新学士学位项目采用多学科团队进行教学。该校计算机科学专业除了要求学生完成计算机科学课程外，还要求他们发展团队，学习创新，投入创业，练习写作计划案，学习商业和知识产权相关法律。

除此之外，体验学习和应用学习是在课堂教育的基础上改进的。传统的课堂教学主要是演讲和事实记忆，而体验学习和应用学习则是通过工作坊、会议、实习、实际操作经验和实践项目，鼓励学生参与到创新创业活动中。美国的大学和学院还支持聚焦创业教育和科技创新的实习项目，为学生毕业后进入科技转换办公室、风险投资公司或企业作好准备。这种多样化的教育机会帮助学生解决现实环境中的严峻挑战，不断受到美国研究型大学的欢迎。如今，很多美国大学都颁布了鼓励学生创业的政策，包括成立专门的办事机构以支持全程创业，制定创业人员使用研发实验室和科研设施的规程，成立创业基金或种子基金，制定灵活的人事政策，给予研发人员专利费用返还或奖励政策，开展创业培训等。

三 | 鼓励教师参与创新创业

如今，经济发展方式已由传统的大规模生产和线性转换关系演化到后工业化、知识驱动、开放和更加交互的创新体系，应用和扩散已生成的知识成为确保大学履行其使命，并在当今社会环境中保持繁荣的关键所在。

作为经济社会"知识中心"的主力军，大学教师在知识扩散和创新变革中扮演着非常重要的角色。因此，通过建立创新文化、激励政策以及采用新的组织模式让教师积极参与产品研发、技术发展和创办衍生公司，成为美国大学在创新驱动发展战略中的共性举措。美国大学主要通过人事激励政策和奖励认可制度来鼓励教师创新创业。

高等教育专家伯顿·克拉克（Burton Clark）曾说过，创业型大学的核心是开拓与创新的企业家精神，浓厚的创业文化是大学转型和新企业创建的必备因素。近年来，美国高校开始出现教师聘用和晋升文化的转变，即不仅强调教师对自己研究领域的兴趣，还须掌握商业领域的技能，并从事与学科相关的创业活动。

2010年，弗吉尼亚大学医学院首次将创新创业活动纳入教师晋升和获得终身教职的标准之中，要求参评终身教职的候选人提供发明专利的情况报告、已注册的版权材料、技术许可证，以及其他在创新创业领域产生影响的技术转让等相关活动。

如今，美国大学还开始在教师入职培训中为他们提供职业指导、模型发展、商业计划和市场测试等培训内容，为他们走向创业领域铺路。匹兹堡大学的科技管理办公室和教务长办公室联合开办课程，激励教师和学生创新创业和技术商业化。培训参与者会经历创新和商业化过程的每个步骤，从思维概念到知识产权保护及认可，再到早期市场研究和建立关系的策略。

与此同时，美国大学逐渐推出各种奖励政策来鼓励和认可教师在学科中取得的成就，如"年度创新奖"和"年度教师企业家"。南加利福尼亚大学的劳埃德·格雷夫创业研究中心每年颁发"格雷夫研究影响奖"，奖励具有创新思维，并在传统研究和教学成果之外有所成就的教师。同时，美国大学对教师的时间管理也变得更有弹性。弗吉尼亚大学、匹茨堡大学和南加利福尼亚大学等顶尖研究型大学给予教师更长或更宽松的学术假期制度，鼓励他们与企业进行合作与创业。一些项目还给教师额外的时间去从事创新创业。教师利用假期进行创业活动会增加对商业转化过程的理解，并整合到教学过程中，加快学生科技发明的发展和提升商业转化的潜能。总之，美国大学通过特殊支持，使不同学科的教师能够与同行、社区创业者和商业团体合作，开发新技术，创立新公司。

（本文原发表于《中国教育报》2015年7月8日第11版）

附录 | 国家创新政策研究著述之目录

一 | 发表之论文

1. 《美国教育：在创新中迎战竞争》，《中国教育报》2006 年 10 月 27 日第 6 版。
2. 《激活美国人的潜力：为了创新计划的教育》，《全球教育展望》2006 年第 12 期。
3. 《美国"创新潮"透视》，《全球教育展望》2007 年第 2 期。
4. 《科技、教育、创新：世界竞争潮流的关键词》，《中国教育报》2007 年 7 月 23 日第 8 版。
5. 《用立法确保人才培养和教育创新——〈美国竞争法〉教育条款评析》，《全球教育展望》2007 年第 9 期。
6. 《行动呼吁——美国为什么必须创新》，《教育发展研究》2007 年第 19 期。
7. 《欧盟一体化进程中创新集群的现状与趋势》，《科学性与科学技术管理》2010 年第 1 期（增刊）（合作，为第一作者）。
8. 《基于持续竞争优势的欧盟服务创新现状及其战略框架》，《科学管理研究》2010 年第 3 期（合作，为第二作者）。
9. 《国际视野下的创新评价指数研究》，《科学管理研究》2010 年第 6 期（合作，为第一作者）。
10. 《创新政策语境下的英国中等教育改革》，《教育发展研究》2010 年第 10 期（合作，为第二作者）。
11. 《英国教育系统变革的背景、现状与趋势——兼论教育在英国国家创新系统中的作用》，《全球教育展望》2010 年第 6 期（合作，为第二作者）。
12. 《集群创导：欧盟发展创新集群的主要手段》，《科技进步与对策》2011 年第 3 期（合作，为第一作者）。
13. 《为了创新而教育——"科学、技术、工程和数学"教育：一个值得认识和重视的教育战略》，《中国教育报》2012 年 6 月 15 日第 7 版。
14. 《高校科研成果转化的美国路径》，《中国教育报》2015 年 4 月 15 日第 11 版（合作，为第一作者）。
15. 《创新创业，美国高校这么做》，《中国教育报》2015 年 7 月 8 日第 11 版（合作，为第一作者）。

16. 《美国研究型大学在国家创新创业系统中的路径探究——基于美国商务部〈创新与创业型大学〉报告的解读与分析》,《全球教育展望》2015 年第 8 期（合作,为第一作者）。
17. 《"概念证明中心"：美国研究型大学促进科研成果转化的新组织模式》,《复旦教育论坛》2015 年第 4 期（合作,为第二作者）。
18. 《高水平大学创新创业教育生态系统建设及启示》,《教育发展研究》2016 年第 3 期（合作,为第二作者）。
19. 《将学术科学转变为经济引擎——美国创新创业型大学的兴起》,《全球教育展望》2016 年第 5 期。
20. 《高校全校性创业教育：美国经验与启示》,《教育发展研究》2017 年第 17 期（合作,为第二作者）。
21. 《众创时代的大学变革：理念、战略与路径——评〈"创新驱动"战略下高等教育与社会互动机制研究——基于大学变革的视角〉》,《创新与创业教育》2017 年第 2 期。
22. 《新自由主义与美国大学科研市场化取向的演变》,《当代教育与文化》2018 年第 4 期（合作,为第二作者）。
23. 《美国高校创客教育实施策略探析》,《高教探索》2020 年第 8 期（合作,为第二作者）。

二 ｜ 书中之章节

创新人才培养模式的国际比较——以美国和日本为例,李宣海、沈晓明主编：《教育：塑造未来奇迹的创造者》,华东师范大学出版社,2007 年。

三 ｜ 出版之著作

1. 赵中建选编：《欧洲创新潮——欧洲国家创新政策进展》,华东师范大学出版社,2012 年。
2. 赵中建、王志强著：《欧洲国家创新政策——热点问题研究》,华东师范大学出版社,2013 年。
3. 赵中建主编：《创新政策新进展——美国创新和竞争力战略》,华东师范大学出版社,2020 年。
4. 赵中建主编：《创新引领世界——美国创新和竞争力战略》,华东师范大学出版社,2007 年 3 月,2021 年 8 月修订。
5. 美国商务部创新创业办公室编,赵中建、卓泽林译：《创建创新创业型大学——来自美国商务部的报告》，上海科技教育出版社，2016年。
6. 霍尔登·索普、巴克·戈尔茨坦著，赵中建、卓泽林、李谦、张燕南译：《创新引擎——21世纪的创业型大学》，上海科技教育出版社，2018年。
7. 艾伯特·N·林克、唐纳德·S·西格尔、迈克·赖特主编，赵中建、周雅明、王慧慧、洪霖译：《大学的技术转移与学术创业——芝加哥手册》，上海科技教育出版社，2018年。

中小学 STEM 教育研究

专题七

引 言

正如在自序中所言,我是在 2007 年学习和研究国家创新政策的过程中,认识到科学、技术、工程和数学(STEM)人才培养及中小学 STEM 教育在美国国家创新政策中所占据的重要地位,如我 2020 年出版的《创新政策新进展——美国创新和竞争力战略》一书就含有两份政府报告:《致力于超越:培养百万名 STEM 学位之大学毕业生》和《再论 STEM 劳动力——〈2014 年科学和工程指标〉》。我之所以迟至 2012 年才开始进入该专题研究,是因为感到自己的知识结构颇难胜任这一专题研究,因此也就把研究重点聚焦于 STEM 教育政策及引进翻译若干 STEM 教育书籍。

在 21 世纪第二个 10 年,科学、技术、工程和数学教育(STEM education)作为一个新的概念不断开始出现在美国联邦政府的各种教育政策和改革项目中,如 2009 年 7 月美国教育部制定的"迈向巅峰计划"将其作为其六项重点项目之一,此后开展的"为了创新而教育"运动,旨在提高美国学生对 STEM 教育的参与程度,并改善他们的 STEM 学业成绩。我在 2012 年先后通过《中国教育报》和《上海教育》发表《为了创新而教育——STEM 教育:一个值得认识和重视的教育战略》《STEM:美国教育战略的重中之重》和《致力于 STEM 教育的"项目引路"机构》,用了一些醒目的文章标题,旨在引起国内学界同行的关注和重视,提出"是该认识、理解和深入研究

STEM 教育的时候了"的看法。

我在这里引述一下"中小学 STEM 教育丛书"（2015 年）总序中的第一段，以求加深认识重视 STEM 教育的国际背景：

最近，英国国际权威科学期刊《自然》（Nature）杂志与美国权威科普期刊《科学美国人》（Scientific American）杂志合作，在 2015 年 7 月 15 日的《自然》杂志上集中推出几篇从幼儿园到大学的"科学、技术、工程和数学"（STEM）方面的文章，并配以非常醒目的封面图片、"培育 21 世纪的科学家"的封面文章和"一种教育"的杂志社论，系统审视了全球 STEM 教育的挑战和希望。美国连接教育和职业生涯的《技术》（Techniques）杂志在 2015 年 3 月出版了 STEM 专号（STEM Issue），指出当 STEM 教育的重要性和价值已经成为教育改革和经济发展的主要部分时，STEM 教育就成为"今天的创新，明天的成功"。同样，由美国督导和课程开发协会主办的著名教育期刊《教育领导》（Educational Leadership）在 2015 年 1 月出版了题为"全民 STEM"（STEM for All）的专号。这一切确切地传递着一种这样的信息：现在是关注和重视 STEM 教育的时候了！

本专题首先辑入的是《为了创新而教育——STEM 教育：一个值得认识和重视的教育战略》，从"在'杂乱无章'中培养创新型科技人才""STEM 教育在美国是一项系统工程"和"从'项目引路'机构看 STEM 教育基本特征"三个维度，认识 STEM 教育已经成为美国教育发展战略的"重中之重"。《正确理解 STEM 教育》一文是笔者主编的"中小学 STEM 教育丛书"之总序，从 STEM 教育产生的时代背景、历史发展、基本特点、扩展和延伸，及其对我国中小学课程改革的意义等方面叙述了 STEM 教育的方方面面，以求达到对 STEM 教育的"正确理解"之目的。《STEM 视野中的课程改革》一文是《人民教育》记者对笔者的一次访谈，记者的如下一段话似乎反映了他对于 STEM 教育以及我国课程改革的深切关注："STEM 背景下的教育趋势常让我们激动不已，同时又常被问题拉回到现实层面。当我们从中国课程改革十多年这个长时段来观察时，当我们不断提及过往曾经熟悉也同样让人无限怀想的观念变革时，当下的尴尬现实的确让人有些恍如隔世。然而它的确就发生在并不遥远的昨日，同时也是不断延伸的脚下之路。中国教育似乎到了新的节点。它不只是单一的维度了，在如此激烈的国际竞争背景下，STEM教育提出的视角回应着中国教育过去十多年的深刻变化，同时又在更为宽广、更为长远的范围内呼应着来自未来的挑战。"这在一定程度上也反映了笔者进入STEM教育领域研究的"初心"。此专题辑入的《美国中小学STEM教育政策分析》一文，是笔者应杂志邀约而写：一是对美国STEM教育的前期政策报告作了回溯式的阐述；二是对美国2013年5月公布的《联邦STEM教育五年战略规划》、2015年国会通过的《2015年STEM教育法》和美国教育部在2016年颁发的《2026年STEM教育愿景》进行了具体分析，从而完整地呈现了美国STEM教育政策的发展脉络。

  我在这里引述明确体现STEM教育之整合特征的界说来结束这一引言，STEM教育课程计划"旨在使学生参与以活动为基础、以项目为基础和以问题解决为基础的学习，它提供了一种动手做的课堂体验。学生们在应用他们所学到的数学和科学知识来应对世界重大挑战时，他们创造、设计、建构、发现、合作并解决问题。"

为了创新而教育

——STEM 教育：一个值得认识和重视的教育战略

近年来，随着奥巴马入主白宫正式成为美国总统，"科学、技术、工程和数学"教育（STEM education）作为一个新的概念，不断出现在美国联邦政府的各种教育改革政策和项目中。2009年7月美国教育部制订的"迈向巅峰计划"将其作为该计划的六项重点项目之一，同时希望各州竞报这一联邦资助项目。此后开展的"为了创新而教育"运动，旨在提高美国学生对STEM教育的参与程度，并改善他们的学业成绩。

而在2011年2月，美国国家经济委员会、经济顾问委员会和科技政策办公室联名发布了《美国创新战略——确保我们的经济增长和繁荣》的政府报告，强调要用21世纪技能来教育美国人并培养出世界一流的劳动力，这就要求奥巴马政府关注教育改革，尤其要重视STEM教育，并努力在2020年前再培养出10万名从事STEM教育的教师。为了响应奥巴马总统的号召，美国100多位企业首席执行官组建了一个名叫"变革方程"的非营利性机构，并承诺在至少100个服务不足的学区内扩大有效实施STEM课程计划的范围，尤其要扩大培养全体美国人的能力和潜质的参与度。对我们而言，是该认识、理解和深入研究STEM教育的时候了。

一 | 在"杂乱无章"中培养创新型科技人才

STEM 是科学、技术、工程和数学四个英文单词首字母的缩写，美国国家科学基金会最早将科学、技术、工程和数学四门学科统称为STEM教育，这反映了一种教育哲学的变化。STEM 教育是一种"后设学科",即这一学科的建立是基于不同学科之间的融合然后形成一个新的整体,将原本分散的学科融合成一个整体,这就形成了当今日趋受到重视的、跨领域的 STEM 教育。美国高度重视 STEM 教育的根本原因,在于其深刻认识到美国科学技术的滑坡在于其人才的严重短缺,这在美国十余年来的大量文献中屡屡被提及。

STEM 素养是由科学、技术、工程和数学学科的素养所组成的,但又不是它们的简单组合,而是把学生学习到的各学科知识与机械过程转变成一个探究世界相互联系的不同侧面的过程。一个 STEM 课堂的特点就是在"杂乱无章"的学习情境中强调学生的设计能力、批评性思维和问题解决能力。这种复杂的学习情境包含了多种学科,其问题可能涉及纳米技术、生物医学和天体生物学等学科知识。一个 STEM 课堂上教师可能提出一个问题,然后希望学生组成一个班级范围内的探究小组开展研究。在研究过程中,学生要使用技术搜集、分析数据,并设计、测试和改进一个解决方案,然后与其同伴交流研究成果。学生的 STEM 素养,就是在这样的学习环境和学习过程中逐步形成的。

二 | STEM 教育在美国是一项系统工程

其实,美国提出和重视 STEM 教育并非始自奥巴马政府。早在 1986 年,美国国家科学委员会就高等教育发表过《本科的科学、数学和工程教育》报告,这被认为是美国 STEM 教育集成战略的里程碑,指导了国家科学基金会此后数十年对美国高等教育改革在政策和财力上的支持。该报告首次明确提出"科学、数学、工程和技术"教育的纲领性建议,从而被视为 STEM 教育的开端。

1996 年,国家科学基金会发表了《塑造未来:透视科学、数学、工程和技术的本科教育》的报告,并提出今后的"行动指南"。报告针对新的形势和问题,对学校、地方政府、工商业界和基金会提出了明确的政策建议,包括大力"培养 K-12 教育系统中 STEM 教育的师资问题"。2007 年 10 月 30 日,美国国家科学委员会发表《国家行动计划:应对美国科学、技术、工程和数学教育系统的紧急需要》报告,提出的行动计划主要包括两个方面的措施:一是要求增强国家层面对 K–12 阶段和本科阶段的 STEM 教育的主导作用，在横向和纵向上进行协调；二是要提高教师的水平和增加相应的研究投入。这一报告显示了 STEM 教育从本科阶段延伸到中小学教育阶段，希望从中小学就开始实施 STEM 教育。也正是在 2007 年，美国参众两院在 8 月 2 日一致通过了《美国创造机会以有意义地促进技术、教育和科学之卓越法》。有意思的是，该法英文名称中除第一个和最后一个单词外，其余单词以首字母缩写而成为 COMPETES，因而该法英文又缩写为 America COMPETES Act，故可直接称作《美国竞争法》。《美国竞争法》一共包括八个部分，其中第六部分的标题即为"教育"，其他部分也有多项条款与教育有关。教育条款主要涉及教师教育、STEM 教育、外语教育和本科生研究生奖学金等四个方面。《美国竞争法》对 STEM 教育的重视，极大程度上反映了美国社会的一种共同关注趋势。例如，2007 年度美国州长协会冬季会议就高度强调 STEM 教育在各州乃至全美国创建"创新环境"中的重要意义。又如美国学术竞争力委员会在 2007 年 5 月公布的委员会报告中，分析研究了 2006 年度总额达 31 亿美元的 105 项联邦 STEM 教育项目。2011 年，美国国家科学院研究委员会发布了《成功的 K–12 阶段 STEM 教育：确认科学、技术、工程和数学的有效途径》的报告，报告认为在中小学实施 STEM 教育的目标主要有三个：一是扩大最终会在 STEM 领域修读高级学位和从业的学生人数，并扩大 STEM 领域中女性和少数族裔的参与度；二是扩大具有 STEM 素养的劳动力队伍，并扩大这一队伍中女性和少数族裔的参与度；三是增强所有学生的 STEM 素养，包括那些并不从事与 STEM 职业相关工作的学生或继续修读 STEM 学科的学生。而美国州长协会在 2011 年 12 月又针对 STEM 教育行动发布了《制定科学、技术、工程和数学教育议程：州级行动之更新》报告，分析了该协会 2007 年提出的行动议程中的弱势之处，重新提出"实施州级 STEM 议程"的各项具体措施。

三 ｜ 从"项目引路"机构看 STEM 教育基本特征

美国有一个专门致力于在初中和高中提供严密的 STEM 教育课程计划的机

构，名字为"项目引路"机构（PLTW），成立于 1987 年。"项目引路"机构从 1997 年开始在纽约州的 12 所高中推行"工程之路"课程项目，其设置类似于四年制高中的课程设置顺序，包括基础课程、专业化课程和顶层课程。

基础课程包括"工程设计导论""工程原理"和"数字电子学"；专业化课程包括"航空宇宙工程""生物技术工程""土木工程和建筑"和"计算机整合制造"；顶层课程仅包含"工程设计与开发"一门科目，其内容简介为："在工程设计与开发课程中，学生就某个开放性的问题进行团队合作，一起研究、设计、测试并得出结论。产品开发的生命周期和设计过程将被用来指导和帮助团队完成问题的解决方案。团队成员将向那些对本课程提供咨询的外部观察者组成的委员会陈述和界定他们设计的方案。这一课程允许学生应用在前期的'项目引路'课程中学到的所有知识和技能。3D 设计软件的运用也会帮助学生设计出他们团队所选择的问题解决方案。这门课程同时也使学生学会统筹和团队合作的技巧，这对他们是大有裨益的。本课程是为 12 年级学生开设的。"

"项目引路"又于 2000 年开始在初中阶段推行"技术之路"课程项目。"技术之路"课程以活动为导向，旨在挑战和吸引学生的天然好奇心和想象力。这一课程分为为时九周的六个独立的单元，分别是"设计与建模""自动控制与机器人技术""能源与环境""飞行与空间""技术科学"和"电子魔法"。

此外，"项目引路"还从 2008 年开始在高中阶段推行"生物医学科学"课程项目。这一课程项目目前包含了四门课程，且与适当的全国课程学习标准相一致，分别是"生物医学科学原理""人体系统""医疗干预"和"生物医学创新"。我们不妨看一下"医疗干预"科目的如下基本内容："学生在跟踪他们设定的虚拟家庭的日常生活中，研究各种干预法，包括预防、诊断和疾病的治疗。这门课程是如何保持身体的整体健康和动态平衡的指南。学生会探究如何预防和对抗感染，如何筛选和评估人类的 DNA 代码，如何预防、诊断和治疗癌症，还有当身体器官机能开始衰退时，如何进行对抗。通过这些情境，学生接触到广泛的相关干预措施，包括免疫学、手术、遗传学、药理学、医疗设备和诊断。在这门课程中，生活方式的选择和预防措施是非常重要的，正如科学的思维方式和工程设计在将来干预措施的发展中发挥重要的作用一样。"

"项目引路"的上述课程项目目前已经在美国50个州和哥伦比亚特区的4200多所学校推广，超过40多万名学生修学了这些课程。这一课程的一个显著特征，就是使"参与课程的学生能够进行以活动为基础、以项目为基础和以问题解决为基础的学习，同时获得实践的课堂体验"。

自"项目引路"课程项目实施以来，一些学术机构对其学术效果进行了独立评估，发表的报告集中强调了"项目引路"课程促使学生通过STEM教育在发展心和脑方面的成功意义。美国教育部长邓肯也在2011年将"项目引路"机构的STEM课程称为一种"在全国成功实施的新生涯和技术教育的卓越模式"。

（本文原发表于《中国教育报》2012年6月18日第7版）

补记："项目引路"机构在2010年后又将其STEM课程下移至K-5年级，依此为：

● 幼儿园：结构与功能——探索设计；推与拉；动物与遗传。

● 一年级：光线与声音；光线——观察太阳、月亮和星星；动物的适应性；动画故事。

● 二年级：物质科学——物性；拘质科学——形成与功能；变化中的地球；网格与游戏。

● 三年级：静止与运动——飞行科学；静止与运动——力与反作用力；变化轨迹；编程模型。

● 四年级：能量——碰撞；能量——转换；输入/输出——计算系统；输入/输出——人类大脑。

● 五年级：机器人科学与自动化；机器人科学与自动化——挑战；传染和诊断：传染的模型与模拟。

正确理解 STEM 教育

最近，英国国际权威科学期刊《自然》杂志与美国权威科普期刊《科学美国人》杂志合作，在 2015 年 7 月 15 日的《自然》杂志上集中推出几篇从幼儿园到大学的"科学、技术、工程和数学"（STEM）方面的文章，并配以非常醒目的封面图片、"培育 21 世纪的科学家"的封面文章和"一种教育"的杂志社论，系统审视了全球 STEM 教育的挑战和希望。美国连接教育和职业生涯的《技术》杂志在 2015 年 3 月出版了 STEM 专号，指出当 STEM 教育的重要性和价值已经成为教育改革和经济发展的主要部分时，STEM 教育就成为"今天的创新，明天的成功"。同样，由美国督导和课程开发协会主办的著名教育期刊《教育领导》在 2015 年 1 月出版了题为《全民 STEM》的专号。这一切确切地传递着一种这样的信息：现在是关注和重视 STEM 教育的时候了！

1986 年，美国国家科学基金会（NSF）就发布了名为《本科的科学、数学和工程教育》报告，明确提出"科学、数学、工程和技术教育集成"的纲领性建议。这或许是最早提出 STEM 教育的一份重要文献。国家科学基金会在 1996 年对美国大学科学、数学、工程和技术教育的十年进展进行回顾和总结，发表了《塑造未来：透视科学、数学、工程和技术的本科教育》的报告，针对新的形势和问题，对学校、地方政府、工商界等提出明确的政策建议，包括要大力"培养 K–12 教育系统中科学、数学、工程和技术学科的师资问题"。又是国家科学基金会，在 2007 年 10 月发布了《国家行动计划：应对美国科学、技术、工程和数学教育系统的重大需求》的报告，针对面临的两项主要挑战提出两个方面的措施：一是要求增强国家层面对 K–12 阶段和本科阶段的 STEM 教育的主导作用，在横向和纵向上进行协调；二是要提高教师的水平和增加相应的研究投入。而10月3日这一天正是苏联第一颗人造卫星上天50周年纪念日。此时发表《国家行动计划》的目的，就是要向美国朝野警示：50年前的威胁今天正以另外一种形式出现，美国必须时刻不忘加强对学生的STEM教育。

这里还须提及的一份重要文献，是美国总统科技顾问委员会于2010年向美国总统提交的名为《培养和激励：美国未来K-12年级科学、技术、工程和数学教育》报告。报告的如下表述充分显示了STEM教育对于美国的战略意义和积极价值，或者说这在一定程度上也是STEM教育的普遍价值："STEM教育将决定美国未来是否能够成为世界领袖，是否能够解决如能源、健康、环境保护和国家安全等诸多领域的巨大挑战。STEM教育将有助于培养国际市场竞争所需要的能干且灵活的劳动力。STEM教育将确保美国社会继续做出基础性发现并提升我们对自身、我们的星球和宇宙的理解。STEM教育将造就科学家、技术家、工程师和数学家，他们将提出新的思想，制造新的产品并创造出21世纪的全新产业。STEM教育将为每一个个体提供为获取足够生活的薪水及为他们自己、他们的家庭和社区作出决定所必需的技术技能和计算素养。"

STEM是科学、技术、工程和数学（science, technology, engineering and mathematics）之英文单词首字母的缩写。我们可以这样来认识STEM：首先，STEM是分科的，它代表着科学、技术、工程和数学四门独立的学科领域；其次，STEM又是整合的，这或许是今天强调和重视STEM时最为看重的；再次，STEM还是延伸和扩展的。

就分科而言，这里以美国中小学各科课程标准为例予以说明。最早是美国全国数学教师理事会（NCTM）在1989年公布的《美国学校数学课程与评价标准》，尔后又在2000年公布了《学校数学的原则和标准》的新版标准。隶属于美国国家科学院的国家研究委员会（NRC）在1996年发布了全美第一份《全国科学教育标准》，且又在2013年再次公布了标志着美国新一轮科学教育改革的新标准，即《下一代科学标准》（NGSS）。此次新科学标准第一次将工程和技术教育单独列出并加入到科学教育的新标准中，且非常注重跨学科学习和实践参与，"旨在帮助实现科学和工程领域的教育愿景"。2000年4月，美国国际技术教育协会及其下属的"面向全体美国人的技术项目"隆重推出《技术素养标准：技术学习之内容》的全国性中小学技术教育标准。此外，美国国家科学院于 2009 年发布了由国家工程院和国家研究委员会组成之"K–12 年级工程教育委员会"提出的研究报告《K–12 教育中的工程：理解现状和改进未来》，并提出中小学实施工程教育的三项原则和七条政策建议，其中的建议七提出："国家科学基金会和美国教育部应该支持研究'STEM 素养'的特征和界说。研究者应该不仅要思考科学、技术、工程和数学的核心知识，还要思考连接这四个学科领域的大概念（big ideas）。"这是我们理解科学、技术、工程和数学作为各自相对独立之学科的基础。

作为集成战略的 STEM 教育并不局限于四门各自独立的学科，而是更关注其"整合"的意义和价值。这正如美国谷城州立大学 STEM 教育中心官网在解释"什么是 STEM 教育"时所说：STEM "超越其首字母缩写所意味的，它远不止于科学、技术、科学和数学"，"STEM 教育是关于学生参与的学习，STEM 教育是关于基于项目的学习，STEM 教育运用科学探究过程和工程设计过程，STEM 教育是跨学科的，STEM 教育是关于积极学习的，STEM 教育是关于合作与团队工作的，STEM 教育是关于实际问题解决的，STEM 教育连接抽象知识与学生的生活，STEM 教育整合过程和内容……"。美国"项目引路"机构的观点更明确了 STEM 教育的整合特点及其现实意义：STEM 教育课程计划"旨在使学生参与以活动为基础、以项目为基础和以问题解决为基础的学习，它提供了一种动手做的课堂体验。学生们在应用他们所学到的数学和科学知识来应对世界重大挑战时，他们创造、设计、建构、发现、合作并解决问题"。

美国国家科学院出版社在 2014 年出版的《K–12 年级 STEM 整合教育：现状、前景和研究议程》，对理解 STEM 教育的整合有了更为全面的认识，认为"STEM 整合教育远不是单独的、定义明确的经验，它包括一系列不同的体验，涉及一定程度的联系。这些体验可能发生在一个或几个课时内、贯穿整个课程、体现在单一学科或整个学校中、包含了校外活动中"；认为通过对 STEM 整合方案的研究获得如下三点重要启示：整合必须明确，支持学生学习单个学科的知识，整合并不一定越多越好。

同样，从目前发展的情况看，STEM 教育本身也是在不断扩展和延伸的。首先，STEM 教育发端于美国，但现在已经不断地出现在其他国家的教育改革中，如英国教育与技能部早在 2006 年就发布过《科学、技术、工程和数学计划报告》(The Science, Technology, Engineering and Mathematics Programme Report)；英国"代表教育之科学团体"(SCORE)机构在 2010 年发布了一份三次专业发展活动的总结报告《STEM 提供者的变革性课程》(The changing curriculum for STEM providers)。又如 2013 年全球 STEMx 教育大会的专题中涉及的国家就有芬兰、澳大利亚、新西兰、赞比亚等以及"美洲国家组织对拉丁美洲与加勒比地区 STEMx 教育的支持"之专题。其次，STEM 教育本身也在扩大，如全球 STEMx 教育大会名称中 STEM 后的 x 就是最明显的扩大，这里的 x 就代表着计算机科学、计算思维、调查研究、创造与革新、全球沟通、协助及其他不断涌现的 21 世纪所需知识与技能，"其他不断涌现的"则表示出一种极大的"包容性"；又如此次大会专题中多次出现的 STEAM，如"以 STEAM 为支撑的高尔夫课程""从 STEM 向 STEAM 进发""STEAM 设计"等，又如在 2013 年 8 月，中国第一届中小学 STEAM 教育创新论坛在浙江温州中学举办，以 STEAM 模型为中心的技术教育课程设计正成为当前韩国技术教育发展的最新动向。这里的 STEAM 中的 A 即艺术（Arts）。再次，STEM 教育的实施正在越来越多地与教育信息和通讯技术（ICT）结合，而后者的引入为 STEM 教育的实施提供了更为丰富的方式和途径。美国科学与技术研究联盟（ASTRA）于 2013 年 7 月起至 11 月连续发布了其《2013 教育技术》的报告，对教育技术革命及其对教育领域的影响进行了全面的阐述，认为："教育技术革命正在为学生创造出更为有效的学习方式，让他们理解学习如何与'真实世界'相联系的方式，并向他们提供使其能更为彻底更加深入进行学习的必需工具和学习热情。""教育技术正在变革着 K–12 教育的面貌。随着教育技术延伸至课堂，学生不再是信息的被动接受者。当学生已经拥有智能手机或 iPad 时，很少有人能够静静地坐在课桌后面。"当 STEM 教育与迅速发展的教育信息与通讯技术相联系时，它所带来的教育效果或许难以预料，但其前景却是令人十分期待的。最后，STEM 教育从最初关注或集中于高等教育，到逐步下移至中小学教育乃至幼儿园活动，从国家竞争力人才的培养扩展至学习方式的变革。

尽管从比较研究的角度看，STEM教育在世界其他国家的出现和实施已经为时不短，且越来越显现其引人注目的积极方面，但它在我国教育研究界和中小学一线的出现只是最近几年的事情，2012年第4期的《上海教育》曾开辟STEM教育专栏，刊登有《STEM：美国教育战略的重中之重》等若干篇文章，这是我国教育类杂志第一次较为集中的介绍STEM教育，而由中国科协青少年科技中心翻译、科学普及出版社于2013年出版的《STEM项目学生研究手册》或许是我国第一本有关STEM教育的译著。

我国中小学新课程改革至今已有十多年的发展历史，且已取得相当的成就并获得诸多有益的经验，但在如何延续或深化这一课程改革，尤其在学校教育如何注重培养学生的批评性思维和问题解决能力或者说21世纪基本素养或技能等方面，国际的经验或许可以为我们提供某些方面的借鉴。为了使我们能够充分了解世界其他国家尤其是美国在中小学课程改革和发展中实施STEM教育的现状，从中获得某些有益的域外经验，我们策划出版了"中小学STEM教育丛书"，其中既有翻译著作，包括美国国家科学教师协会出版社（NSTA Press）2012年出版的《在课堂中整合工程和科学》、Routledge出版社2013年出版的《设计·制作·游戏：培养下一代STEM创新者》和荷兰Sense Publishers出版社2013年出版的《基于项目的STEM学习：一种整合科学、技术、工程和数学的学习方式》等三本译著，也有华东师范大学课程与教学研究所赵中建教授负责选编或撰写的《美国STEM教育政策进展》和《美国中小学STEM教育研究》两本著作。与此同时，我们采取了5+1的方式，将呈现我国一线学校STEM实践的《小学STEM教育实践路径与方法——上海市世界外国语小学的探索》在此一并出版，以使得丛书第一辑的品种更为多样。

（本文系"中小学STEM教育丛书"总序，
原发表于《上海课程教学研究》2015年第3期）

STEM 视野中的课程改革 *

在华东师范大学文科大楼 15 层课程研究所那间书籍、资料凌乱的办公室里，记者与赵中建教授开始了漫谈，由于下午还有讲演，时间被限定在一个小时。短短一个小时，时空不断穿梭，STEM 背景下的教育趋势常让我们激动不已，同时又常被问题拉回到现实层面。当我们从中国课程改革十多年这个长时段来观察时，当我们不断提及过往曾经熟悉也同样让人无限怀想的观念变革时，当下的尴尬现实的确让人有些恍如隔世。然而它的确就发生在并不遥远的昨日，同时也是不断延伸的脚下之路。中国教育似乎到了新的节点。它不只是单一的维度了，在如此激烈的国际竞争背景下，STEM 教育提出的视角回应着中国教育过去十多年的深刻变化，同时又在更为宽广、更为长远的范围内呼应着来自未来的挑战。如今，愈来愈激烈的国家竞争逐渐演变为教育竞争、人才竞争。当美国人反复用"温水煮青蛙"的道理诉说半个世纪以来的危机意识时，处于世界另一端的我们，是否也察觉到，这种领先者的危机意识正在把鸿沟变得越来越大？赵教授说，自己只是个点火者。然而这把火点在了忧心忡忡的中国教育者心头。我们如何解释中国教育质量的真相？我们又如何正确观察、评估这个近乎杂乱的现实情境？当我们的学生在国际测试中又一次夺冠，当我们衷心为之欢呼时，另一个声音、另一种挑战似乎也在提醒我们，前面的路还很漫长。

今天，美国不断把中小学学习 STEM 和在大学学习相关学科以及大学后进入相关实践领域联系起来，它是关于一个国家创新和人才竞争力的重要因素，

---

* 本文系《人民教育》记者施九铭对作者所作的一次嘉宾访谈。

美国把它提高到如此高度来看待。STEM 学科的集成已经成为美国应对 21 世纪挑战的国家利器，成为其科技、人力资源开发的最重要内容。

记者：能否给读者介绍一下，典型的 STEM 课堂具有什么特征，它会强调什么？

赵中建：STEM 素养是一个多学科交叉的研究领域，它囊括了科学、技术、工程和数学四大领域，但 STEM 素养并不是四种素养的简单组合，而是把学生学习到的各学科知识与机械过程转变为一个探究世界相互联系的不同侧面的过程。因此，一个典型的 STEM 课堂的特点就是在"杂乱无章"的学习情境中强调学生的设计能力与问题解决能力。

这种复杂的学习情境包含了多门学科，其问题可能涉及纳米科技、生物医学和天体生物学等知识。一个 STEM 课堂上教师可能提出一个问题，然后希望学生组成一个班级范围内的探究小组开展研究。在研究过程中，学生被要求使用技术搜索、分析数据，并设计、测试和改进一个解决方案，然后与其同伴交流研究成果。

记者：可不可以这样说，STEM 教育中所需的能力恰恰是中国中小学教育中十分缺乏的东西，也是我们长期以来不断在素质教育中渴望达成的内容？

赵中建：对！今天，在美国有不少的大学专门成立了 STEM 教育中心，我专门从美国谷城州立大学的 STEM 教育中心的官网首页上把"什么是 STEM 教育"完整地翻译出来。我们会发现，它所强调和关注的，恰恰是我们学校教育相对缺乏的，或者是我们新一轮课程改革强调的内容。

记者：我们注意到，奥巴马政府多次强调了 STEM 教育的重要性，今天的美国在把 STEM 教育与国家竞争力紧密相连，那么 STEM 教育经历了怎样的发展阶段，究竟是在何种背景下它被提升到如此高的战略地位？

赵中建：1986 年，美国国家科学委员会（NSB）发表了《本科的科学、数学和工程教育》报告，该报告被认为是美国 STEM 学科集成战略的里程碑。它首次明确提出了"科学、数学、工程和技术教育集成"的纲领性建议。1996 年，国家科学基金会（NSF）再次对十年进展进行了回顾，透视科学、数学、工程和技术的本科教育，在这个报告中把 STEM 与中小学教育挂了钩。但真正挂钩起来的是十年之后美国国家科学委员会的报告《国家行动计划：应对美国科学、技术、工程和数学教育系统的紧急需要》，这一报告发表于 2007 年 10 月 30 日，而在 50 年前的这一天，苏联第一颗人造卫星上天。该报告发表的目的是向美国社会警示：50 年前的威胁今天正以另外一种形式出现，美国必须时刻不忘加强对学生的 STEM 教育。这个报告非常明确地把它与中小学教育挂钩。今天的美国人不断用"温水煮青蛙"去诉说美国当下的危机。"或许不会有进攻，不会有突然显露的时机，也不会有即刻显示其威胁的临头大祸，但是，却会有缓慢地摧毁、逐渐地下降以及在自满的美国与那些富有动力、决心和愿景来取代我们的国家之间不断扩大的鸿沟。"例如中国、印度、俄罗斯就被他们认为是要不断去取代他们的威胁。这就是 STEM 教育诞生的时代背景。

如果说，1958 年的美国《国防教育法》强调的是数学和科学，那么，今天 STEM 的出现开始强调了技术和工程。反观我们中国的课程改革，主要集中在义务教育阶段的综合实践活动，高中阶段的通用技术，主要包括计算机，当然还有其他一些技术。这方面的强调还是不够。

记者：在中小学课程中强调科学和数学与强调技术和工程的区别在哪里？

赵中建：美国"2061 计划"就明确指出，科学家在研究和观察一个现象时，认为世界是可以认识的，而工程师看待这些现象时则认为这个世界是可以改造的。我们今天在城市里看到了一幢幢高楼、一座座大桥、一条条隧道，它们无不是工程的结晶。因此，可以说，与数学、科学相比，工程和技术可以更为直接地影响社会系统和社会文化，影响人类事业的成功或失败，给个人带来直接的利害关系。直接推动社会进步的是技术而非科学，尽管每项技术背后都隐含着科学的原理。重视技术、工程教育反映了国际课程改革的一个趋势，尤其随着信息技术的迅速发展，技术已经成为与科学和数学并重的学科而广受国际社会重视。

英国科学、技术和数学教育工作者协会（CASTME）副主席伯勒（Boehle）和英国教育理事会主任谢赫（Shaikh）在联合国教科文组织的《连接》杂志上撰文，从全球角度展望了科学、技术和数学的各种问题，认为科学、技术和数学已日益成为基础教育的一个重要组成部分。可以看见，重视技术教育、工程教育已经成为上世纪80年代以来国际教育的趋势，国际社会已经将科学、技术和数学并列，在看重它们对社会经济发展具有重要作用的前提下，认为学校课程的整体框架中应该同时设置科学、技术和数学教育，它们应该成为基础教育中的重要组成部分。

美国的"面向全体美国人的技术项目"的展开及《技术素养标准》的问世，填补了美国全国性课程标准中无技术教育课程标准的空白，回应了世界课程改革中关注技术学科的发展趋势。在这一点上，中国的课程改革没有紧紧跟上这个时代的步伐和这种国际发展的趋势。

记者：那么工程教育呢？它对于中小学课程又有何重要意义呢？

赵中建：2009年，美国国家科学院发布了一个研究报告《K–12教育中的工程：理解现状和改进未来》。由国家科学院发布有关中小学教育的报告，这个在世界范围内都很少见到。我们经常认为国家的科学一定是最前沿、最尖端的，而他们却不是。这份报告提出了工程教育的三项原则：一是强调工程设计。设计这个概念，今天越来越普遍。二是强调整合，课程整合，尤其是工程，一定是把数学和科学整合在一起。三是强调思维习惯，特别在美国不断提到"高阶思维"。在这种思想指导下，新的科学教育标准第一次把工程技术纳入进去。美国国家科学院下属的国家研究理事会之科学教育委员会于2011年发布了科学教育的新文件《K–12科学教育的框架：实践、跨学科概念与核心概念》，其中特别强调了实践这个概念，核心概念是单一学科的，跨学科是整合的，还有一个就是把概念学习和实践运用联系在一起，这是第一次把工程运用单独列出并加入到科学教育的新框架中。所以美国工程教育有两个方面，一个是单独设置，一个是整合运用。这一新框架展示了科学的三个维度：一是科学与工程实践，二是跨学科，三是核心学科。这一内容，我们国内学者已经开始把它反映出来，希望得到国家的重视，希望课程改革能够不断吸取这种未来的发展趋势。

实践描述了科学家在研究和建构有关自然世界的模型及理论时的行为，以及工程师在使用设计搭建模型和系统时一系列关键的工程实践。实践更加拓展了工程领域中的科学教育，尽管工程设计类似于科学探究，但两者存在着较大的区别,例如科学探究涉及的是通过研究可以回答的具体问题,而工程设计则包含的是可以通过设计来解决的问题。

《新一代科学教育标准》强调了工程方面的内容将帮助学生了解在日常生活中科学、技术、工程和数学方面的联系。很重要的一点是,科学和工程设计在一定程度上代替了原来的科学探究,一方面是为了强调做与学无法真正分开的道理,参与科学研究和工程设计不仅需要技能,还需要对相关知识的深入理解和运用;另一方面,也为了避免发生片面看法,如将探究技能解释为机械掌握某项活动或程序步骤,或者将探究窄化理解为学生参与实验。实践、核心概念和跨学科就像一根麻绳一样,紧紧联系在一起。

记者:能不能谈一谈STEM教育在美国具体的进展情况?

赵中建:早在2007年全美教师教育大学协会就开始强调了STEM教师的培训,当然它是为了保持全球经济的领导地位而提出的。美国总统科技顾问委员会有两个报告,分别发布于2010年和2012年,一个关于基础教育,一个关于高等教育。在2010年关于基础教育的报告中特别提到,STEM教育将决定美国未来是否能够成为世界领袖,是否能够解决如能源、健康、环境保护和国家安全等诸多领域的巨大挑战。STEM教育还将有助于培养国际市场竞争所需要的能干且灵活的劳动力。这个报告的最后结论是,为了提升STEM教育必须聚焦于培养和激励,并提出了七条建议,从标准到教师以及教育技术,再到学生、学校,最后到国家。这两份提供给美国总统的报告,专门提到了STEM教育的现状和项目,有国家层面也有州级层面的,还有学区和学校层面的。从这里可以看到,从基层学校到国家政策,美国STEM教育的网络系统是如此的完备。

记者:我比较关心STEM教育具体到学校课程的层面,究竟有哪些可供借鉴的案例。

赵中建:始于1997年、名为"项目引路"的非营利性机构是致力于美国初中和高中开展STEM教育课程计划的重要力量,它的主席兼首席执行官甚至在2013年3月14日的美国国会听证会上作了主题发言,主题就是"STEM教育:产业与慈善计划",聚焦于STEM教育在经济发展中的作用。我们可以在它的网站上看到,STEM教育的特征在于,以活动为基础、以项目为基础和以问题解决为基础的学习，提供一种动手做的课堂体验。学生在应用所学到的数学和科学知识来应对世界重大挑战时，他们创造、设计、建构、发现、合作并解决问题。

记者：这些特点不正是我们新课程改革原来所积极倡导的吗？而如今，我们中国的课堂又有多少还在这个方向上坚持呢？

赵中建：这是个值得研究的有趣现象。"项目引路"于2000年推出了独立的单元课程，高中课程叫"工程之路"，初中课程叫"技术之路"。具体看到那些课程名称，我震惊了——航空宇宙工程、生物技术工程、土木工程与建筑、计算机整合制造，当这些课程以活动、项目、问题解决为基础时，它们对孩子的培养带来了巨大冲击。还有，2008年推出了生物医学课程：人体系统、医学干预、生物医学创新……

记者：这对于教育来说该具有多大的创新性和开拓性啊！

赵中建：的确如此。美国2013年度国家教师奖获得者沙博诺（Jeff Charbonneau），他是一名科学教师，但他的科学引入了STEM课程，他不仅改变了华盛顿州济莱高中传统的科学课，将数字技术和工程引入到科学，首创了该校的技术和工程课。他还发起过一些机器人的挑战，而在机器人课程中一定要运用到数学、技术、工程设计等知识。

还有托马斯·杰弗逊科技高中，这不是一所历史悠久的学校，但近几十年来特点非常明显，它有以培养探究能力为核心的教学目标和以问题解决为核心的教学模式。它的很多选修课程都按照STEM的要求来做。"科学定理、定律、概念是简洁的、单向度的，而真实情境是复杂的、多维度的，当把单向度的知识应用于多维度的情境中，学生的思维路径就变得多元了。"这所高中不断鼓励学生使用这种多路径的方法。"当我们和外界连通时，数字化资源和前沿动态就会顺势涌入；当给学生设置的问题就存在于现实生活中时，抽象的科学知识就具备了丰沛的实际意义。这就是为什么STEM课程既要上联数字技术，又要下达真实情境的原因所在。"托马斯·杰弗逊科技高中的校长格雷泽（Iwan Greiser）如是说。

记者：最后我还想问，对于STEM教育本身而言，未来有什么发展趋势？今天我们所谈的STEM教育在中国的学校里究竟有多远的路要走？

赵中建：STEM 教育本身在不断扩展，如全球 STEMx 教育大会名称中 STEM 后的 x 就是最明显的扩大，这里的 x 代表着计算机科学、计算机思维、调查研究、创造与革新、全球沟通、协助及其他不断涌现的 21 世纪所需知识与技能，"其他不断涌现的"则表现出一种极大的"包容性"；另外，此次大会专题中多次出现的 STEAM，这里的 STEAM 中的 A 即艺术（Arts）。同时，STEM 教育的实施正在越来越多地与教育信息与通信技术（ICT）结合，而后者的引入为 STEM 教育的实施提供了更为丰富的方式和途径。今天所谈的 STEM，并不属于我们学校已有的具体学科内容，但却是今天的学生在走上社会后必定要面临的真实世界。它们在我们的学校课程中能否得以体现？如何得以体现？这是我们的课程专家和一线教师要思考的，或者说是我们的课程领导者尤其需要思考的。STEM 教育的提出，尤其是技术和工程教育的引入，是否会给我们现有的学科分类和课程设置、教学带来一种变革？我把这个问题留给自己，也留给读者。

记者：谢谢您！

（本文原发表于《人民教育》2014 年第 2 期）

美国中小学 STEM 教育政策分析

一 | STEM 教育的前期政策报告

1983 年，美国优质教育委员会出版了著名的报告《国家在危急中》，主要针对美国中小学（K-12 年级）的教育问题及其改革，揭开了美国始于 20 世纪 80 年代的教育改革序幕。1986 年 3 月，美国国家科学基金会（NSF）发布了《本科科学、数学和工程教育》的研究报告，可视为美国高等教育领域中与《国家在危急中》具有同等地位的著名报告，也被认为是美国 STEM 教育方面的第一份报告。时隔十年，美国国家科学基金会在 1996 年又发表了《塑造未来：科学、数学、工程和技术本科教育新期望》（下文简称《塑造未来》）的报告，对 1986 年报告公布十年来的美国科学、数学、工程和技术领域本科教育进展进行回顾和总结，并针对新的形势和问题提出明确的政策建议。同年，国家科学院的国家研究委员会（NRC）还公布了《从分析到行动：科学、数学、工程和技术本科教育》的研讨会报告。

需要特别指出的是：第一，最初提出 STEM 教育，着重针对的是大学本科教育，也即重点关注本科科技专业人才的培养，这与竞争力人才培养密切相关。第二，四个学科领域的名称排列最初依次是科学、数学、工程和技术（sciences, mathematics, engineering, and technology），其英文缩写为 SME&T。也就是说，在上世纪 90 年代的文献中还未见有 STEM 排列的英文缩写。但在由"万花筒"项目（Project Kaleidoscope）机构于 2002 年编辑的《支持本科科学、技术、工程和数学的行动建议》的报告中，则可以看到 STEM 一词的出现和多次使用，其中最为显著的是报告标题即为 STEM 的排列。

尽管 1996 年的《塑造未来》报告在探讨 SME&T 教育连续体时提及过中小学教育，即"本科 SME&T 教育依赖于来自 K–12 年级的学生……同时还为 K–12 年级教育系统培养教师"，但真正且全面论及美国中小学 STEM 教育的重要政策研究报告，就笔者目前所见，是 2007 年美国国家科学基金会发布的《国家行动计划：应对美国 STEM 教育体系的重大需求》（下文简称《国家行动计划》）和 2011 年美国州长协会发布的《拟定 STEM 教育议程：州级行动之更新》（下文简称《拟定 STEM 教育议程》）两份重要文献。阅读和研究这些最早主要涉及中小学 STEM 教育的报告，可以看到美国当前中小学 STEM 教育的不利现状、实施 STEM 教育的积极意义以及 STEM 教育的未来走向等基本内容。

《国家行动计划》在分析行动计划的背景时指出："美国拥有世界上最具创新性和技术性的经济，然而其 STEM 教育体系却无法保证所有美国学生作为 21 世纪的劳动力获得成功所需要的技能和知识"，"在当前的教育体系中，美国学生未能掌握获得成功所必备的 STEM 知识"，"其危险之处就在于美国人或许没有足够的科学、技术或数学知识，因此既无法对我们周围正在形成的知识经济作出重大贡献，也无法从中充分受益"。《国家行动计划》认为必须解决如下两个方面的挑战，而这些挑战也正是目前美国中小学 STEM 教育的问题之所在。

第一，当前美国的 STEM 教育在横向上（各州之间）和纵向上（各年级之间）都不协调。在横向上，不同学校体系中的 STEM 内容标准以及这些内容的讲授顺序大不相同，有关成功的指标和对成功的期望也不尽相同。在纵向上，学生在校的 STEM 学习几乎很少有系统性或者根本没有系统性。学生在小学和初中的学习过程中并未掌握好主要的概念，这就影响到他们在高中时掌握系统的概念，而且许多高中提供的课程还没有启发性和系统性，缺乏严谨性，并且是过时的、没有预见性的。由此产生的直接后果就是近 30% 的高中毕业生进入大学时没有作好课程准备，抑或进入工作岗位时缺乏雇主所要求的数学、科学和技术技能。

第二，美国长期缺乏作好充分准备、能够有效教授 STEM 学科的合格教师。

受过 STEM 专业训练的人员通常并不选择教师职业，中小学教师在接受职前培训时没有获得足以从教的 STEM 知识技能。对于接受过 STEM 专业训练的人来说，相比于教师行业，就业市场为非教师职业提供了更高的工资和更好的工作环境。

《拟定 STEM 教育议程》在详尽分析"系统中的薄弱环节"前简明扼要地强调了美国各州都十分关注的如下五大问题（其中四大问题直接与中小学教育相联系）：一是各州的数学标准和科学标准不一致；二是合格的一线数学教师和科学教师缺乏；三是大学的 STEM 学习缺乏准备；四是未能激发学生对数学和科学的兴趣；五是高等教育体系未能满足 STEM 工作的需求。

这样的 STEM 教育现状显然与美国社会赋予 STEM 教育以及 STEM 人才的重要意义相脱节，因为"在 21 世纪，由于我们面临全球化和知识经济带来的优势和挑战，科学和技术创新已经变得日益重要。为了能在信息化和高度科技化的社会中取得成功，所有学生必须发展 STEM 教育素养，而且要远远超出过去所认可的程度，尤其需要在国家教育体系的各个层次中日益强调技术和工程教育"。

因此，确保国家 STEM 教育体系的连贯性以及确保学生由受过良好培训且高效的 STEM 教师教授，就成为《国家行动计划》针对当前美国 STEM 教育体系面临的两大挑战而提出的两项主要建议。而美国州长协会在其 2011 年的《拟定 STEM 教育议程》报告中则提出了各州 STEM 议程的两大目标：一是增加准备进入大学在 STEM 领域深造以及在这些领域寻求职业发展的学生数量（尽管这一目标表面看是针对高等教育的）；二是提升全体学生掌握 STEM 基础知识的精熟度，包括那些未来不会从事 STEM 工作或不会进入相关专业深造的学生。《拟定 STEM 教育议程》认为，这两大目标均旨在提升美国经济的全球竞争力。"一支缺乏充足的 STEM 技术熟练者的劳动力队伍，在'发现''创新'和'迅速适应'成为成功的必备要素的经济全球化背景中，将因缺乏竞争力而面临财富停滞甚至减少的境况。为了确保美国不致落后，州长、教育领导者和各级政策制定者都在呼吁全国的学校——下自幼儿园上至大学，均以 STEM 教育为新的重心。"

此外，美国总统科技顾问委员会在2010年向总统提交了《培养与激励：为美国的未来实施K–12年级STEM教育》报告，提出美国政府最应采取的明确行动建议，以确保美国在未来几十年内保持STEM教育的领袖地位。报告提出的建议主要集中在如下方面：

第一项，关于教师。在未来10年招收和培养10万名优秀的STEM教师，并通过创建STEM名师团队，确认和奖励最优秀的5%的STEM教师。（建议2和建议3）

第二项，关于学生。通过非正式教育环境让学生创建计划和寻找灵感，联邦政府将支持开发一系列高质量的基于STEM的课外项目和拓展性日常活动。（建议5）

第三项，关于学校。未来10年创建1000所专注STEM教育的新学校，其中200所为高度专注STEM教育的新型高中，800所为专注于STEM教育的初中和小学。（建议6）

第四项，关于课程标准。支持各州主导在STEM学科开发共同核心标准，以实现标准共享。（建议1）

第五项，关于教育技术。运用技术以推动创新，要实现K–12年级教育技术的效益，要对研究和开发进行积极投资，以创建普适的技术平台，以及精心设计并通过验证的综合性"深度数字化"教材范例。（建议4）

第六项，关于国家领导。确保联邦层面的更有力的领导和一致的策略与协作，以支持K–12年级的STEM教育创新。（建议7）

综合以上若干重要政策报告内容及其所提之建议，我们至少可以看到美国中小学STEM教育未来的基本走向以及一些量化目标：

一是确保STEM教育体系的连贯性。STEM教育体系的连贯性意味着STEM科目所教授的内容、教授的时间与教授的对象是一致的——横向上，在各州之间是一致的；纵向上，从"前幼儿园"阶段到大学或职业学院的各个年级也是一致的。

二是足够数量的合格的STEM教师。"在未来10年招收和培养10万名优秀的STEM教师，并通过创建STEM名师团队，确认和奖励最优秀的5%的

STEM 教师"的量化目标由此而被提出。

三是创建特别关注 STEM 教育的新型学校,即创建 1000 所专注于 STEM 教育的新学校。

四是充分重视非正式教育系统对于促进 STEM 教育的积极意义,甚至提出了构建包括正规学校教育和非正式教育在内的 STEM 学习生态系统(STEM Learning Ecosystem)。

二 | STEM 教育的国家战略、立法保障和未来愿景

为了更为有效地确保 STEM 教育的有序发展,美国国家科学技术委员会在 2013 年 5 月公布了尤为关注 STEM 发展重点和实施路线图的《联邦 STEM 教育五年战略规划》(下文简称《联邦战略规划》);美国国会在 2015 年 10 月通过了专门的《2015 年 STEM 教育法》;美国教育部则在 2016 年颁发了展示美国 STEM 教育未来发展的《2026 年 STEM:STEM 教育创新愿景》。

战略规划。《联邦战略规划》首先明确指出 STEM 教育对美国科学发展和创新的重要性,并用一系列数据简要阐明美国当前在 STEM 教育领域存在的不足,强调构建 STEM 素养社会的重要意义。

《联邦战略规划》特别指出实施 STEM 教育及其结果的如下战略构想:一是美国拥有合格的、日益多样化的 STEM 劳动大军,能够在 STEM 相关产业引领创新并满足 STEM 教育委员会各联邦机构的人才需求。二是美国学生能够享受极好的 K–12 年级、大学以及非正式的 STEM 教育和学习的机会。三是将联邦 STEM 教育项目建立在证据的基础之上,同时为了在重点领域获得最大效果而对其进行协调。

为了实现这一构想,《联邦战略规划》提出了如下五个 STEM 教育战略重点领域:一是改进 STEM 教学,在 2020 年前,培养 10 万名优秀的 K–12 年级 STEM 教师,并对现有 STEM 师资力量予以支持。二是提高和维持青少年及公众对 STEM 的参与度,在高中毕业之前,每年把有真实 STEM 体验的学生人数提高 50%。三是丰富本科生的 STEM 经验,在未来 10 年,增加 100 万名具有

STEM 相关学位的毕业生。四是改善对过去较少参与 STEM 领域的群体的服务。在未来 10 年，增加来自过去较少参与 STEM 的群体的学生数量，帮助更多学生获得 STEM 学位，同时提升女性对 STEM 领域的参与度。五是设计研究生教育，储备未来的 STEM 人才，为 STEM 研究生人才提供基础研究和应用研究的专业知识，掌握国家重点领域所需专业技能的机会。

教育立法。美国从立法角度保障教育改革或教育事项的顺利进行，最著名的当属美国国会因 1957 年苏联人造卫星上天而于 1958 年通过的《国防教育法》，旨在加强科学、数学和外语教育，这对 20 世纪 60 年代和 70 年代美国基础教育领域的课程改革和教育质量提升产生了十分重要的影响。

2007 年 8 月，美国国会还通过了《美国竞争法》，以确保美国的人才培养并促进国家的创新和竞争力。该法有关教育的内容主要涉及教师教育、外语教育、本科生和研究生奖学金计划以及 STEM 教育。这是笔者目前所见最早从立法角度涉及 STEM 教育，或者说在《国防教育法》涉及科学和数学的基础上又增加了技术和工程。

时至 2015 年 10 月，美国国会更是通过了内容更为具体的《2015 年 STEM 教育法》，从专项立法的角度对 STEM 教育的实施给予保障，是"一部关于界定 STEM 教育以将计算机科学包括在内并支持国家科学基金会现有各项 STEM 教育计划的法律"。该项立法主要涉及如下三方面的内容：

一是对 STEM 教育作出了明确界定。术语"STEM 教育"是指科学、技术、工程、数学等学科的教育，其中还包括计算机科学的教育。

二是对非正式 STEM 教育给予支持，要拨款支持"为改进 STEM 学习效果和对 STEM 参与程度而进行的关于创造性校外 STEM 学习以及新出现的 STEM 学习环境的研究和开发"以及"有关促进非正式 STEM 教育领域发展的研究"。

三是涉及资助参与研究生教育项目的"诺伊斯奖学金计划的修正"，使得此项奖学金项目有助于教师修读与 STEM 学科相关的硕士学位课程，而《美国竞争法》第 511 条的条目名即为"罗伯特·诺伊斯教师奖学金项目"。

创新愿景。2016 年 9 月，美国教育部联合美国研究所（American Institutes for Research）发布《2026 年 STEM：STEM 教育创新愿景》，对美国 STEM 教

育的未来发展提出六大愿景并指出实现这些愿景所将面临的八大挑战。

早在 2015 年初，美国教育部和美国研究所就组成项目组（project team），开始启动提出 STEM 教育愿景的项目活动，前后召开过四次"建构 2026 年 STEM 愿景"的专家研讨会。正是在一系列研讨活动以及如何促进 STEM 教和学最新研究成果的基础上，项目组正式完成了研究任务，提出 STEM 教育的宏伟愿景，出版了《2026 年 STEM：STEM 教育创新愿景》的报告。报告认为提出愿景仅仅只是一个起点，包括决策者、研究者、教育者和产业界领袖们以及更广泛的公众在内的利益相关者群体需要在此基础上共同努力。报告提出的六大愿景相互关联，力求在实践共同体、活动设计、教育体验、学习空间、学习测量以及社会文化环境等方面促进 STEM 教育的发展，确保各年龄段的学生以及各种类型的学习者都能享有优质的 STEM 学习体验，解决长期存在的 STEM 教育公平问题，从而保持美国的竞争力。六项愿景的具体名称如下所述：参与度高且网络化的实践共同体；可获取包含特意设计的游戏和风险的学习活动；运用跨学科方法解决"重大挑战"的教育体验；创新技术支持的灵活且包容的学习空间；创新且可操作的学习测量；促进 STEM 教育拥有多样性和多重机遇的社会文化的形象及环境。

基本上与六大愿景相对应，STEM 愿景报告分析了实现这些愿景所面临的八项挑战。这些挑战依次表述为：与促进教育公平密切相关的挑战一；与构建网络化的实践社区密切相关的挑战二；与认同失败和尝试挫折密切相关的挑战三；与幼儿教育密切相关的挑战四；与跨学科学习密切相关的挑战五；与运用新教育技术密切相关的挑战六；与更为全面和包容的评价机制密切相关的挑战七；与排除 STEM 中的历史偏见密切相关的挑战八。

从揭开 20 世纪 80 年代美国教育改革序幕的《国家在危急中》（1983）和《本科科学、数学和工程教育》（1986）的报告开始，到 90 年代《塑造未来：科学、数学、工程和技术本科教育新期望》（1996）和《从分析到行动：科学、数学、工程和技术本科教育》（1996）的回顾和总结性报告，再到 2007 年国家科学基金会的《国家行动计划：应对美国 STEM 教育体系的重大需求》和美国州长协会的《拟定 STEM 教育议程》，我们基本可以看到美国对 STEM 教育在基础教育和高等教育领域之关注的大致发展脉络。总统科技顾问委员会此后在 2010 年和 2012 年提交给总统的《培养与激励：为美国的未来实施 K–12 年级 STEM 教育》和《致力于超越：再培养百万名 STEM 领域大学毕业生》两份报告，分别涉及了基础教育和高等教育，是对时任美国总统的奥巴马向科技顾问委员会提出"研制政府最应采取的明确行动建议，以确保美国在未来几十年内保持 STEM 教育领袖地位"之要求的回应。也正是在以上诸多学术报告和政策文件及其提出的各种建议的基础上，美国国家科学技术委员会在 2013 年 5 月公布了尤为关注 STEM 发展重点和实施路线图的《联邦 STEM 教育五年战略规划》，而美国国会在 2007 年通过的《美国竞争法》以及 2015 年 10 月通过的《2015 年 STEM 教育法》则对加深认识 STEM 教育及其实施给予了立法保障；而美国教育部在 2016 年颁发的《2026 年 STEM：STEM 教育创新愿景》，则为人们展示了一幅美国 STEM 教育未来发展的美好图景。

（本文原发表于《中国民族教育》2018 年第 Z1 期）

附录 | 中小学 STEM 教育研究著述之目录

一 | 发表之论文

1. 《STEM：美国教育战略的重中之重》,《上海教育》2012 年第 11 期。
2. 《致力于 STEM 教育的"项目引路"机构》,《上海教育》2012 年第 11 期。
3. 《为了创新而教育——STEM 教育：一个值得认识和重视的教育战略》,《中国教育报》2012 年 6 月 15 日第 7 版。
4. 《STEM 视野中的课程改革》,《人民教育》2014 年第 2 期（合作，为第一作者）。
5. 《美国 STEM 学习生态系统的构建》,《教育发展研究》2015 年第 5 期（合作，为第一作者）。
6. 《美国国家竞争力：STEM 教育的贡献》,《现代大学教育》2015 年第 2 期（合作，为第二作者）。
7. 《正确理解 STEM 教育》,《上海课程教学研究》2015 年第 11 期。
8. 《美国中小学工程教育及技术与工程素养评估》,《全球教育展望》2016 年第 12 期。
9. 《作为一门学科的计算机科学——美国〈K–12 年级计算机科学框架〉评述》,《全球教育展望》2017 年第 4 期（合作，为第一作者）。
10. 《美国实施 STEM 教育的学校类型研究》,《外国中小学教育》2017 年第 12 期（合作，为第二作者）。
11. 《美国中小学 STEM 教育政策分析》,《中国民族教育》2018 年第 Z1 期。
12. 《美国〈本科 STEM 教育监测指标〉述评》,《开放教育研究》2019 年第 3 期（合作，为第二作者）。

二 | 出版之著作

1. 赵中建选编：《美国 STEM 教育政策进展》，上海科技教育出版社，2015 年。
2. 赵中建著：《美国中小学 STEM 教育研究》，上海科技教育出版社，2017 年。
3. 赵中建丛书主编，玛格丽特·赫尼、大卫·F. 坎特主编，赵中建、张悦颖主译：《设计·制作·游戏——培养下一代 STEM 创新者》，上海科技教育出版社，2015 年。
4. 赵中建丛书主编，埃里克·布伦塞尔编，周雅明、王慧慧译：《在课堂中整合工程与科学》，上海科技教育出版社，2015年。

5. 赵中建丛书主编，罗伯特·M·卡普拉罗等编，王雪华、屈梅译：《基于项目的STEM学习：一种整合科学、技术、工程和数学的学习方式》，上海科技教育出版社，2016年。

6. 赵中建丛书主编，阿尔帕斯兰·沙欣编，侯奕杰、朱玉冰、殷捷等译：《基于实践的STEM教学模式：STEM学生登台秀》，上海科技教育出版社，2016年。

后 记

《探寻教育创新之路》一书的完成，算是对自己学术生涯的一次回顾和总结。而这学术生涯又与自己的大学求学和工作经历密切相关。从 1975 年 9 月进入安徽大学开始求学，到 2020 年 8 月在上海纽约大学结束工作，自己走过了颇为多彩的大学之路：1978 年于安徽大学外语系毕业后在位于安徽省宣城叶家湾的安徽劳动大学就职（大学在物理、数学、哲学、中文等文理科系或专业并入安徽省内多所高等院校后于 1982 年更名为皖南农学院，皖南农学院又在 1989 年整体迁入合肥市并易名为合肥经济技术学院，再后学院于 2000 年撤销且整体并入中国科学技术大学，这在一定程度上可以看作是我国高等教育院校调整的一个缩影），任教于大学基础部；1982 年调至安徽师范大学，就职于教育系；1984 年考入华东师范大学比较教育研究所攻读硕士研究生课程，后提前读博直至 1990 年春季毕业，并留任华东师范大学国际与比较教育研究所工作；2012 年在华东师范大学继续带教研究生的同时受学校委派到上海纽约大学工作。在此期间自己又先后到香港大学教育学院、英国伦敦大学教育学院和美国宾夕法尼亚大学教育研究生院及联邦教育政策研究中心（CPRE）进行访学研究。

一路走来，需要感谢的人和事很多很多，如感谢大学求学前"插队落户"的四年农村生活，"广阔天地"的艰苦生活和工作环境是对自己的一种锻炼和磨砺；感谢最初的三年大学学习，是它给毫无学识基础的我打下继续学习的最起码的知识基础；感谢这伟大的时代，我大学毕业的1978年正是我国改革开放元年，时代发展尤其是教育发展的诸多"机遇"和"需求"正是自己继续学业和持续进行学术研究的催化剂和推动力；感谢自己一路走来所相遇的同事、学生、中小学校长和教师，与他们的相识相处带给我诸多美好的回忆。当然，如下的特别致谢是非常必要的。

感谢钟启泉教授：我自毕业留校工作直至退休，一直与钟老师在同一研究所共事并长期担任钟所长的副手（前后担任国际与比较教育研究所、课程教学与比较教育研究所、课程与教学研究所副所长及《全球教育展望》副主编），其间深受钟老师勤勉严谨、锐意进取的治学态度和持续创新的研究精神的影响，自己也在不断从事新专题研究的过程中受到钟老师的指点、鼓励和支持。

感谢张民生教授：我的学术研究的一个特点，就是理论研究需要很好地服务一线中小学的学校管理和教育教学，而这与时任上海市教委副主任的张民生长期对我学术研究的关心、关爱和需要密切相关。张主任曾亲率市教委基础教育领导班子到我辅导的一线学校进行调研和指导，并给予我积极的鼓励和支持；张主任让我全程参与了上海市实验性示范性高中的评审工作，使我有机会更深入了解一线学校的改革实际和现实需求；市教委最初推出的带教中小学校长的"领衔专家"项目，开启了我亲身指导中小学校长的研究经历，直接促进了我从校长专业发展的视角研究学校领导与管理；张主任对我教育比较研究成果的不时询问和关注，驱动着自己密切紧跟世界其他国家教育改革和发展的脉络，并力争第一时间将域外的有益经验介绍进来。与一线学校的近距离接触及与中小学校长的密切交往，使我"立基点于本土"的研究原则有了更为扎实的"基点"。

感谢俞立中教授：华东师范大学于2006年专门成立国际教育中心，以服务于学校推行国际化战略的需要。俞校长邀我担任国际教育中心首任主任，这给了我一次理论研究联系工作实际的机会，以探寻如何在一所高校内更为有效地落实教育国际化的发展战略。在学校领导的大力支持下，我们成功地将"国际教育园区"从理念变为现实，将美国纽约大学、美国国际教育交流协会、法国里昂商学院、日本筑波大学、美国海外文化体验（CEA Global Education, CEA）和海外国际学习（International studies Abroad, ISA）等海外大学或教育交流机构引入师大校园，而最初引入的纽约大学上海中心则最终发展成为我国第一所中美合作大学。我非常有幸地全程参与了上海纽约大学的谈判、筹建和创建，并随俞校长到上海纽约大学工作。

  我还要感谢华东师范大学出版社，我的诸多著作或译著都是由华东师范大学出版社予以出版的，从而使自己的学术研究结果最终都能以图书产品的形式予以呈现。出版社北京分社出版过我的两本译著《与大数据同行——学习和教育的未来》和《全球胜任力——融入世界的技能》，此次又欣然允诺出版此书，对此我深表谢意。

赵中建
2023 年 1 月 21 日